新时代新理念职业教育教材

“AI+双语”模块化活页式教材

职业教育在线精品课程配套教材

机车车辆车体与走行部件装调

主　编　刘　梅　谢　菲　罗　伟

副主编　黄剑锋　胡　荣　魏陆军

北京交通大学出版社

·北京·

内 容 简 介

本书以职业教育类型化改革为背景，紧扣“中国制造 2025”战略对轨道交通装备制造人才的需求，构建“理论奠基-实践贯通-能力跃迁-价值引领”四位一体编写范式。本书采用理论-实践螺旋递进架构，以我国电力机车技术迭代脉络为主线，选取 SS_4 改（直流传动）、HX_D1C（交流传动）、CR200J 动力车（动车组）三代典型机型为载体，设计 5 大能力进阶模块、23 项典型工单任务，实现知识向技能的有机转化；运用“AI+双语+思政”三维赋能，在有效提高读者规范意识、安全意识和国际化视野的同时为读者提供了个性化学习路径。

本书可作为高职院校铁道机车运用与维护、铁道车辆技术专业学生的教材，亦可作为铁路局、机车制造企业的培训参考用书。

图书在版编目（CIP）数据

机车车辆车体与走行部件装调 / 刘梅，谢菲，罗伟主编 ；黄剑锋，胡荣，魏陆军副主编. -- 北京 : 北京交通大学出版社，2025. 8. -- ISBN 978-7-5121-5552-7

Ⅰ. U264

中国国家版本馆 CIP 数据核字第 2025WR5998 号

机车车辆车体与走行部件装调
JICHE CHELIANG CHETI YU ZOUXING BUJIAN ZHUANG-TIAO

责任编辑：黎　丹
出版发行：北京交通大学出版社　　电话：010-51686414　　http://www.bjtup.com.cn
地　　址：北京市海淀区高梁桥斜街 44 号　　邮编：100044
印 刷 者：艺堂印刷（天津）有限公司
经　　销：全国新华书店
开　　本：185 mm×260 mm　　印张：16　　字数：399 千字
版 印 次：2025 年 8 月第 1 版　　2025 年 8 月第 1 次印刷
定　　价：49.00 元

本书如有质量问题，请向北京交通大学出版社质监组反映。对您的意见和批评，我们表示欢迎和感谢。
投诉电话：010-51686043，51686008；传真：010-62225406；E-mail：press@bjtu.edu.cn。

前　　言

在铁路运输领域中，机车车辆作为核心运载工具，其车体与走行部件的装调质量直接关乎铁路运输的安全性、稳定性和高效性。为了培养适应现代铁路行业需求的专业人才，满足铁路技术快速发展的教学要求，本书以“理论奠基、实践导向、能力递进”为编写原则，结合铁道机车车辆维检与装调岗位核心技能要求，系统构建了机车车辆车体与走行部件装调的知识与技能体系。

本书采用“模块—任务”式架构，以三代典型电力机车（CR200J 动力车、HX_D1C 型电力机车、SS_4 改型电力机车）为载体，通过 5 个模块 23 项任务，逐层递进地培养学生从车体走行部的结构原理认知到综合装调的实践能力。同时，本书深度融入思政教育、双语素材和人工智能。通过挖掘思政元素和双语案例，构建了完善的思政体系，能有效提高读者的规范意识、安全意识和国际化视野。通过人工智能的引入，为读者提供了个性化学习路径，进而不断提升读者的自主学习能力。

通过对本书的系统学习，读者不仅能够全面掌握机车车辆车体与走行部件装调的专业知识和实践技能，还能有效对接企业一线工作岗位，为投身铁路行业奠定坚实的基础。希望本书能够成为广大铁路专业学生和行业从业者的良师益友，助力大家在铁路领域不断开拓进取，为我国铁路事业的蓬勃发展贡献力量。

本书由湖南铁道职业技术学院刘梅、谢菲、罗伟担任主编，湖南铁道职业技术学院黄剑锋、胡荣，中车株洲电机有限公司魏陆军担任副主编。其中，谢菲负责模块 1 的编写，罗伟负责模块 2 的编写，黄剑锋负责模块 3 的编写，刘梅、魏陆军负责模块 4 的编写，胡荣负责模块 5 的撰写。

本书为国家双高专业群建设项目及湖南省“三高四新”战略高水平专业群建设项目的配套教材。

在本书编写过程中，承蒙多位行业专家、一线工程师的指导，特此致谢。限于编者水平，不足之处恳请读者指正。

编　者

2025 年 7 月

数字化资源

课程网址：https://www.xueyinonline.com/detail/231455135

模块	任务	资源名称	类型	二维码	页码
模块 1 机车车辆总体认知	铁道机车车辆总体认知	火车大家族总体认知	微课视频		4
	电力机车总体认知	科技强国——“了不起的中国创造”之神“24”电力机车	思政视频		10
		电力机车总体认知	微课视频		10
		“一带一路”——我国首次出口高铁列车，全线采用中国技术	思政视频		13
	典型电力机车总体认知	科技强国——CR200J 纪录片	思政视频		21
		CR200J 总体认知	微课视频		21
模块 2 机车车辆车体与设备布置	电力机车车体总体认知	横跨 31 个省（市、区），中国最强高铁面世，零下 35 ℃照常运行	思政视频		33
		电力机车车体认知	微课视频		33
	典型电力机车车体总体认知	“一带一路”——中老友谊列车	思政视频		39
		认识 CR200J 动力车车体	微课视频		39
	电力机车设备布置	“一带一路”——中国首次出口双动力动车组，在智利投入运营	思政视频		54
		电力机车设备布置	微课视频		54
	典型电力机车设备布置	“一带一路”——跨越近两万公里！中国列车飞驰阿根廷	思政视频		57
		CR200J 动力车设备布置	微课视频		57

续表

模块	任务	资源名称	类型	二维码	页码
模块 2 机车车辆车体与设备布置	$HX_{D}1C$ 型电力机车车体维检与装调	大国工匠——“斤斤计较”焊出中国交通新速度	思政视频		69
		大国工匠——高铁制造师登台挑战，焊接 16 组钢针，保持 2 t 车辆不掉落	思政视频		69
模块 3 通风系统与空气管路系统	电力机车通风系统总体认知	科技强国——联诚集团电力机车专用风机获评国家级单项冠军产品	思政视频		79
		通风系统结构原理认知	微课视频		79
	典型电力机车通风系统总体认知	CR200J 动力车通风系统	微课视频		85
	电力机车空气管路系统总体认知	空气管路系统结构原理认知	微课视频		108
	典型电力机车空气管路系统总体认知	CR200J 动力车风源系统	微课视频		112
模块 4 转向架	转向架总体认知	德国高铁事故	事故案例		138
		科技强国——齿轮箱中国标准	思政视频		142
		转向架结构功能认知	微课视频		142
		转向架构架结构原理认知	微课视频		144
		科技强国——高铁车轮有多难?	思政视频		146
		轮对	微课视频		146
		神奇的踏面	微课视频		147
		轴箱	微课视频		149
		弹簧悬挂装置结构原理认知	微课视频		152
		齿轮传动装置	微课视频		155

续表

模块	任务	资源名称	类型	二维码	页码
模块 4 转向架	转向架总体认知	科技强国——中国自主知识产权直线电机车辆创新之路	思政视频		157
		电机悬挂装置	微课视频		157
	典型电力机车转向架总体认知	科技强国——看看中国高速动车组轮对是怎么生产的	思政视频		168
		CR200J 动力车转向架	微课视频		168
	HX$_{D}$1C 型电力机车转向架的维检与调试	大国工匠——火车头“修脚师”的毫米业务	思政视频		188
		大国工匠——我为“绿巨人”“修脚”	思政视频		188
模块 5 牵引缓冲装置	牵引缓冲装置总体认知	科技强国——时速 400 km、可变轨高速动车组正式下线	思政视频		217
		牵引缓冲装置结构认知	微课视频		217
		车钩原理分析——车钩的三态	微课视频		221
	典型电力机车牵引缓冲装置认知	CR200J 动力车车钩总体认知	微课视频		228

目　录

模块 1

机车车辆总体认知

思政领学

"数说"中国标准动车组十年

在过去十年间，中国标准动车组取得了举世瞩目的成就，对经济社会发展起到了强大的推动作用。这些飞驰在钢轨上的钢铁巨龙，不仅成功征服了高寒、高原等极端地理环境，还以独特的"中国标准"走向世界，为全球高铁发展提供了创新思路与方案。

自 2015 年 6 月中国标准动车组样车问世后，其发展步伐不断加快。2016 年 7 月，两列样车在郑徐客运专线完成了时速 420 km 的交会试验，这是世界上首次在实际运行轨道上开展的高速列车会车试验，彰显了中国高铁技术的雄厚实力。2017 年 6 月，中国标准动车组正式命名为"复兴号"，并于京沪高铁实现时速 350 km 的商业运营，成为世界高速铁路商业运营的新典范。

随着时间的推移，中国标准动车组家族日益壮大，形成了丰富多样的系列化产品，涵盖 350 km/ h、250 km/ h、160 km/ h 等不同速度等级，具备 8 辆短编组、16 辆长编组、17 辆超长编组等多种编组形式，以及动力集中和动力分散两种动力牵引模式。

为适应特殊环境，技术不断创新突破。时速 350 km 的"复兴号"高寒动车组，通过采用密封防雪结构、低温防冻及冷凝水防治等先进技术，成功攻克了高寒气候下防寒保暖、转向架积雪、关键部件冻结等难题。而"复兴号"高原内电双源动车组更是创造了奇迹，其最高运行海拔达 5 100 m，成为世界上运行海拔最高的动车组。该车型运用可变增压技术和高原适应性技术，相比传统高原内燃机车，燃油消耗率降低了 4.7%，持续刷新了中国高铁的海拔纪录。如今，全国 31 个省（区、市）都遍布着高速铁路动车的身影，中国标准动车组深刻改变了国人的出行与生活方式。

在国际舞台上，中国凭借自主研发的高铁建设和装备制造技术体系，让中国标准动车组走出国门。2021 年 12 月，中老铁路开通运营，标志着中国标准动车组首次跨出国界；G20 峰会期间，为印尼雅万高铁定制的综合检测列车从德卡鲁尔车站缓缓驶出；中泰铁路作为中泰共建"一带一路"的关键项目，采用的也是中国标准动车组技术。

双语助学

Why do we call it a "train"?

The name "train" for railway vehicles has a fascinating origin. Derived from the Old French word "trahiner," meaning "to draw" or "to pull", it mirrors how trains work. A train is a collection of connected cars pulled by a locomotive, be it steam, diesel, or electric. The locomotive's pulling action aligns with the word's root, as it hauls the entire set of carriages behind.

Moreover, "train" implies a sequence. Trains are made up of multiple carriages linked in a row. This orderly arrangement of connected parts moving as one unit reflects the concept of a "train" as a series. For example, a freight train with a long line of wagons carrying diverse goods, all connected and moving together, is a great illustration.

The development of the railway system has also entrenched the term "train" in our language. From early steam-powered trains to today's high-speed ones, the basic structure of multiple connected vehicles pulled by a locomotive has stayed the same. This consistency in design has kept the name "train" relevant. In short, "train" has historical and etymological roots and precisely describes the functional and structural features of these transportation marvels that have transformed land travel.

为什么我们把它叫作"火车（train）"呢?

"火车（train）"这个名字有着一段引人入胜的起源。它源于古法语单词"trahiner"，意思是"拖"或"拉"，这反映了火车的运行方式。一列火车是由一节机车牵引的一组相互连接的车厢，无论是蒸汽机车、内燃机车还是电力机车牵引的都算。机车的牵引动作与这个单词的词根相契合，因为它要拉动后面的一整列车厢。

此外，"train"这个词还意味着一种顺序。火车是由多节车厢依次连接而成的。这些相互连接的部件有序排列并作为一个整体移动，体现了"train"作为一系列事物的概念。例如，一列长长的货运列车，由一长串装载着各种货物的车厢组成，它们全部连接在一起并一同行驶，就是一个很好的例证。

铁路系统的发展也使"train"这个词在我们的语言中根深蒂固。从早期的蒸汽动力火车到如今的高速列车，由机车牵引多节相互连接的车厢这种基本结构一直保持不变。这种设计上的一致性使得"train"这个名称始终适用。简而言之，"train"这个词有着历史和词源学上的根源，并且准确地描述了这些改变了陆地旅行方式的交通奇迹在功能和结构上的特点。

AI 导学

中国标准动车组的辉煌成就，只是铁道机车车辆发展历程中的一个缩影。铁道机车车辆作为重要的交通运输工具，有着丰富多样的类型和复杂精妙的技术体系。接下来，让我们结合 AI 知识图谱一同走进铁道机车车辆大家族，深入探索铁道机车车辆的奥秘，了解不同类型铁道机车车辆背后的故事与技术。

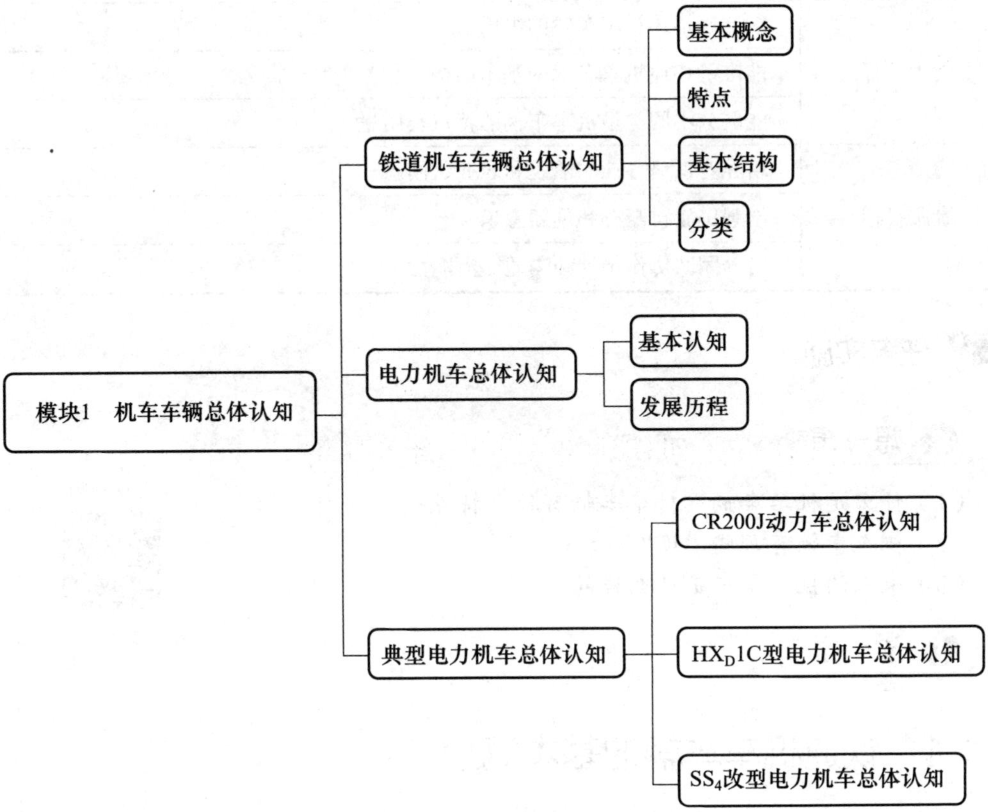

任务 1.1　铁道机车车辆总体认知

任务目标

知识目标	熟悉机车车辆的基本概念和特点
	熟悉机车车辆的结构组成
	熟悉机车车辆的类别及应用
能力目标	能准确描述机车车辆的组成
	能准确描述机车车辆的基本结构
	能区分不同类型机车车辆的特点及用途
素质目标	培养对铁路行业的热爱和职业认同感
	增强民族自豪感和创新意识
	培养团队协作精神和沟通交流能力

任务实施

想一想

（1）什么是机车车辆？机车车辆有什么特点？

（2）机车车辆有哪些用途？

（3）未来的机车车辆是什么样的？

微课视频

火车大家族总体认知

学一学

1.1.1　铁道机车车辆的基本概念

铁道机车车辆是各种类型机车和车辆的总称。在铁路轨道上行驶的铁路列车，通常由机车车辆组成，是现代重要交通工具之一。

铁路列车又称为火车。1804 年，英国的矿山技师理查德·特里维西克利用蒸汽机造出了世界上第一台蒸汽机车，当时用煤炭或木柴作为燃料，烟囱喷火，所以人们称其为“火车”，并一直沿用至今。

1.1.2　铁道机车车辆的特点

铁道列车与其他车辆的最大不同在于这类列车必须在专门铺设的轨道上运行，由此产生的特点如下。

① 自行导向。铁道机车车辆通过其特殊的轮轨或导向机构，能实现车轮沿轨道运行而无需专人控制运行的方向。

② 低运行阻力。除坡道、弯道及空气对机车车辆的阻力外，铁道机车车辆的运行阻力主要来自走行机构中的轴与轴承、车轮与轨面的摩擦阻力，运行阻力较小。

③ 成列运行。铁道机车车辆可以编组、连挂组成列车。车与车之间需设连接和缓冲装置，每辆车均需设制动装置。

④ 严格的外形尺寸限制。铁道机车车辆只能在规定的线路上行驶，无法像其他交通工具那样主动避让靠近它的物体，为此要制定专门的限界，严格限制车辆的外形尺寸以确保运行安全。

⑤ 低能耗，绿色环保。铁道机车车辆大多数采用电力牵引，运行阻力小，能耗低，噪声小。

1.1.3　铁道机车车辆的基本结构

铁道机车车辆类型复杂，构造也各不相同，但是从结构组成上看，铁道车辆一般均由车体、走行装置、制动装置、车钩缓冲装置、车辆内部设备五大部分。对于铁道机车和动车组，还设有牵引动力设备。以铁道车辆为例，其结构组成如下。

1. 车体

车体是容纳运输对象（如旅客、货物等）和整备物品的地方，又是安装与连接其他 4 个组成部分的基础。

2. 走行装置（转向架）

走行装置（转向架）介于车体与轨道之间，引导车辆沿钢轨行驶，承受来自车体及线路的各种载荷并缓和及衰减振动作用力，是保证车辆运行品质的关键部件。

3. 制动装置

制动装置是保证列车准确停车及安全运行所必不可少的装置。

4. 车钩缓冲装置

车辆要成列运行必须借助于连接装置，即车钩缓冲装置。车钩缓冲装置主要包括车钩、缓冲器、风挡等，可以实现连挂及缓和列车冲动的功能。

5. 车辆内部设备

车辆内部设备是指一些为运输对象服务而设于车体内的固定附属装置。

1.1.4　铁道机车车辆的分类

铁道机车车辆通常可分为机车和车辆两类。机车是指火车头，包括蒸汽机车、内燃机车和电力机车；车辆可分为传统的车辆和动车组。传统的铁路车辆是铁路运输的重要设备，是用来运送旅客、装运货物或作其他特殊用途的运载工具。动车组是一种特殊的车辆，我国的动车组分为动力分散型动车组和动力集中型动车组。

1. 铁道机车的分类

1）按用途分类

按用途分类，铁道机车可分为客运机车，货运机车，客、货通用机车和调车机车。

客运机车是专门用来牵引旅客列车运行的机车，要求运行速度高、起动加速快，能长距离运行，但牵引力不一定要很大。

货运机车是专门用来牵引货物列车运行的机车，要求有相当大的牵引力，能长距离运行，但运行速度不必很高。

客、货通用机车的性能介于客运机车和货运机车之间，既能拉客车，又能拉货车。

调车机车是指专门在车站内进行列车解体、编组、车辆取送、摘挂车辆等调车作业的机车。这类机车起动、停车、正向、反向行驶频繁，有足够的黏着重量、牵引力、起动加速度，要求换向性能好，速度不需很快。

2）按动力装置分类

按动力装置分类，铁道机车可分为蒸汽机车、内燃机车和电力机车 3 种。

蒸汽机车是用燃煤将锅炉中的水烧开而产生蒸汽，再通过蒸汽机将蒸汽（热能）转变为机械能，以牵引列车运行的一种机车。因为蒸汽机车的热效率只有 5%～10%，煤和水的消耗量都很大，需要大量的煤，对环境污染大，从 1988 年起，我国已停止生产蒸汽机车，被内燃机车、电力机车取代。

内燃机车是以柴油燃气轮机作为原动机，通过传动装置驱动车轮的机车。内燃机车的燃油在气缸内燃烧，燃油的化学能转变为热能，然后由气缸、活塞、连杆、曲轴转变为由曲轴输出的机械能，再经传动装置转换为适合牵引要求的机械能，驱动机车动轮在钢轨上转动产生牵引力。内燃机车是自带能源的机车，也是我国的主型机车，代表车型有 DF 系列。

电力机车是一种非自给式机车，是通过车顶的受电弓从接触网上获得电能，由电动机通过传动装置驱动的机车。电力机车是我国铁路机车的重要类型，也是未来机车发展的主要方向。电力机车的主要车型有 SS 系列、HX 系列、CR 系列、FX 系列等。

3）按走行装置的形式分类

按走行装置的形式分类，铁道机车可分为车架式机车和转向架式机车。

（1）车架式机车。

车架式机车采用连杆或万向轴承组驱动轮对，这种走行部具有结构简单、造价低等优点，但受曲线半径通过能力的限制，动轴一般限于 3 根，仅用于小型机车和厂矿调车机车。

（2）转向架式机车。

转向架式机车的走行部与车辆走行部相似，单节机车转向架普遍是 2 台，也有 3 台、4 台转向架的。每台转向架轴数为 2～4 根。这种转向架的优点是固定轴距短、容易通过曲线、弹簧减振系统较完善、利于高速运行、检修方便等。

2. 铁道车辆的分类

1）按用途分类

按用途不同，铁道车辆可分为客车和货车两大类。

（1）客车。

客车是指运送旅客的车辆、为旅客服务的车辆及挂运在旅客列车中作其他用途的车辆。

① 运送旅客的车辆：包括硬座车、软座车、硬卧车、软卧车等。

② 为旅客服务的车辆：包括餐车、行李车等。

③ 作其他用途的车辆：包括邮政车、公务车、卫生车、医务车、试验车、维修车和文教车等。

（2）货车。

货车是用于运送货物的车辆。由于货物的种类差别较大，一般将货车分为通用货车、专用货车和特种货车三大类。

① 通用货车，包括敞车、棚车和平车。

敞车：用来装运散粒货物，如焦炭、矿石、木材、钢材等不怕湿的货物，必要时在装运的货物上加盖防水篷布，可代替棚车装运怕湿的货物。敞车具有很大的通用性，是数量最多的一种货车。

棚车：又称盖车，用来装运各种需防止湿损、日晒或散失的货物，如布匹、粮食等。大多数棚车是通用型的，除运货外，还可以临时代替客车运送旅客。

平车：主要用来运送钢材、机械设备、集装箱和汽车等。

② 专用货车，包括罐车和保温车。

罐车：按照货物品种可分为油罐车、食油罐车、水罐车、化工品罐车、粉状物罐车、液化气罐车等。罐车又分为上卸式罐车和下卸式罐车。

保温车：用于装运易腐货物，如鱼、肉、水果、蔬菜等鲜活货物，以及有特殊要求的货物。

此外，专用货车还包括粮食车、长大货物车、家畜车、水泥车、小汽车专用车、集装箱专用车、漏斗车、毒品车等。

③ 特种货车，包括救援车、检衡车、发电车、除雪车等。

2）按轨距分类

① 标准轨车。轨距为 1 435 mm，在国际上和我国大部分铁路线路上广泛使用。

② 宽轨车。轨距大于 1 435 mm，如 1 520 mm、1 676 mm 等，常见于俄罗斯、独联体国家及部分东欧国家等。

③ 窄轨车。轨距小于 1 435 mm，如 1 000 mm、762 mm、600 mm 等，一般用于特定的地方铁路、厂矿铁路或山区铁路等。

3）按轴数分类

① 四轴车。最为常见，具有较好的走行质量和曲线通过性能，大部分普通客车和货车都采用四轴设计。

② 六轴车。载重量相对较大，常用于运输对载重要求较高的货物，如部分大型敞车、罐车等。

③ 多轴车。多于 6 轴，常用于运输超大型、超重货物、长大货物。

4）按制作材料分类

① 钢骨车。早期铁路车辆较多采用，以钢材为骨架，车体其他部分采用木材等材

料，成本较低，但强度和耐久性有限。

② 全钢车。现代铁路车辆广泛采用，具有强度高、耐腐蚀、使用寿命长等优点，能适应高速、重载等运输要求。

做一做

任务清单			任务 1.1　铁道机车车辆总体认知		
姓　名		班　级		学　号	

【头脑风暴】用思维导图绘制出火车这个大家族各成员之间的逻辑关系。

【结构分析】根据给定的机车车辆图，介绍其用途并写出序号所对应的部件名称及功能。

简要介绍上述车辆的特点及功能：		
序号	部件名称	部件功能
1		
2		
3		
4		

任务评价

任务评价表		模块名称		机车车辆总体认知	
		任务名		铁道机车车辆总体认知	
姓 名		班 级		学 号	

评分内容		标准分值	自我评分（20%）	小组评分（30%）	教师评分（50%）
任务准备	认真完成在线课程的学习	10			
	根据任务要求主动查找资料	10			
任务实施	能清楚地领会任务内容及要求	5			
	能借助 AI 软件合理优化任务	10			
	能准确地描述机车车辆结构及功能	15			
	能完整地展示机车车辆之间的逻辑关系	15			
	能在规定时间内完成任务	5			
	具有团队合作意识	5			
任务总结	完成任务要求	5			
	任务完成质量	10			
	任务展示情况	10			
总 分		100			

任务 1.2 电力机车总体认知

任务目标

知识目标	熟悉电力机车的特点及结构组成
	熟悉电力机车的工作原理
	熟悉我国电力机车的发展历程
能力目标	能准确描述电力机车的工作原理
	能准确描绘电力机车的基本结构
	能区分不同类型电力机车的特点
素质目标	树立“交通强国，铁路先行”的专业自信心
	培养发散思维的创新能力
	培养良好的团队协作意识

任务实施

思政视频

科技强国——“了不起的中国创造”之神“24”电力机车

想一想

（1）电力机车的电从哪里来？又去了哪里？

（2）电力机车上有哪些设备？

（3）我国电力机车的发展经历了哪些阶段？

微课视频

电力机车总体认知

学一学

1.2.1 电力机车的基本认知

电力机车是指从外界撷取电力作为能源驱动的铁路机车，其中电源包括架空电缆、第三轨、电池等。使用牵引电机的电传动柴油机车、燃气机车等不属于电力机车。

1. 电力机车在现代轨道交通运输中的优势

电力机车无论是在现代铁路运输还是在城市轨道交通运输中，都具有不可替代的重要地位。电力机车与其他牵引动力装置相比具有不可比拟的优势。

1）功率大，速度快

机车的功率大小决定了它的牵引力大小和运行速度大小。蒸汽机车和内燃机车由于受结构的限制，功率受到影响，而电力机车的功率相对较大，加之电网容量超过机车功率好多倍，使现代电力机车向重载、高速方向发展成为现实。

2）热效率高，成本低

电力机车的平均热效率为 26%，远高于蒸汽机车，也高于内燃机车，而且无非生产性消耗，运输成本低，经济效益好。

3）综合利用资源，降低能源消耗

我国有丰富的水力资源可供发电。另外，火力发电厂也可利用一些劣质燃料发电，做到资源综合利用，节约了大量的优质燃料。

4）清洁、无污染

电力机车的动力来自电能，无任何有害排放物和污染。

5）维修便利，成本低

电力机车上主要是一些电器设备，因此具有保养容易、维修量小、定修周期短等特点。

6）工作条件舒适

电力机车乘务员的工作条件比起蒸汽机车，在劳动强度、工作环境、噪声、采光、振动等方面都有很大的改善，也优于内燃机车。

7）适应能力强

电力机车不同于蒸汽机车和内燃机车，运行中没有水的消耗，不影响其在无水区和缺水区运行。

2. 电力机车的组成及功能

电力机车由电气部分、机械部分和空气管路系统三大部分组成。

电气部分包括牵引电机、牵引变压器、整流硅机组、各类电器等。通过它们把来自接触网的电能转变为机械能，同时实现对机车的控制。

机械部分包括车体、转向架和牵引缓冲装置。

空气管路系统包括风源系统、制动机管路系统、控制管路系统和辅助管路系统。

下面简要介绍机械部分的功能。

1）车体

车体是电力机车上部车厢部分，由车厢体和底架组成，就其功能可分为以下两个部分。

① 司机室。司机室是乘务人员操纵机车的工作场所。现代干线运输电力机车设置两端司机室，可以双向行驶，不必掉头。

② 机械间。机械间用于安装各种电气设备和机械设备，一般分为若干个室，各类设备根据不同用途分室安装。

2）转向架

转向架即机车走行部分，是机车机械部分最重要的组成部分，主要包括以下构件。

① 构架：转向架的基础受力体，也是各部件的安装基础。

② 轮对：机车在线路上的行驶部件，由车轴、车轮及传动大齿轮组成。

③ 轴箱：用于固定轴距、保持轮对正确位置、安装轴承等。

④ 弹簧悬挂装置：包括一系悬挂和二系悬挂。其中，一系悬挂设置在转向架和轮对之间，用于缓冲轴箱以上部件的振动，以减轻运行中的动作用力；二系悬挂设置在车体和转向架之间，既是转向架和车体之间的连接装置，又是活动关节，具有传递各个方向的力及减振的作用。

⑤ 齿轮传动装置：通过降低转速、增大转矩，将牵引电机的功率传给轮对。

⑥ 牵引电机：将电能变成机械能，传给轮对。

⑦ 基础制动装置：机车制动机产生制动力的部分，主要由制动缸、传动装置、闸瓦装置等组成。

3）牵引缓冲装置

牵引缓冲装置包含车钩等，是机车与列车的连接装置，用于缓和连挂和运行时机车与车列间的冲击。

3. 电力机车工作原理（以交—直—交型电力机车为例）

电力机车通过受电弓、主断路器将接触网的单相交流电引入机车变压器，经牵引变压器降压后送入四象限整流器，将单相交流电整流为直流电，经中间直流环节储能和滤波后，送入电动机侧的逆变器，再将直流电逆变成电压和频率可调的变压变频（VVVF）三相交流电供给异步牵引电机，实现对转矩、转速的控制。牵引时，电能从电网流向异步牵引电机，电能被转化成机械能产生牵引力。电气制动时，列车的机械能被牵引电机转化为电能，经变流器变换为单相交流电，通过牵引变压器升压后回馈给电网。图 1-2-1 为电力机车工作原理图。

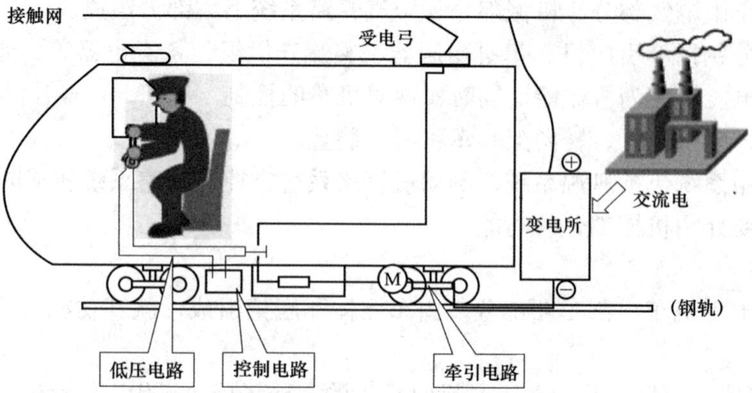

图 1-2-1 电力机车工作原理图

4. 机车轴列式

机车轴列式用数字或字母表示车轴排列方式，是表征机车走行部结构特点的一种表达方式。

车架式机车轴列式的表示方法如下。

① 字母（或数字）个数表示机车转向架数。

② 字母（或数字）本身表示转向架轴数。

③ “-” 表示两转向架之间相互独立。

④ “+” 表示两转向架之间有活节相连。

⑤ “0” 表示每根轴由一台电动机单独驱动。

例如，SS_4 改型电力机车的轴列式为 2（B_0—B_0），表示为两节机车，每节为两台、两轴转向架，动轴为单独驱动。

1.2.2 电力机车的发展历程

1. 世界电力机车的发展历程

世界电力机车的发展历程是一部充满创新与变革的历史，主要有以下 4 个发展阶段。

1）早期探索阶段（19 世纪 30 年代—19 世纪末）

1834 年，德国的雅可比采用电磁铁和电池，制造出了第一台实用的电力机车模型，这是电力机车发展的最初尝试。

1879 年，德国西门子公司在柏林的工业博览会上，展示了世界上第一台电力机车。它采用了 150 V 直流电源，通过两根轨道中间的第三轨供电，牵引着三辆车厢，以 12 km/ h 的速度运行。虽然速度不快，但标志着电力机车正式登上历史舞台。

1881 年，第一条有轨电车线路在德国柏林建成通车，使用的是电力驱动的有轨电车，这进一步推动了电力牵引技术的发展，为电力机车的实用化奠定了基础。

2）直流电力机车发展阶段（20 世纪初—20 世纪 50 年代）

20 世纪初，直流电力机车开始在欧洲和美国的一些铁路干线上得到应用。这一时期的直流电力机车功率相对较小，一般在几百千瓦到一千多千瓦之间，但已经展现出比蒸汽机车更高的效率和更好的性能。

1917 年，美国制造出了功率为 2 200 kW 的大型直流电力机车，用于山区铁路的重载运输，标志着直流电力机车在功率和性能上有了较大的突破。

20 世纪 30 年代至 50 年代，直流电力机车技术不断完善，广泛应用于城市轨道交通和铁路干线运输。在城市轨道交通方面，地铁和有轨电车大量采用直流电力机车，为城市居民提供了便捷的出行方式。

3）交流电力机车发展阶段（20 世纪 50 年代—20 世纪 80 年代）

20 世纪 50 年代，随着电力电子技术的发展，出现了汞弧整流器和引燃管等整流元件，使得交流电力机车的发展成为可能。法国首先研制出了采用单相交流供电、整流器式的电力机车，解决了交流电力机车的整流问题。

1955 年，法国的 BB15000 型电力机车投入使用，这是世界上第一台单相交流电力机车，它采用了 25 kV、50 Hz 的交流供电系统，功率达到了 2 900 kW，大大提高了铁路运输的效率和经济性。

20 世纪 60 年代至 80 年代，交流电力机车技术迅速发展，各国纷纷研制出了各种类型的交流电力机车。例如，日本的 6K 型、8K 型电力机车，苏联的 VL80 型电力机车等，这些机车在功率、速度、可靠性等方面都有了很大的提高，逐渐成为铁路运输的主力车型。

4）现代电力机车发展阶段（20 世纪 80 年代至今）

20 世纪 80 年代以来，随着计算机技术、电力电子技术和自动控制技术的飞速发展，电力机车进入了一个全新的阶段——现代电力机车发展阶段。这一时期的电力机车普遍采用了交流传动技术、微机控制系统和新型的牵引变压器、牵引电机等设备，使电力机车的性能得到了极大的提升。

1985 年，德国的 ICE 高速列车投入运营，其采用了先进的交流传动技术和微机控制系统，最高运行速度达到了 280 km/h，标志着电力机车在高速化方面取得了重大突破。

21 世纪以来，电力机车在重载运输和高速客运方面继续取得新的成就。例如，中国的“和谐号”和“复兴号”系列电力机车，在高速客运和重载货运领域都达到了世界先进水平。“复兴号”动车组的最高运营速度达到了 350 km/h，而一些重载电力机车的牵引重量能够达到上万吨，为经济社会的发展提供了强大的运力支持。

世界电力机车的发展历程是一个不断创新和进步的过程，从最初的简单模型到如今的高速、重载、智能化的现代电力机车，电力机车技术的发展为全球铁路运输带来了巨大的变革。

思政视频

“一带一路”——我国首次出口高铁列车，全线采用中国技术

2. 我国电力机车的发展历程

我国电力机车的发展经历了从技术引进到自主创新、从直流传动到交流传动、从普速到高速的跨越式发展，大致可分为以下几个阶段。

1）起步探索阶段（20 世纪 50—70 年代）

20 世纪 50 年代，我国铁路运输主要依靠蒸汽机车，效率较低且污染大。为改善这一状况，我国开始探索电力机车的研发。1958 年，我国第一台电力机车“SS_1 型”（最初称为 6Y1 型）开始研制，它参考了苏联的技术。1968 年，SS_1 型电力机车正式投入批量生产，拉开了我国电力机车发展的序幕。不过，这一阶段我国电力机车技术处于起步阶段，在技术成熟度和性能上与国际先进水平存在差距，主要是对国外技术的学习和初步消化。

（1）6Y1 型电力机车。

1957 年，我国组织了一个由第一机械工业部、铁道部及高校有关专家学者组成的电力机车考察团，于 1958 年初赴苏联考察。考察团用半年时间，在苏联专家的帮助下，以当时苏联新设计试制成功的 H60 型铁路干线交直传动电力机车样机为基础，结合中国铁路规范，选用单相交流工频 25 kV 电压制，做出了机车的设计方案。考察团回国后，组成电力机车设计处，在苏联专家的帮助下，进行了全面设计。1958 年底，湘潭电机厂在株洲电力机车厂（下称株洲厂）等的协助下，试制出了中国第一台电力机车，即 6Y1 型电力机车。6Y1 型电力机车小时功率为 3 900 kW，最高速度为 100 km/h，6 轴。机车经环形铁道运行试验，由于作为主整流器的引燃管不能正常工作而返厂整修。

从 1959 年起，株洲厂、株洲电力机车研究所（下称株洲所）等厂所联合对 6Y1 型电力机车进行了多次试验，做了很多改进，到 1962 年共试制 5 台机车，并在宝凤线上试运行。但是由于引燃管、牵引电机、调压开关等仍存在问题，6Y1 型电力机车未能批量生产。

（2）6Y2 型电力机车。

1961 年，中国第一条电气化铁路宝鸡到凤州线（宝凤线）建成，由于 6Y1 型电力机车性能不过关，国家从法国阿尔斯通公司进口了部分 6Y2 型电力机车，其功率（指持续功率）为 4 740 kW，最高速度为 101 km/h，6 轴。

（3）SS_1 型电力机车

SS_1 型电力机车是我国第一代（有级调压、交—直传动）电力机车。它是由我国 1958 年试制成功的第一台引燃管 6Y1 型电力机车逐步演变而来的，但其三大件（引燃管、调压开关、牵引电机）可靠性较差，经历了三次重大技术改造。

第一次技术改造从 8 号车开始：首先是采用 200 A、600 V 螺栓型二极管取代引燃管组成中抽式全波整流桥；牵引电机改为 4 极、有补偿绕组的高压牵引电机；由于低压侧调压开关的级位转换电路中过渡电抗器的跨接会产生环流，使开关触头分断极为困难，导致调压开关经常放炮。

第二次技术改造从 61 号车开始：采用 300 A、1 200 V 平板型二极管组成中抽式全波整流电路，利用二极管的反向截止特性组成过渡硅机组，取代过渡电抗器以消除级位转换电路中的环流，大大提高了调压开关的可靠性，也使 33 个运行级全部成为经济运行级。

第三次技术改造从 131 号车开始：将主电路中抽式电路改为单拍式双开口桥式整流调压电路。该电路取消了过渡硅机组，而是与主整流机组合并，整个机组采用 500 A、

2 400 V 整流二极管。这种改造于 1980 年从 SS_1 221 号车定型，也就是这里介绍的 SS_1 型电力机车。

（4）SS_2 型电力机车。

株洲厂和株洲所于 1966 年开始 SS_2 型电力机车的设计工作。在吸取了法国 6Y2 型电力机车先进技术的基础上，于 1969 年在株洲厂设计试制出第一台机车。其小时功率为 4 800 kW，最高速度为 100 km/h，6 轴。采用高压侧调压开关 32 级调压，硅整流器整流，800 kW，6 级低压脉流牵引电机，并采用了大量其他先进技术。后经两次改进，于 1978 年投入试运行，主要改进有采用大功率晶闸管两段半控桥相控调压、相控他励牵引电机和电子控制等新技术。SS_2 型电力机车虽然由于个别技术不能配套，未能批量生产，但它为 SS_1 型电力机车改进，以及其他型号机车、动车的设计生产积累了宝贵经验。

2）技术突破阶段（20 世纪 80—90 年代）

进入 20 世纪 80 年代，随着改革开放的推进，我国对铁路运输能力提出了更高要求，电力机车技术研发加速。1985 年，SS_3 型电力机车研制成功，相比 SS_1 型电力机车，它在功率、可靠性等方面有显著提升，采用了相控调压和级间平滑过渡技术，提高了机车的调速性能和运行稳定性，开始在主要铁路干线投入使用。到了 20 世纪 90 年代，SS_4 型电力机车诞生，它是我国第一代重载货运电力机车，由两节完全相同的四轴机车通过电气和机械方式重联组成，功率更大，能满足重载货运需求，标志着我国在电力机车技术上取得重大突破，逐步缩小了与国际先进水平的差距。

（1）SS_3 型电力机车。

SS_3 型电力机车是我国第二代（级间相控调压、交—直传动）客货运两用电力机车。该型机车在吸收了 SS_1、SS_2 型电力机车成熟经验的基础上，由株洲厂和株洲所共同研制，并于 1978 年底试制出厂。

（2）SS_{3B} 型电力机车。

SS_{3B} 型电力机车是大功率半导体整流、客货运两用干线电力机车。其电流制为工频单相交流，牵引及制动功率大，起动平稳，加速快，工作可靠，司机室工作条件良好，污染少，维修简便。

SS_{3B} 型电力机车采用大功率硅半导体桥式全波整流电路，采用调压开关与晶闸管相控结合的平滑调压，牵引特性为恒流控制特性，具备加馈电阻制动特性，比 SS_3 型电力机车具有更优越的制动特性。机车采用脉流串激式 4 级牵引电机，大面积立式百叶窗车体通风方式。车内设备按斜对称空间布置，采用成套组装，有双边走廊。

（3）SS_4 型电力机车。

SS_4 型电力机车是由各自独立且又互相联系的两节车组成，每节车均为一个完整的系统。主电路采用四段经济半控桥，相控调压。它具有恒压或恒流控制的牵引特性和恒速或恒励磁控制的电阻制动特性。空气制动采用 DK-1 型电空制动机。

每节车有两个两轴转向架。牵引电机采用抱轴悬挂式。垂直力传递系统由两系悬挂装置组成，其中第二系采用了橡胶金属叠层弹簧，有较好的波动性能。牵引力传递系统则采用斜拉低位牵引杆，有较高的黏着性能。车体广泛使用高强度低合金结构钢。

该机车牵引及制动功率大，起动平稳，加速快，工作可靠，司机室工作条件良好，污染少，维修简便。

（4）SS_{4B} 型电力机车。

为实现干线货运机车简统化、系列化目标，进一步提高机车安全性、可靠性、互换性，株洲厂和株洲所共同研制了 SS_{4B} 型 8 轴重载货运电力机车。该型机车是我国第三代（无级调压、交—直传动）相控电力机车，遵循我国电力机车标准化、系列化、简统化的设计原则，继承了 SS_4 型、SS_4 改型机车的成熟技术，大量吸收消化国外 8K、6K、8G、6G 型等机车的先进技术。1995 年 12 月，SS_{4B} 型 001 号电力机车落成。

（5）SS_6 型电力机车。

SS_6 型电力机车有两个三轴转向架（C_0—C_0）。采用单边直齿轮弹性传动滚动抱轴承。牵引电机为日本日立公司提供的 800 kW 牵引电机。机车主电路为两段桥相控无级调压，转向架独立供电，具有轴重转移的电气补偿功能；为减少无功损耗，机车采用功率因数补偿装置。机车牵引起动控制为恒流限速特性控制，制动控制为准恒速或恒功制动控制。为充分发挥牵引或制动黏着力，机车具有防空转、防滑行控制功能。机车电制动为电阻制动，空气制动采用 DK-1 电空制动机。SS_6 型电力机车是为郑宝铁路电气化工程国际招标而设计的。该型机车以成熟的 SS 型电力机车的技术为基础，并采用了大量的国际先进技术，具有起动加速快、牵引力大、恒功速度范围宽、操纵方便、工作可靠等特点。

（6）SS_{6B} 型电力机车。

SS_{6B} 型电力机车是 1992 年为郑宝铁路电气化工程提供的国际招标第三批电力机车，是由株洲厂和株洲所共同研制开发的 6 轴干线用交—直传动相控电力机车。该型机车的设计，以国内外交—直传动相控电力机车成熟的技术和经验为基础，并根据铁道部关于开展电力机车简统化、系列化的精神，较大范围内采用和吸收了 SS_4 和 SS_6 型电力机车的技术。SS_{6B} 型电力机车样车于 1992 年 12 月完成。

（7）SS_7 型电力机车。

SS_7 型电力机车是轴列式为 B_0—B_0—B_0 的交—直传动相控电力机车，它是铁道部“八五”期间的重点科研项目。其研制目的是采用 B_0—B_0—B_0 转向架，以适用于山区小曲率半径线路，减小机车轮缘磨耗，并提高机车牵引能力。SS_7 型电力机车及其派生系列均由大同厂、成都厂和株洲所共同研制。首台 SS_7 型电力机车于 1992 年 12 月 30 日试制出厂。

（8）SS_{7B} 型电力机车。

SS_{7B} 型电力机车为铁道部重点科技项目。它是 1996 年设计完成、1997 年试制成功的一种新型重载货运电力机车。

SS_{7B} 型电力机车是 SS_7 型电力机车系列化产品之一，其走行部、传动系统等都引进、消化、吸收了国外交—直机车的先进、成熟技术，达到国内先进水平，并接近世界水平。

（9）SS_{7C} 型电力机车。

SS_{7C} 型电力机车从牵引客车的实际出发，吸收国内外客车的成熟经验，对机车的牵引性能、动力学性能、主要电机电气性能等方面进行了专门设计，具有以下特点：牵引性能优良，加速和高速性能匹配合理；轴重轻、簧下重量小，动力学性能在既有线路上表现良好；满足客车的用电、用风要求；运用可靠等。SS_{7C}型电力机车是技术先进、布置合理、外形美观、运用可靠、维护方便、操作顺畅的主型客运电力机车。

（10）SS_8型电力机车。

SS_8型电力机车是用于准高速干线客运的交—直传动相控电力机车，是“八五”期间国家重点科技攻关项目，由株洲厂和株洲所共同研制。1998 年 6 月 24 日，SS_8型电力机车在京广线的许昌至小商桥区间创造了 240 km/h 的中国铁路高速纪录。SS_8型电力机车对推动我国客运准高速及高速机车的发展具有重要意义。

（11）SS_9型电力机车。

SS_9型电力机车是根据铁道部科技研究开发项目，由株洲厂和株洲所联合研制的大功率 6 轴客运交—直传动相控电力机车，用于牵引 160 km/h 准高速旅客列车。其研制目的是加大机车功率，提高牵引力，以满足具有长大坡度线路的满编旅客列车准高速运行的需要。该型机车在研制过程中坚持了简统化、标准化、系列化的原则。SS_9型电力机车吸取了SS_{6B}型电力机车的经验，两台样机于 1998 年 12 月 26 日完成。

SS_9型电力机车吸取了SS_8型电力机车和SS_{6B}型电力机车的成功经验，并融入先进技术设计而成。为了满足牵引秦沈线过境旅客列车的需要，SS_9型电力机车投入批量生产，其中，SS_9-0001—0043 号机车为SS_9型；2002 年，株洲厂从 0044 号机车开始技术改造，主要对通风方式、外形等方面进行了较大改动，形成了SS_9改型电力机车。目前SS_9型和SS_9改型电力机车总共已生产 100 台左右，主要配属给沈阳局沈阳机务段和北京局北京机务段，在哈大线和秦沈线运用。

SS_9型和SS_9改型电力机车转向架的主要结构特点是：采用轮对空心轴六连杆驱动装置，充分借鉴国产SS_8型电力机车的成熟技术；二系弹簧采用高圆弹簧支承，配以垂向、横向液压减振器和抗蛇行液压减振器；一系是钢圆弹簧加液压减振器结构；转向架总静挠度较大；牵引电机全悬挂；基础制动装置采用独立单元式单侧制动；停车制动采用蓄能制动；牵引方式为双侧平拉杆；转向架还配有撒砂装置、接地装置、轮缘润滑装置、横向和垂向止挡等附属部件。其通过最小曲线半径为 125 m（运行速度 $v \leqslant 5$ km/h），一系弹簧静挠度为 54 mm，二系弹簧静挠度为 90 mm，牵引点高 460 mm，机车制动率为 44%，160 km/h 紧急制动距离为 1 560 m，停车制动率为 15.6%，车体与转向架横向、垂向距离分别为 30 mm、40 mm。其结构大体类似SS_{6B}型电力机车构架，采用“目”字形箱形梁焊接结构，由两根鱼腹形直侧梁、两根横梁、两根端梁组焊而成，整体刚度，强度大。该转向架最大轴重转移量为 18.19 kN，黏着利用率为 91.6%，非线形蛇行临界速度达到 300 km/h。

3）创新发展阶段（21 世纪初—2010 年）

21 世纪初，我国铁路迎来高速发展期，电力机车技术也进入创新发展阶段。“和谐号”电力机车的出现是这一时期的重要标志。“和谐号”系列电力机车融合了国内外先进技术，通过引进、消化、吸收、再创新，实现了技术的跨越式发展。例如，和谐型大功率交流传动电力机车，包括HX_D1、HX_D2、HX_D3等系列，它们在牵引功率、节能、环保等方面优势明显，满足了我国铁路重载运输和快速客运的需求。同时，我国在电力机车的网络控制系统、交流传动技术等核心技术上实现自主创新，掌握了关键技术的知识产权。

（1）HX_D1 型电力机车。

HX_D1 型电力机车是干线货运用 8 轴大功率交流传动电力机车。在被命名为“和谐”型之前，称为 DJ4。当时 DJ4 共有两个型号：一个型号是由株洲厂及德国西门子研发，编号由 0001 开始，以西门子 EuroSprinter 系列机车作为技术平台，后来车型代号改为 HX_D1（数字是生产厂商代号，1 代表株洲厂），一般称为“和谐”电 1 型电力机车（车辆编号 HX_D1××××）；另一个型号命名为“DJ4”的机车则由大同电力机车公司和法国阿尔斯通研发，编号由 6001 开始，即后来的 HX_D2 型电力机车。两种型号机车均采用交流电牵引电机，交—直—交传动及双节固定重联，单节车轴列式为 B_0—B_0，即两个两轴转向架。

（2）HX_D2 型电力机车。

HX_D2 型电力机车是干线货运用 8 轴大功率交流传动电力机车，由大同电力机车公司与法国阿尔斯通联合开发。该机车车型代号为 HX_D2（数字是生产厂商代号，2 代表大同电力机车公司），一般称为“和谐”电 2 型电力机车（车辆编号 HX_D2–××××）。车辆在被命名为“和谐”之前，曾被称为“DJ4”，编号由 6001 开始。HX_D2 型电力机车是中国铁路机车技术现代化的重要产品之一。

（3）HX_D3 型电力机车。

在 2006 年“和谐”型系列交流电力机车投产以前，中国铁路普遍缺乏大功率电力机车，当时只有 SS_4 型电力机车的总功率能达到 6 400 kW（2×3 200 kW），SS_{3B} 型电力机车的总功率能达到 9 600 kW（2×4 800 kW）。随着我国经济的持续增长，铁路货运需求也随之增加，需要订购能单机牵引 5 000～5 500 t 货物的大功率机车，以满足货运需求。

大连机车厂从 2001 年起就开始研发大功率交流传动货运电力机车，由于当时我国缺乏制造 IGBT VVVF 牵引逆变器等技术，因此大连机车厂选择与日本东芝公司合作研制新型机车，并于 2002 年 9 月成立合资公司，东芝公司提供机车的牵引逆变器及控制系统，并计划在全国电气化铁路范围内使用这款机车。

4）智能引领与国际合作阶段（2010 年至今）

近年来，随着人工智能、大数据等技术的发展，我国电力机车向智能化方向迈进。例如，智能电力机车具备智能诊断、自动驾驶等功能，可实时监测设备状态，提前预警故障，提高运行安全性和效率。同时，我国积极推动电力机车技术的国际合作，在“一带一路”建设下，我国电力机车技术和装备出口到多个国家和地区，并参与国际铁路项目建设，如中老铁路、雅万高铁等，展示了我国电力机车技术的实力，提升了我国在国际轨道交通领域的影响力，实现了从技术引进到技术输出的转变。

CR200J 型时速 160 km 动力集中电动车组（昵称“绿巨人”）作为“复兴号”动车组的系列产品，由成熟的客运电力机车和 25T 型客车技术平台组成。列车编组设计有短编组和长编组，短编组为 1 动 8 拖，长编组为 2 动 18 拖，其乘坐舒适度比一般普速客车有显著提升。

中国电力机车的发展经历了从无到有、从引进技术到自主创新的过程。中国电力机车技术已经取得了显著的进步，随着科技的不断进步，中国电力机车技术必将继续向前发展。

做一做

任务清单			任务 1.2　电力机车总体认知		
姓　名		班　级		学　号	
【头脑风暴】根据内容，用思维导图展现我国电力机车的发展及各型机车的特点，同时利用 AI 软件进行改进优化。					
【结构分析】根据给定的图，介绍电力机车的工作原理。					

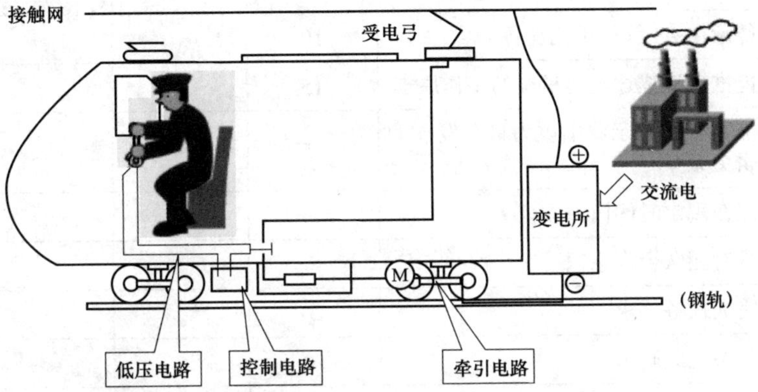

任务评价

任务评价表			模块名称	机车车辆总体认知	
			任务名	电力机车总体认知	
姓　名		班　级		学　号	
评分内容		标准分值	自我评分（20%）	小组评分（30%）	教师评分（50%）
任务准备	认真完成在线课程的学习	10			
	根据任务要求主动查找资料	10			
任务实施	能清楚地领会任务内容及要求	5			
	能运用 AI 软件优化任务	10			
	能准确地描述电力机车的工作原理	15			
	能完整地展示我国电力机车发展的逻辑关系	15			
	能在规定时间内完成任务	5			
	具有团队合作意识	5			
任务总结	完成任务要求	5			
	任务完成质量	10			
	任务展示情况	10			
总　　分		100			

任务 1.3　典型电力机车总体认知

任务目标

知识目标	熟悉 CR200J 动力车、HX$_D$1C、SS$_4$改型电力机车的总体设计
	熟悉 CR200J 动力车、HX$_D$1C、SS$_4$改型电力机车的技术指标
	熟悉 CR200J 动力车、HX$_D$1C、SS$_4$改型电力机车的技术特点
能力目标	能描述 CR200J 动力车、HX$_D$1C、SS$_4$改型电力机车的技术特点
	能区分 CR200J 动力车、HX$_D$1C、SS$_4$改型电力机车的异同
素质目标	培养对铁路行业多样化技术的热爱
	增强创新意识和行业责任感
	培养团队协作精神和沟通交流能力，树立严谨负责、精益求精的职业态度

任务实施

思政视频

科技强国——CR200J 纪录片

想一想

（1）你熟悉哪款电力机车？说说它有什么特点。

（2）我国现在主流的客运电力机车是哪款？说说它有什么特点。

（3）我国现在主流的货运电力机车是哪款？说说它有什么特点。

学一学

微课视频

CR200J 总体认知

1.3.1　CR200J 动力车总体认知

1. 总体设计说明

动力集中动车组（CR200J）是中国铁路总公司 2016 年的重点项目，按照“同一标准，两个平台”和“同一平台、多家配套”的原则进行动力车的研发，并实现以下目标：

① 具有完全的自主知识产权，实现核心技术及关键部件的全部自主化；

② 提高通用件比例，实现不同技术平台下的最大简统化及互通、互联、互控；

③ 采用更高速率和带宽的通信网络，实现高度自动化、信息化和智能化；

④ 采用模块化、开放式设计理念，实现重要系统及关键部件接口统一、多家供货；

⑤ 关键技术指标达到国际领先水平，实现更高效、节能与环保。

CR200J 动力车的总体设计承袭和谐型电力机车技术平台的技术基础，在保持 HX_D3G 型 8 轴 200 km/h 客运电力机车的总体技术参数和系统设计方案不变的条件下，进行了适应动车组运用需求的优化和调整，保证 CR200J 动力车整车的成熟度，同时为 CR200J 动力车利用既有和谐车的维修能力和体系创造条件。图 1–3–1 为 CR200J 动力车。

图 1–3–1　CR200J 动力车

2. 主要技术指标

表 1–3–1 为 CR200J 动力车主要技术指标。

表 1-3-1　CR200J 动力车主要技术指标

生产厂商	复兴 1 型电力机车（原和谐 1G 型电力机车）：由中车株洲电力机车公司生产。 复兴 3 型电力机车（原和谐 3G 型电力机车）：由中车大同电力机车公司生产
用途	干线客运
轴列式	B_0—B_0
传动方式	交—直—交传动
持续功率	5 600 kW
最大再生制动力	153 kN
起动牵引力	＞240 kN
运营速度	160 km/h

3. 主要技术特点

1）总体布置

CR200J 动力车为单司机室 4 轴机车，700 mm 中间走廊，机械间设备按斜对称原则布置，B_0—B_0 转向架，尾端设通过门、内外风挡。尾端部的电气、机械连接方式采用简统化方案。采用预布线、预布管工艺。

2）转向架

采用两轴转向架、低位推挽牵引杆、电机对置弹性架悬驱动、铸铝承载式齿轮箱、轮盘制动方式。

3）车体

轻量化车体，整体承载结构，单层铝合金活动顶盖，头罩式司机室，车头设置开闭机构。

4）通风系统

独立通风冷却，机械间正压技术，铝制风机。

5）高压系统

车内网侧柜技术。

6）牵引系统

全去耦、轻量化牵引变压器、轻量化牵引变流器（集成主辅变流器、辅助滤波及列供技术）、大容量牵引电机，完全独立的轴控技术。

7）辅助系统

两组辅助变流器，互为冗余。

8）列车供电系统

两组 200 kW 水冷列供单元通过列供配电柜可提供 2 路 200 kW 或 1 路 400 kW 列车 DC 600 V 供电电源。

9）网络控制系统

采用符合 IEC 61375 标准的列车通信网络。列车级为 WTB，实现互联互通互控；

车辆级为 MVB+ETH，互为冗余。微机控制系统网络化、模块化，使动力车具有控制、诊断、检测、传输、显示和存储功能。

10）制动系统

基于分布式现场总线控制的微处理式电空制动系统。

11）安全防护

机车安装有 6A、LKJ、CTCS（预留）等安全装置。机车设有高压安全联锁装置，车外悬挂部件具有防脱落设计。

4. 使用环境条件

海拔高度：不超过 2 500 m。在海拔 1 400 m/环境温度+40 ℃，海拔 2 500 m/环境温度+32.5 ℃，且连续在最大功率状态下运行时不应出现功率限制。

环境温度（遮荫处）：−40～+40 ℃。动力车蓄电池充电器、微机控制系统、牵引和辅助变流器及其控制单元、升弓系统部件、空气制动等在满足−25～+40 ℃环境中正常运用的前提下，可通过应用加强防寒和预热（可以采用蓄电池供电和接触网供电两种方式）的可选配置方案达到−40～−25 ℃环境中正常运用的要求。暴露在车外的转向架承载橡胶件、制动系统橡胶件及阀的低温性能应按照−50 ℃进行考核。

月平均最大相对湿度（该月月平均最低温度不低于 25 ℃）为 95%。

环境条件：能适应风、沙、雨、雪、盐雾、粉尘的侵袭。

5. CR200J 动车组编组型式

短编组：1Mc+7T+1Tc。

编组型式：1 辆动力车+3 辆普通座车+1 辆普通座车（带餐吧）+3 辆普通座车+1 辆控制车（见图 1-3-2）。

总定员：755 人。

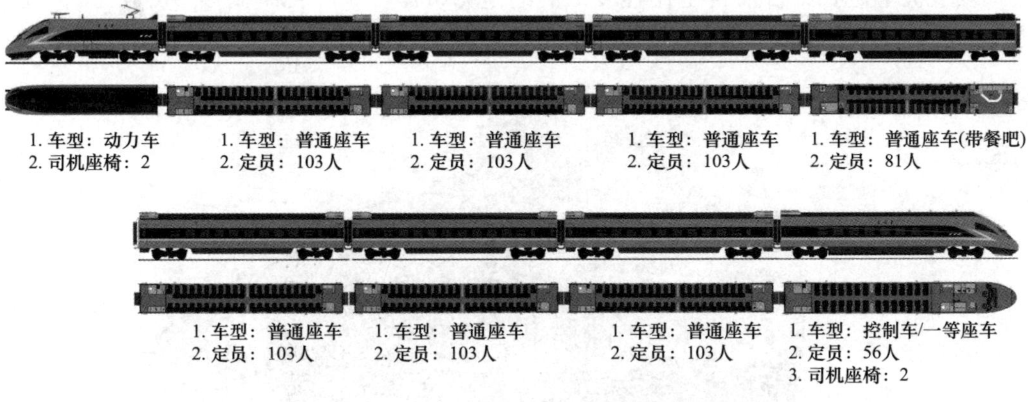

图 1-3-2　CR200J 短编组动车组

灵活编组：1Mc+9～18T+1Mc。

长编组：1Mc+16T+1Mc。

典型编组型式：1 辆动力车+8 辆普通卧车+4 辆包间卧车+1 辆餐座合造车+3 辆普通座车+1 辆动力车（见图 1-3-3）。

总定员：1 043 人。

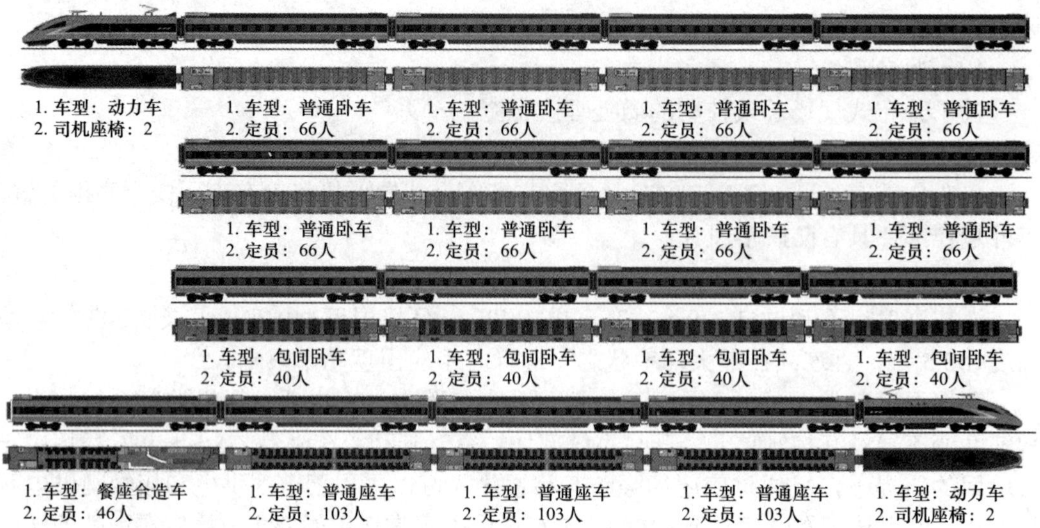

图 1-3-3　CR200J 长编组动车组

1.3.2　HX_D1C 型电力机车总体认知

1. 总体设计说明

HX_D1C 型 6 轴 7 200 kW 交流传动电力机车在 HX_D1 型电力机车和 HX_D1B 型机车设计制造的基础上，采用由 IGBT 变流元件组成的模块，单轴控制技术，是适应中国使用环境的交流传动 6 轴 7 200 kW 干线电力机车。机车设计使用寿命为 30 年。

该型机车是我国目前自主化程度最高的电力机车，国产化率高达 90%，具有极高的性价比，是我国铁路目前及未来的主型电力机车。图 1-3-4 为 HX_D1C 型电力机车。

图 1-3-4　HX_D1C 型电力机车

2. 主要技术指标

表 1–3–2 为 HX_D1C 型电力机车主要技术指标。

表 1–3–2　HX_D1C 型电力机车主要技术指标

生产厂商	HX_D1C–0×××由中车株洲电力机车有限公司制造 HX_D1C–6×××由中车资阳电力机车有限公司制造
用途	干线货运
轴列式	C_0—C_0
传动方式	交—直—交传动
持续功率	7 200 kW
持续速度	70 km/h（23 t），65 km/h（25 t）
起动牵引力	520 kN（23 t），570 kN（25 t）
最高速度	120 km/h

3. 主要技术特点

1）设备布置

机车总体结构为双司机室，机械间设备按斜对称原则布置，中间走廊，采用预布线和预布管设计。

2）通风方式

机车采用独立通风方式，增加了机械间冬夏季温度调节模式转换设计，更好地改善了机车运用环境。

3）车体

车体采用整体承载结构型式，全部由钢板及钢板压型件组焊而成的全钢焊接结构。车体纵向压缩载荷为 3 000 kN，纵向拉伸载荷为 2 500 kN。

4）转向架

机车采用两台 C_0 转向架。驱动系统采用滚动抱轴承传动的抱轴悬挂驱动，构架为箱形梁焊接构架，齿轮箱采用了高强度铝合金；一系悬挂采用轴箱拉杆+螺旋钢弹簧方式；二系悬挂采用高挠度螺旋钢弹簧结构；牵引装置采用低位牵引。

5）空气制动系统

机车采用 KNORR 公司或法维莱公司产品。

6）主电路

机车牵引电路采用由 IGBT 模块（3.3 kV/1 200 A）组成的四象限整流器和逆变器，采用牵引电机轴控技术。

7）辅助电路

机车辅助电路采用独立的辅助逆变器供电，辅助变流器分别由恒频恒压变流器（CVCF）和变频变压变流器（VVVF）两个模块构成。

8）控制网络

机车采用微机控制系统，可以实现网络化、模块化，使机车控制系统具有控制、诊断、监测、传输、显示和存储功能；控制网络符合 IEC 61375 的标准要求。

9）重联控制

机车具有通过 WTB 总线进行多机（最多 3 台）重联控制及显示功能，并预留了远程重联控制系统的软件、硬件接口及安装平台。

10）其他

机车预留有信息系统的安装位置和接口。

4. 使用环境条件

机车在下列条件下，能按机车额定功率正常工作。

海拔：不超过 2 500 m。

在海拔高于 1 400 m、环境温度接近+40 ℃、连续在最大功率状态下运行时可能出现功率限制。

环境温度（遮荫处）：−25～+40 ℃。机车基础结构按照−40 ℃运用环境设计，并预留加强防寒设备安装接口和布线空间。机车能够在−40 ℃环境下存放，加强防寒后能够在−25～−40 ℃环境下正常运用。

月平均最大相对湿度（该月月平均最低温度不低于 25 ℃）：95%。

环境条件：能承受风、雨、雪、盐雾、煤尘和偶有沙尘暴。

1.3.3 SS_4改型电力机车总体认知

1. 总体设计说明

SS_4改型电力机车是 8 轴重载货运机车，由两节完全相同的 4 轴机车用车钩与连挂风挡连接组成，其间设有电气系统高压连接器和重联控制电缆，以及空气系统重联控制风管，可在其中任一节车的司机室对全车进行统一控制。

在机车两端还设有重联装置，可与一台或数台 SS_4 改型电力机车连接，进行重联运行。机车采用国际标准电流制，即单相工频制，电压为 25 kV。采用传统的交—直传动形式，使用传统的串励式脉流牵引电机。机车具有 4 台两轴转向架，采用推挽式牵引方式，固定轴距较短，采用转向架独立供电方式，全车 4 台两轴转向架，具有相应的 4 台独立的相控式主整流装置。主整流装置采用三段不等分半控调压整流电路。机车电气制动系统采用加馈电阻制动，使机车低速制动力得以提高。机车辅助系统采用传统的旋转式劈相机。机车设备布置采用双边纵走廊、分室斜对称布置，设备屏柜化、成套化。机车通风采用车体通风方式，进风口为车体侧墙大面积立式百叶窗，各主要设备的通风支路采用串并联方式。SS_4 改型电力机车是中国首批使用的电力机车。

2. 主要技术指标

表 1-3-3 为 SS_4 改型电力机车主要技术指标。

表 1-3-3　SS_4改型电力机车主要技术指标

生产厂商	SS_4-0×××由中车株洲电力机车公司制造 SS_4-7×××由中车大连机车车辆公司制造
用途	干线货运
轴列式	2（B_0—B_0）
传动方式	交—直传动
持续功率	2×3 200 kW
持续速度	51.5 km/h
持续牵引力	500 kN
最高速度	100 km/h
最大牵引力	628 kN

3. 主要技术特点

① 机车持续功率 6 400 kW，两节重联结构，2（B_0—B_0）轴列式，并可两台机车（4 节）重联运用。

② 采用不等分三段半控桥晶闸管相控调压。

③ 采用大功率 ZP2100-28、KP1300-28 整流管和晶闸管。

④ 采用加馈电阻制动（具有机车持续速度以下保持最大恒制动力的最良好的低速制动性能）。

⑤ 采用 L-C 功率因数补偿和三次谐波滤波装置，提高了功率因数，降低了谐波分量。

⑥ 采用强迫自导向油循环和全铝板翅式油散热器，全去耦式新型主变压器。

⑦ 具有空转（滑行）保护装置和轴重转移补偿装置，大大提高了机车黏着牵引力。

⑧ 采用包含牵引控制、电制动控制、功率因数补偿控制、轴重补偿控制、空转（滑行）保护控制、空电联合制动控制等多功能的电子控制装置。

⑨ 机车牵引、制动特性采用恒流准恒速控制，无级调速，三级磁场削弱控制。

⑩ 采用转向架牵引电机并联的独立供电调压整流电路。按独立电路装设过流、过压、接地保护装置。

⑪ DK-1 型空气制动机的改进具有空电联合制动功能。

⑫ B_0 转向架采用单元基础制动器，推挽式低位斜杆牵引装置。

⑬ 车体整体承载结构。采用预布线、预布管结构方式，中间通道具有自动关门器。

做一做

任务清单		任务 1.3 典型电力机车总体认知	
姓名		学号	

【案例浅析】试根据已学知识从多个维度对比分析三代典型电力机车的特点，同时借助 AI 软件进行对比优化。

任务评价

任务评价表			模块名称		机车车辆总体认知	
			任务名		典型电力机车总体认知	
姓　名		班　级			学　号	
评分内容			标准分值	自我评分（20%）	小组评分（30%）	教师评分（50%）
任务准备	认真完成在线课程的学习		10			
	根据任务要求主动查找资料		10			
任务实施	能清楚地领会任务内容及要求		5			
	能运用 AI 软件优化任务		10			
	能准确地描述 CR200J 动力车的基本特点		10			
	能准确地描述 HX_D1C 型电力机车的基本特点		5			
	能准确地描述 SS_4 改型电力机车的基本特点		5			
	能完整地分析三代电力机车的异同		10			
	能在规定时间内完成任务		5			
	具有团队合作意识		5			
任务总结	完成任务要求		5			
	任务完成质量		10			
	任务展示情况		10			
总　　分			100			

双语拓学

1. 专业词汇双语对照表

铁道机车车辆专业词汇中英对照表

英文	中文	英文	中文
steam locomotive	蒸汽机车	diesel locomotive	内燃机车
electric locomotive	电力机车	diesel engine	内燃机
gas turbine	燃气轮机	tilting coach	摆式客车
inter-city train	城际列车	subway/underground metro	地铁
light rail	轻轨	tram	有轨电车
local train/stopper	铁路局局管内列车	commuter train	通勤车
emergency brake	紧急制动	cog railway	齿轨铁路
freight train	货运列车	passenger train	客运列车
high-speed train	高速列车	carriage	车厢
train track	钢轨	railway station	火车站
platform	站台	ticket booth	售票亭
sleeper car	卧铺车厢	dining car	餐车
switch	道岔		

2. AI+双语小视频制作

试在本模块中选择一个任务或者知识点，制作一个双语动画视频，可以是微课、科普讲堂，可充分借助生成式 AI 工具（如 DeepSeek、豆包）进行双语翻译、数字人（如闪剪）生成、PPT（如 kimi）生成及视频（如剪映）转换。

模块 2

机车车辆车体与设备布置

思政领学

CR450，创新引领中国高铁新时代

2024 年 12 月 29 日，CR450 动车组样车在北京惊艳亮相。这款动车组堪称高铁领域的革新之作，试验速度可提升至 450 km/h，运营时速也能稳定在 400 km，彰显了中国在高速列车研发上的深厚底蕴。

CR450 动车组的技术突破全面且卓越。速度层面，它刷新了全球高速铁路列车的速度纪录，展示了中国铁路的强劲实力。值得一提的是，在提速的同时，它维持了与既有复兴号时速 350 km 运行时相近的噪声、制动、距离能耗等指标，制动响应时间从 2.3 s 锐减至 1.7 s，制动性能提升超过 20%，将安全保障做到极致，践行着“人民至上、生命至上”的理念。

在设计上，CR450 动车组别具匠心。车头基于仿生学设计，历经模拟仿真和风洞试验，敲定飞箭、鹰隼两种头型方案，既美观又能有效降低行驶阻力，契合了绿色发展理念。在智能化方面，全车设有 4 000 多个监测点，实时收集轴温、压力等数据，实现自感知、自诊断、自决策的智能运营。创新采用的时间敏感网传输信号，让实时传输性能提升 10 倍，为列车安全高效运行筑牢根基。

旅客体验一直是 CR450 动车组的关注重点。客室强化吸声和隔声设计，运用新型隔音材料，营造安静的乘车环境。通过集成化、小型化设计，列车体积减少 5%，旅客使用面积却增加 4%，两端大件行李存放区域更是扩大了 138%，满足了旅客多样化需求。单人、多人包间的增设，丰富了客运产品等级，给予旅客更多选择。

双语助学

The Working Principle of Electric Locomotives

Electric locomotives draw electricity from an external power source, typically an overhead catenary system or a third-rail. The overhead catenary consists of a network of wires suspended above the tracks. A device called a pantograph, located on the roof of the locomotive, makes contact with the catenary wires to collect the high-voltage electricity, usually in the range of 25,000 volts for AC systems. In the case of a third-rail system, the locomotive has a sliding shoe that picks up power from the electrified rail.

Once the electricity is obtained, it needs to be transformed and distributed. The high-voltage electricity is first fed into a transformer, which steps down the voltage to a suitable level for the locomotive's internal systems. Then, it enters the converter. The converter plays a vital role in converting the alternating current (AC) from the power source into direct current (DC) or adjusting the frequency and voltage of the AC according to the needs of the traction motors.

The converted electrical energy is then transmitted to the traction motors. These motors are the heart of the locomotive's propulsion system. When an electric current passes through the traction motors, they generate a magnetic field. According to the principle of electromagnetic induction, this magnetic field interacts with the magnetic field of the motor's stator, producing a torque that rotates the motor's shaft. The rotation of the shaft is transferred to the wheels of the locomotive through a gear-box. As the wheels turn, the locomotive moves forward or backward, pulling or pushing the train carriages.

In summary, electric locomotives convert electrical energy into mechanical energy through a series of components and processes, enabling efficient and powerful railway transportation.

电力机车的工作原理

电力机车从外部电源获取电能，通常通过架空接触网系统或第三轨来实现。架空接触网系统由悬挂在轨道上方的电线网络组成。位于机车顶部的受电弓与接触网接触线接触，从接触网获取电能。对于交流系统来说，接触网电压通常在 25 kV。在第三轨系统中，机车有一个集电靴，它从带电的轨道上获取电能。

一旦获得电能，就需要对其进行转换和分配。高压电首先被输送到变压器中，变压器将电压降低到适合机车内部系统的水平。然后，电能进入变流器。变流器再将来自电源的交流电（AC）转换为直流电（DC），或者根据牵引电机的需求调节交流电的频率和电压。

转换后的电能随后被传输到牵引电机，牵引电机是机车传动系统的核心。当电流通过牵引电机时，它们会产生一个磁场。根据电磁感应原理，这个磁场与电机定子的磁场相互作用，产生一个使电机轴旋转的转矩。轴的旋转通过齿轮箱传递到机车的车轮上。随着车轮的转动，机车向前或向后移动，牵引或推动列车前行。

总之，电力机车通过一系列的部件和过程将电能转化为机械能，从而实现高效且强劲的铁路运输。

AI 导学

CR450 动车组的发布，是中国铁路技术创新的重大飞跃，更是中国高铁引领全球的有力见证。随着后续线路试验和考核的推进，其性能将不断优化。而如此强大且创新的动车组，其车体构造对于保障列车的高效运行和优质服务至关重要。接下来，让我们结合 AI 知识图谱深入学习电力机车的车体与设备布置内容，探寻其背后的奥秘。

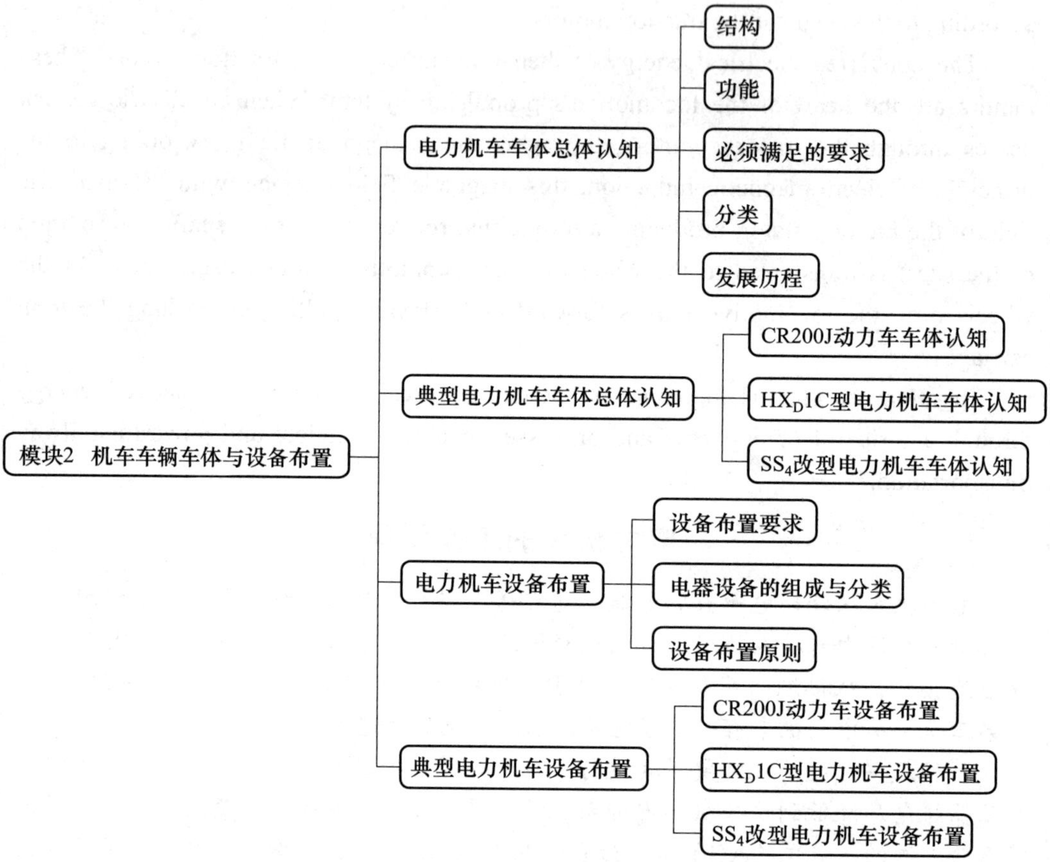

任务 2.1　电力机车车体总体认知

任务目标

知识目标	熟悉电力机车车体的组成
	熟悉电力机车车体的功能及要求
	熟悉电力机车车体的分类及应用
能力目标	能准确描述电力机车车体的用途
	能简述电力机车车体的基本结构
	能区分不同类型的电力机车车体
素质目标	培养严谨的工程思维，理解车体结构可靠性对行车安全的重要性
	树立环保意识，认同轻量化材料在降低能耗中的价值

任务实施

思政视频

横跨 31 个省（市、区），中国最强高铁面世，零下 35℃照常运行

微课视频

电力机车车体认知

想一想

（1）什么是电力机车车体？

（2）电力机车车体由哪些部分组成？

（3）电力机车车体各组成部分的作用是什么？

学一学

1. 车体的结构

电力机车车体是指转向架之上的车厢部分（也称上部结构），是由钢板和梁组焊而成的箱形壳体，根据功能划分为司机室和机械间。电力机车车体由司机室、车顶盖、车顶横梁、侧墙、台架、司机室隔墙、车钩缓冲装置和排障器等部分组成（见图 2-1-1）。

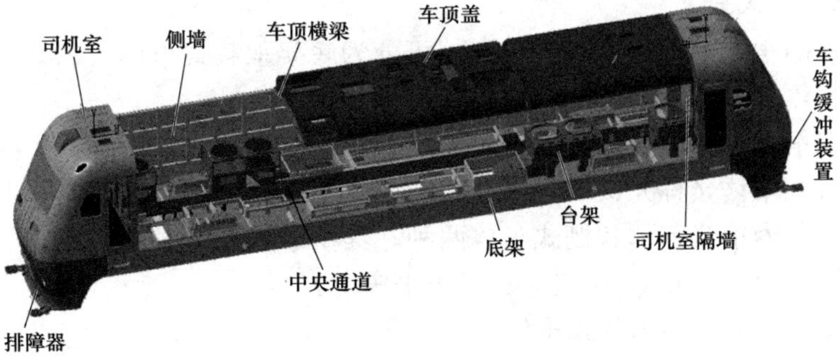

图 2-1-1　电力机车车体的一般组成

2. 车体的功能

① 车体是乘务人员操纵、保养和维修机车的场所。车体内设有司机室和机械间。

② 安装各种电气、机械设备，并保护车内设备不受外界风沙、雨雪的侵蚀。

③ 传递垂直力。将车体内各种设备的重量经车体和车体支承装置传给转向架。

④ 传递纵向力。将转向架传来的牵引力、制动力经车体传给车钩和缓冲器。

⑤ 传递横向力。在运行中，车体要承受各种横向作用力，如离心力、风力等。

3. 车体必须满足的要求

由于车体的功能要求和工作时的受力复杂性、严重性，车体必须满足以下要求。

① 有足够的强度和刚度。即在机车允许的构造内，保证车体骨架结构不发生破坏和较大变形，以确保运行安全和正常使用。

② 为了提高机车的速度，应适当减轻自重，同时确保重量分配匀称、重心低。因为设备分配若不均匀，则轻的轴易空转，进而无法起动机车。

③ 车体结构必须保证设备安装、检查、保养及检修更换便利。

④ 有较好的工作环境，做好通风、采光、取暖（脚炉、壁炉）、瞭望、隔音、隔热等措施。

⑤ 车体必须纳入国家规定的机车车辆限界尺寸中。

⑥ 车体外形设计美观、大方，富有时代气息。

4. 车体的分类

1）按不同用途分类

通常根据车体的用途，电力机车车体可分为干线运输大功率电力机车车体和工业电力机车车体。

（1）干线运输大功率电力机车车体。

干线运输大功率电力机车是一种在铁路主干线上承担运输任务的电力机车。其车体的特点是两端设有司机室，中间为机械间，设备安装、检修方便，司机瞭望视线开阔，其形状类似客车车厢。

（2）工业电力机车车体。

工业电力机车是指在工矿运输或调车作业中使用的电力机车。由于工业电力机车运营速度较低，且经常调换运行方向，故其车体结构较简单，但不便于设备安装、检查、保养，也不便于作业时的瞭望。

2）按承载方式分类

根据车体的承载需要，电力机车车体可分为底架承载式车体、底架和侧墙共同承载式车体及整体承载式车体。

（1）底架承载式车体。

底架承载式车体又称光板车，所有载荷由底架承担，车体仅起保护作用。底架承载式车体又可分为罩式车体和棚式车体两种。其中罩式车体多用于工矿电力机车；棚式车体主要用于 DF_5、HX_N5 型机车、货车平车等。

（2）底架和侧墙共同承载式车体。

底架和侧墙共同承载式车体，又称侧壁承载车体，其侧墙通常制成板梁式结构或桁架式结构，多用于干线电力机车。

其中，桁架式结构是指车体的侧墙是由直杆组成的三角形单元的平面或空间结构，侧墙与底架共同承担垂直载荷，但桁架承受纵向作用力的能力很小，车体纵向载荷主要仍由底架各梁承受。桁架式结构主要用于 DF_9、DF_{11}、DF_{8K} 电力机车，TGV 动力车等。

板梁式结构的侧墙是在钢骨架上铺以金属薄板，具有足够的强度和刚度，能承受部分纵向力，这种结构主要用于 SS 系列电力机车、DF_4 系列内燃机车及各种新型货车机车等。

（3）整体承载式车体。

整体承载式车体是指设备重量由底架、侧墙和车顶三者共同承载的车体。整体承载结构具有很大的强度和刚度，它的侧墙和车顶能分担相当大的载荷，因而底架结构可以造得比侧墙承载结构更轻，甚至有可能在适当加强枕梁和侧梁后，取消底架中部很长一段中梁，使之成为无中梁底架结构。我国大部分的机车车辆均采用整体承载式车体。

5. 电力机车车体发展历程

电力机车车体的演变是铁路技术现代化的重要体现，其发展历程可分为以下 3 个阶段，涵盖结构设计、材料革新和制造工艺的突破。

1）早期阶段（19 世纪末—20 世纪 50 年代）

（1）结构设计。

箱形框架为主：早期车体采用全钢铆接结构，以箱形框架为基础，强调刚性和承载能力，但重量大且气动性能差（如苏联 VL19 型机车）。

非流线化外观：受限于技术，车体外形方正，驾驶室与机械舱分离，维护便捷但运行阻力高。

（2）材料应用。

普通碳钢主导：车体骨架和蒙皮均使用低碳钢，抗腐蚀性差，需频繁维护。

木质辅助结构：部分非承重部件（如内饰板）采用木材，成本低但易燃易损。

（3）制造工艺。

铆接技术：通过铆钉拼接钢板，工艺简单但接缝处易疲劳开裂。

手工焊接：20 世纪 30 年代后引入电弧焊，逐步替代铆接，但焊缝质量不稳定。

2）中期阶段（20 世纪 60 年代—90 年代）

（1）结构优化。

流线型设计：为提升高速性能，车头采用弧形导流罩（如法国 CC 7100 型），能降低空气阻力 30%以上。

承载式车体：取消独立底架，车体与转向架一体化设计（如德国 E10 系列），重量减轻 15%～20%。

（2）材料升级。

铝合金普及：日本新干线 0 系（1964 年）首次采用铝合金车体，重量较钢制机车减少 40%，但初期存在焊接变形问题。

不锈钢应用：美国 GM EMD 系列机车使用不锈钢蒙皮，耐腐蚀性显著提升。

（3）工艺突破。

自动焊接技术：氩弧焊和激光焊接普及，焊缝强度提高至母材的 90%。

分段模块化制造：车体划分为驾驶室、设备舱等模块，并行生产后组装，效率提升 50%。

3）现代阶段（21 世纪至今）

（1）结构创新。

全封闭轻量化设计：采用整体挤压铝合金型材（如中国复兴号），车体强度提升 20%的同时减重 10%。

智能化集成：车顶设受电弓导流罩，底部设备舱全包覆，气动噪声降低 8～10 dB。

（2）材料革命。

碳纤维复合材料：德国 ICE 4 车体局部使用碳纤维（如车顶盖板），比铝合金车体轻 30%且抗疲劳性更优。

超高强度钢：法国 TGV-M 车体采用 HSLA 钢（抗拉强度 800 MPa），在轻量化与安全性间取得平衡。

（3）先进工艺。

3D 打印技术：复杂结构件（如转向架连接座）实现一体化成型，减少零件数量 30%。

机器人柔性生产线：西门子维也纳工厂采用 AI 视觉定位机器人，焊接精度达 ±0.1 mm。

4）未来趋势

（1）结构-功能一体化。

车体集成能量吸收结构（如仿生蜂窝夹层），碰撞安全性提高 40%。

（2）绿色材料。

生物基复合材料（如亚麻纤维增强环氧树脂）研发加速，碳足迹降低 60%。

（3）数字孪生制造：基于 BIM 的全生命周期管理，实现设计-生产-运维数据闭环。

电力机车车体从笨重的钢制铆接结构，逐步演变为智能轻量化的复合材料模块化系统，其发展折射出材料科学、制造技术和设计理念的协同进步。未来，随着新材料和数字化技术的深度融合，车体将向更高效、更环保的方向持续进化。

做一做

任务清单			任务 **2.1**　电力机车车体总体认知		
姓　名		班　级		学　号	

【车体结构】根据给定的车体图，写出各部件的名称并介绍其特点。

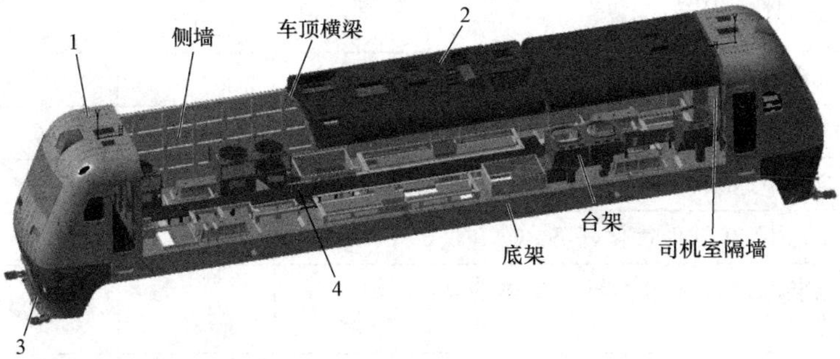

序号	名称	特点
1		
2		
3		
4		

【车体比较】根据给定的车体图，按不同承载方式进行分类，结合所学知识对比分析其特点及应用，同时借助 AI 软件进行对比优化。

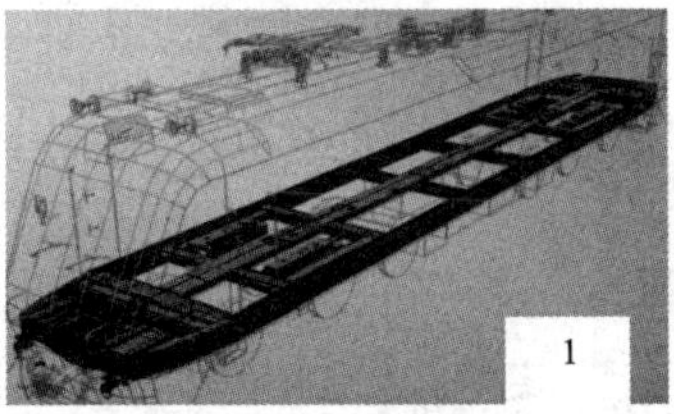

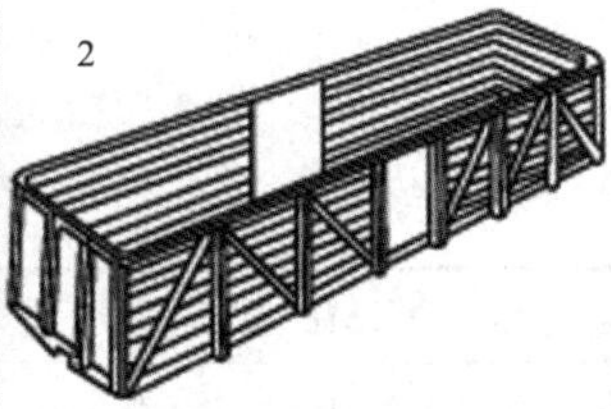

序号	车体类型	车体特点及应用
1		
2		
3		

任务评价

任务评价表		模块名称		机车车辆车体与设备布置	
		任务名		电力机车车体总体认知	
姓　名		班　级		学　号	
评分内容		标准分值	自我评分（20%）	小组评分（30%）	教师评分（50%）
任务准备	认真完成在线课程的学习	10			
	能根据任务要求主动查找资料	10			
任务实施	能清楚地领会任务内容及要求	5			
	能运用 AI 软件优化任务	10			
	能准确地描述电力机车车体的功能及要求	15			
	能区分不同电力机车车体的特点及应用	15			
	能在规定时间内完成任务	5			
	具有团队合作意识	5			
任务总结	完成任务要求	5			
	任务完成质量	10			
	任务展示情况	10			
总　　分		100			

任务 2.2　典型电力机车车体总体认知

任务目标

知识目标	熟悉 CR200J 动力车、HX$_{D}$1C、SS$_{4}$改型电力机车车体的结构
	熟悉 CR200J 动力车、HX$_{D}$1C、SS$_{4}$改型电力机车车体的特点
	熟悉 CR200J 动力车、HX$_{D}$1C、SS$_{4}$改型电力机车车体的技术
能力目标	能描述 CR200J 动力车、HX$_{D}$1C、SS$_{4}$改型电力机车车体的特点
	能简述 CR200J 动力车、HX$_{D}$1C、SS$_{4}$改型电力机车车体的结构
	能区分 CR200J 动力车、HX$_{D}$1C、SS$_{4}$改型电力机车车体的异同
素质目标	激发对车体新技术的探索兴趣
	增强民族自豪感和创新意识
	培养团队协作精神和沟通交流能力

任务实施

想一想

（1）CR200J 动力车、HX_D1C、SS_4 改型电力机车车体由哪些部分组成？

（2）CR200J 动力车、HX_D1C、SS_4 改型电力机车车体的特点是什么？

（3）未来电力机车车体的发展趋势是什么样的？

思政视频

“一带一路”——
中老友谊列车

微课视频

认识 CR200J 动力车车体

学一学

2.2.1　CR200J 动力车车体认知

CR200J 动力车车体采用整体承载结构型式，全部由钢板及钢板压型件组焊而成，司机室、侧墙、底架等主要部件构成一体。车体顶盖可拆卸，以便于车内设备吊装。整个车体组成一箱形壳体结构（见图 2-2-1）。

图 2-2-1　CR200J 动力车车体

1. 车体特点

车内采用中央走廊方式，走廊地板采用具有防滑、减振、降噪功能的夹芯泡沫铝板，车内设备安装骨架主要采用导轨式安装结构，便于实现车内设备的模块化设计及安装。

车体两端司机室下方装有排障器，小排障器能进行上下调节，以保证其距轨面高度为 110^{10}_{0} mm。车体前端结构设计能在不拆除排障器的情况下更换车钩及缓冲器，排障器上装有防落保护装置。

为了适应动力车中央布线及布管需要，车体底架中央纵梁上部为内凹结构，在保证结构强度的情况下预留足够的布线空间。

车体侧下设有 4 个架车支承座，在车体支承座架起距轨面高度不超过 2 500 mm 的条件下，转向架和主变压器可从车体下推出。

车体侧梁外侧设有 4 个检修作业用吊车销孔，前后牵引梁两旁分别设有救援用的吊车销孔。在动力车检修库内，在天车吊钩距轨面高度达到 9 000 mm 的条件下，能把动力车车体内各屏柜和部件单独吊入和吊出。车体与转向架之间设有连接装置（需另行安装），可使车体、转向架一并起吊。

车体采用流线型设计，流线型长度提升至 5 m，其流线型长细比接近现有和谐动车组水平。

车体尾部设有过渡罩、外风挡等，可实现与拖车的平滑过渡；车体外表面采用内嵌入设计，前端及底架设置导流罩及裙板，能有效减小动力车气动阻力。

2. 车体主要技术参数

CR200J 动力车车体主要技术参数如表 2-2-1 所示。

表 2-2-1　CR200J 动力车车体主要技术参数

参数	参数值
轨距	1 435 mm
轴列式	B_0—B_0
轴重	19.5 t
车体宽度	3 105 mm
车顶距轨面高度	4 030 mm
车钩中心距	19 336 mm
转向架中心距	9 000 mm
转向架固定轴距	2 900 mm

图 2-2-2 为 CR200J 动力车车体尺寸图。

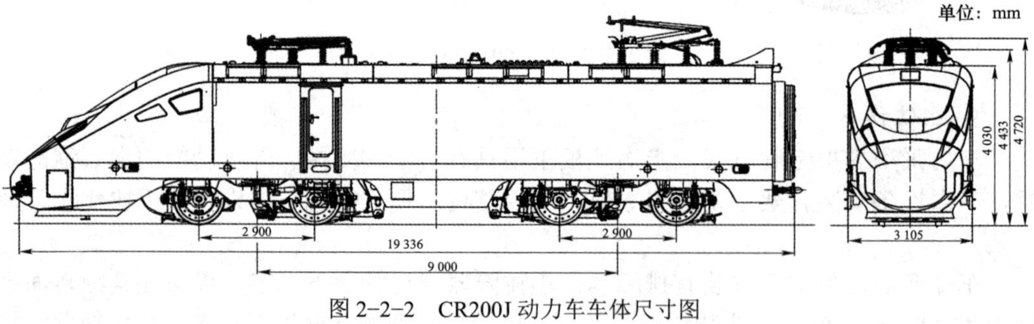

图 2-2-2　CR200J 动力车车体尺寸图

3. 车体结构

1）防撞结构

CR200J 动力车车体防撞结构包括半环形腰梁、防撞柱和角柱；半环形腰梁中的前部防撞腰梁、两侧侧部防撞腰梁均能承受 300 kN 的静压力（见图 2–2–3）。

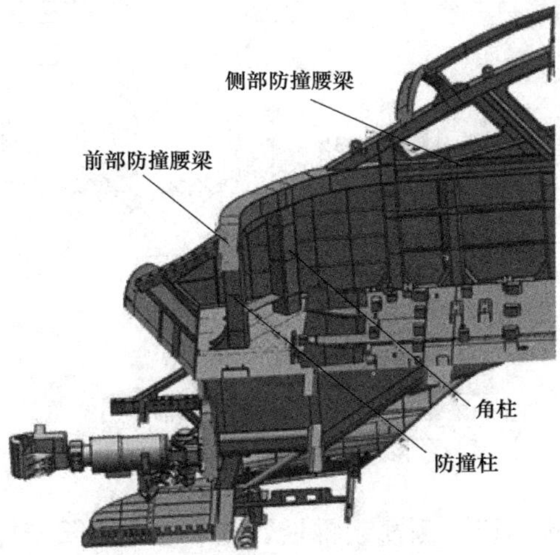

图 2–2–3　CR200J 动力车车体防撞结构图

2）后端墙

在后端墙上部装有后端门和风挡，在后端墙下部有与风挡渡板过渡的通道，并在风挡内区域的后端墙上装有吸音材料。

3）顶盖

顶盖采用大顶盖结构，由 3 块活动顶盖组成，由铝合金型材与铝板焊接而成。

受电弓下方区域有一层绝缘层。

4）车体附属装置

（1）入口门。

入口门为铰链门，满足《机车车辆车门　第 1 部分：机车车门》（TB/T 3266.1—2022）要求。净通过宽度为 604 mm，净通过高度为 1 679 mm。入口门两侧的扶手和入口门锁采用内嵌方式。

（2）走廊门。

走廊门为铰链门，满足《机车车辆车门　第 1 部分：机车车门》（TB/T 3266.1—2022）要求。净通过宽度为 604 mm，净通过高度为 1 756 mm。走廊门采用紧急安全门锁，紧急情况下在司机室内向下按压把手，可快速开门。

（3）后端门。

后端门为铰链门，满足《机车车辆车门　第 1 部分：机车车门》（TB/T 3266.1—2022）要求。净通过宽度为 484 mm，净通过高度为 1 756 mm。后端门具有良好的隔声性能，计权隔声量≥38 dB；后端门上设有观察窗口；门锁与入口门锁使用同一把钥匙。

（4）前窗。

图 2–2–4 为 CR200J 动力车车体前窗结构图。

（5）活动侧窗。

活动侧窗由固定框和活动窗组成，具有良好的气密性。

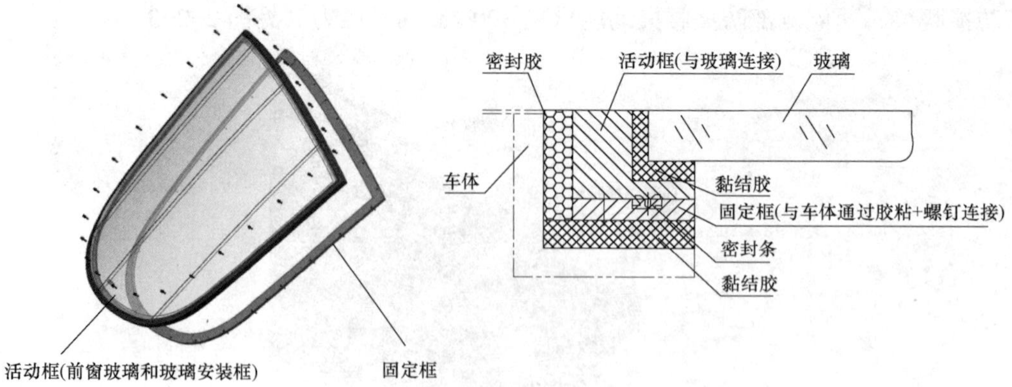

图 2-2-4　CR200J 动力车车体前窗结构图

（6）内装。

内装主要由顶板、侧墙板、侧窗装饰板、侧顶板、遮阳帘检修板、走廊门装饰框、吸音材料等组成，材料为不饱和聚酯玻璃钢（见图 2-2-5）。

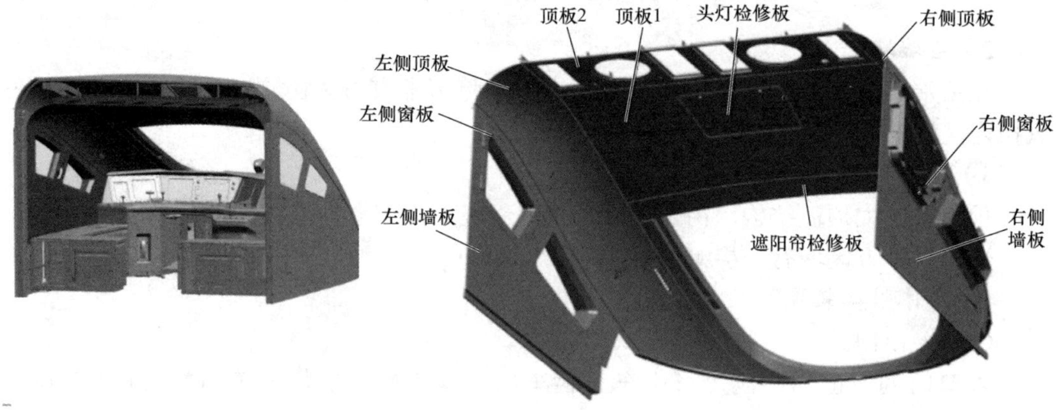

图 2-2-5　CR200J 动力车车体内装结构图

2.2.2　HX_D1C 型电力机车车体认知

HX_D1C 型电力机车车体采用整体全钢焊接结构。车体顶部装有 4 个可拆卸的顶盖。车体侧墙上部设有带过滤器的通风风道。其中，司机室、底架、侧构等主要钢结构部件组焊成一个箱形壳体结构，形成车体的整体承载结构；顶盖为可拆卸结构，以便于车内设备吊装。图 2-2-6 为 HX_D1C 型电力机车。

1. 车体特点

① 车体采用整体承载结构，沿车钩纵向水平中心线可承受 3 000 kN 的静压力和 2 500 kN 的静拉力而不会产生永久性变形。

② 车体侧梁外侧设有 4 个检修作业用的吊销套，车体前后牵引梁两旁设有救援用的 4 个吊销套。

③ 采用 E 级钢车钩。

图 2-2-6 HX_D1C 型电力机车

④ 采用大容量的 QKX100 型弹性胶泥缓冲器。

⑤ 采用过载保护的变形吸能装置。

⑥ 车体与转向架之间设有备用的连接装置，可将车体同转向架一并吊起。车体和转向架同时整体吊起或一端吊起时，车体各部分不会产生永久性变形和其他损坏。

⑦ 每节车车体侧下设有 4 个架车支承座和供检修用的 4 个支承点。

⑧ 车体内机械室设有中央直通式走廊，走廊宽度为 600 mm。

⑨ 司机室前上部设有宽敞明亮、视野开阔的前窗，前窗玻璃采用能自动除霜的电加热玻璃；司机室侧面设有两个带联动锁的入口门和能够上下启闭的活动侧窗。司机室后墙处设有通往机械室的门。

⑩ 机车的司机室前端两侧设有方便调车员调车作业的脚踏板，并有相应的扶手。

⑪ 底架前端牵引梁下方装有排障器，其中央底部能承受 137 kN 的静压力。

⑫ 装配于车体下部的排障器、变压器等都装有防落装置，以增加机车运行的安全性。

⑬ 车体焊接结构的设计、制造、检验全部按 DIN 6700 标准进行。

2. 车体主要技术参数

表 2-2-2 为 HX_D1C 型电力机车车体主要技术参数。

表 2-2-2 HX_D1C 型电力机车车体主要技术参数

参数	参数值
车体总宽度	3 100 mm
车体宽度（扶手杆处）	3 248 mm
车体长度（两端面间）	22 010 mm
车体底架长度	21 885 mm
车钩纵向中心线距离	22 670 mm
车钩中心距轨面高度	（880±10）mm
底架上平面距轨面高度	1 600 mm
车体顶盖距轨面高度	4 040 mm
司机室尾部距车钩中心距离	3 300 mm
机械间净空间长度	16 070 mm

3. 车体结构

HX_D1C 型电力机车车体主要由司机室、底架、侧构、顶盖、车钩缓冲装置、排障器、机车门和司机室侧窗等组成（见图 2-2-7）。

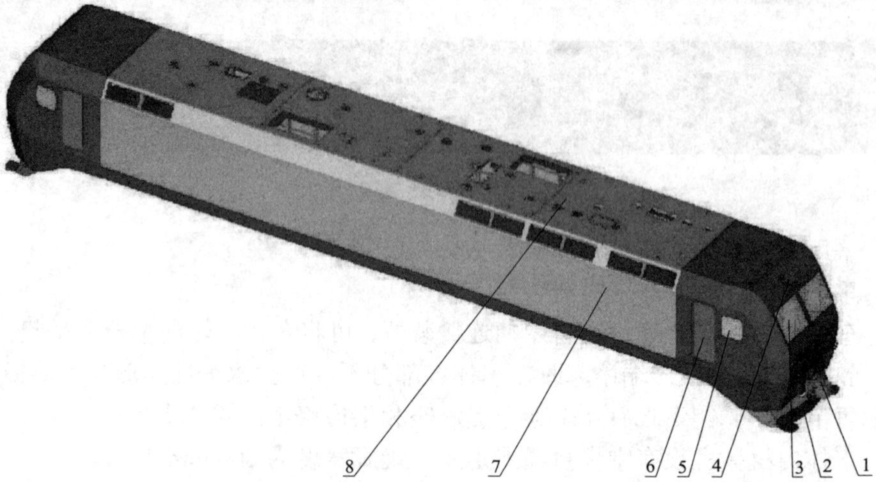

1—车钩缓冲装置；2—排障器；3—前窗玻璃；4—头灯玻璃；5—司机室侧窗；
6—机车门；7—车体承载结构（包括司机室、底架、侧构）；8—机车顶盖

图 2-2-7　HX_D1C 型电力机车车体结构

1）司机室

司机室采用了骨架与蒙皮一起形成整体承载的钢结构型式，且采用由左右侧墙、前墙、后墙及顶棚组成的模块化结构，因此蒙皮及骨架梁主要由 6 mm 钢板拼装或压型而成，不仅简化了组装工艺，而且加强了司机室的承载能力。

司机室钢结构总成由司机室钢结构焊接组合和司机室后墙组成，司机室钢结构焊接组合为一网架梁结构，按 UIC 617 标准，司机室前窗下部能承受 300 kN 的均布载荷。司机室前部有一结构强化区域，整个司机室钢结构主要由纵向、水平、横向 3 个方向的梁结构及两侧的门立柱等槽形梁组成，使司机室具有足够的强度和刚度，其中腰梁、顶部腰梁、两侧纵向角梁、顶部前后横梁、门立柱等构成司机室钢结构的主要承载结构。

司机室前端两侧均设计成斜板箱体结构，从底部逐渐过渡到顶部，然后通过司机室侧墙上部弦梁自然过渡到侧构的上弦梁，这样就保证了车体在拉伸、压缩工况下的力矩能有效地通过司机室传递到侧构上弦梁，形成整体承载结构，同时也保证了车体整体一致的外观效果。

司机室顶部焊有头灯安装箱及天线安装座，前下部左右两边对称焊有安装机车副头灯的安装法兰。图 2-2-8 为 HX_D1C 型电力机车司机室结构。

2）车体底架

车体底架采用贯通式中央纵梁的框架结构，主要由牵引梁、侧梁、枕梁、变压器梁、中央纵梁、底架盖板、底架上设备安装支架等组成（见图 2-2-9）。

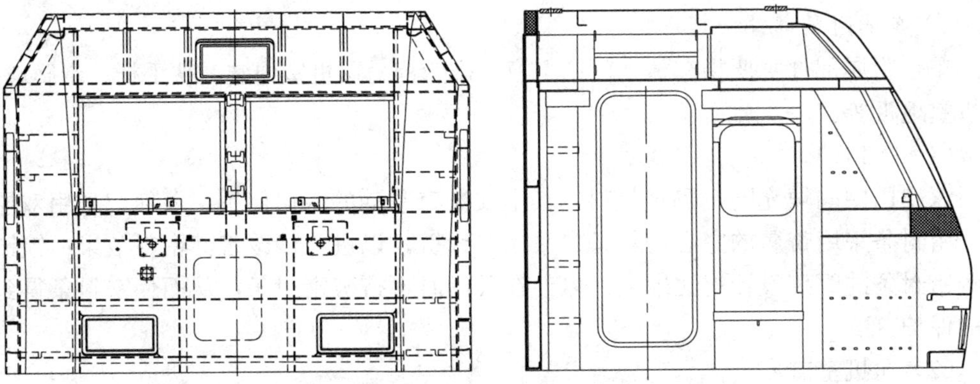

图 2-2-8　$\mathrm{HX_D}$1C 型电力机车司机室结构

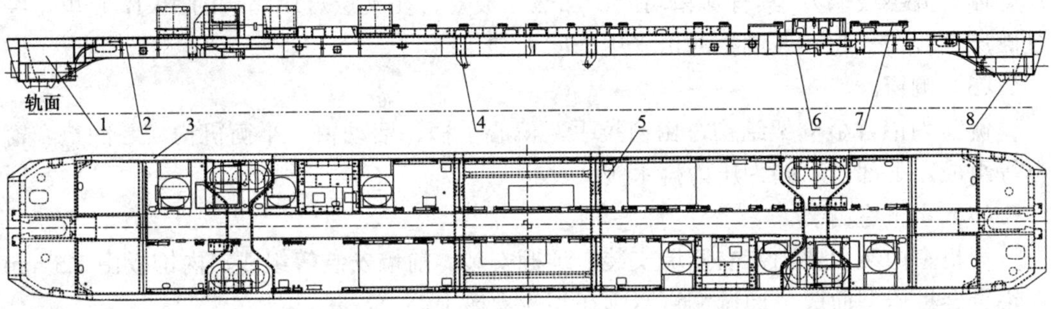

1—牵引梁；2—中央纵梁；3—侧梁；4—变压器梁；
5—底架盖板；6—枕梁；7—设备安装支架；8—车钩箱

图 2-2-9　$\mathrm{HX_D}$1C 型电力机车车体底架结构

3）顶盖

$\mathrm{HX_D}$1C 型电力机车车体顶盖为 4 个可拆卸的框架式活动小顶盖，通过 HALFEN 螺栓与侧墙和顶盖联结横梁上的 HALFEN 安装轨相连。顶盖 1、顶盖 4 上均焊有受电弓安装座，顶盖 1 上还设有检修人员登顶用的天窗门，顶盖 2 上有高压互感器安装座和通风口安装座，顶盖 3 上有冷却塔进风网安装座。除此之外，各顶盖上还焊有绝缘子安装座。

顶盖由 HALFEN 螺栓与侧墙和顶盖联结横梁上的 HALFEN 安装轨进行连接，其密封结构由顶盖安装连接结构及密封条等组成。密封结构充分考虑了结构的防水性及结构的可靠性，该结构保证密封条压缩 7 mm（安装导轨高 23 mm、密封条高 30 mm），以防止密封条压缩过少时密封性差，过多时密封条失去回弹性，从而影响车体的密封性能。

图 2-2-10 为 $\mathrm{HX_D}$1C 型电力机车车体顶盖结构。

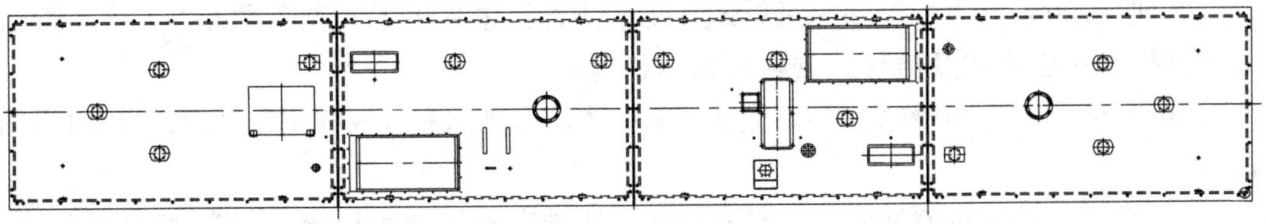

图 2-2-10　$\mathrm{HX_D}$1C 型电力机车车体顶盖结构

4）车体附属部件

车体附属部件主要指车体上的门、窗、排障器、司机室内装、扶手杆、走廊地板、司机室地板等。

（1）入口门。

入口门中间填充防寒隔声材料，其上安装有联动的入口门锁；入口门采用双层密封，密封条采用带唇的空心密封条，采用三铰链，以进一步改善其密封效果；铰链转轴距密封条的距离设计得比较大，以便在关闭时不挤破密封条，从而使密封条得到有效的保护。

（2）司机室前窗。

前窗玻璃采用夹层安全玻璃（由玻璃、PVB 膜片、加热丝、聚氨酯保护条组成一片整体的夹层玻璃）；具有除霜功能，加热丝被安置在夹层玻璃隔层的 PVB 膜里，经过碾压黏合在一起。玻璃抗冲击采用 UIC 标准。

（3）侧窗。

侧窗为铝合金框架结构，由窗拉手、偏心手柄、活动窗、平衡机构、缓冲垫、窗框等组成，下部排水阀为压力排水阀。

（4）司机室内装。

司机室内装主要由左右侧墙安装、顶棚安装、前墙安装等组成，内饰板由 1.5 mm 厚铝合金板压型而成，通过铆钉紧固在相应支座上。

（5）司机室地板。

司机室地板分左、中、右三块，左右地板对称，由阻燃层压板与防火、防滑、耐磨地板革组成，地板的四周有铝合金压条。

（6）走廊地板。

走廊地板为防滑的花纹板，用锁紧装置固定在车体两侧相应位置上，起遮蔽和过道作用。

2.2.3　SS_4改型电力机车车体认知

SS_4改型电力机车是我国自主设计制造的大功率重载货运机车，由两节完全相同的B_0—B_0轴列式的机车组成。分离后单节机车可独立运行。

1. 车体特点

① SS_4 改型电力机车车体首次采用 16Mn 低合金高强度钢板压型梁与钢板焊成整体式车体结构，既满足了强度和刚度的要求，又达到了轻量化的目的。

② 吸收国外电力机车的先进技术，在车体设计中采用了大顶盖预布线、预布管结构和推挽式牵引方式及横移式密封侧窗结构等。

③ 为便于制造和检修，SS_4 改型机车车体较多地进行了标准化、系列化和通用化设计。

④ 采用单端司机室和两侧多通式走廊，尾端有一横走廊相通，后端设有中间后端门及连挂风挡，把两节机车连接起来。

2. 车体参数

表 2-2-3 为 SS_4 改型电力机车车体主要技术参数。

表 2-2-3　SS_4 改型电力机车车体主要技术参数

参数	参数值
车钩中心线间距离	16 416 mm
车体底架长度	15 200 mm
车体宽度	3 100 mm
车体顶盖面距轨面高度	4 520 mm
底架上平面距轨面高度	1 540 mm
车钩水平中心线距轨面高度	（880 ±10）mm
排障器最低点距轨面高度	（110 ±10）mm

3. 车体结构

SS_4 改型电力机车车体由底架、司机室、侧构、牵引缓冲装置、车体顶盖、车体后端墙、机车连挂风挡、排障器等组成（见图 2-2-11）。

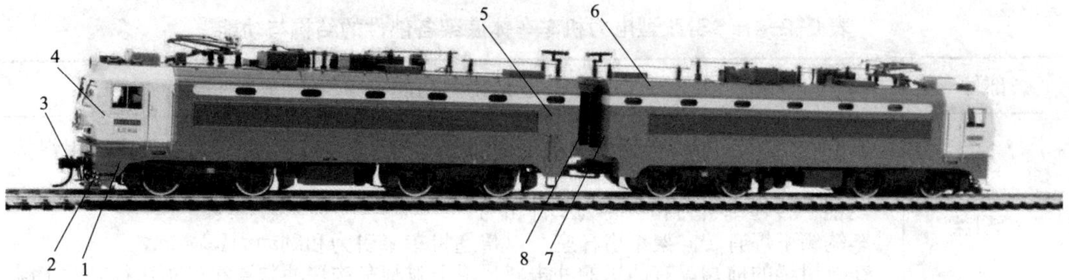

1—底架；2—排障器；3—牵引缓冲装置；4—司机室；5—侧构；
6—车体顶盖；7—车体后端墙；8—机车连挂风挡

图 2-2-11　SS_4 改型电力机车车体结构

1）底架

底架是整个车体的基础部位，不但承受车体本身底架上部的重量和车内所有设备重量，同时还将转向架传递来的牵引力或制动力传给车钩。因此，要求车体底架必须具备足够的强度和刚度。

SS_4 改型机车车体的底架全长 15 200 mm，宽 3 100 mm。为改进外观，在距前端线 1 360 mm 处开始，底架两侧以 1:16 斜度向端线中心收拢，并与端部拐角 R200 mm 圆弧相切。

SS_4 改型机车车体的底架主要由 2 根牵引梁、2 根侧梁、2 根枕梁、2 根变压器横梁、2 根变压器纵梁、1 根台架横梁、1 根隔墙梁和一些纵横辅助梁组焊而成（见图 2-2-12）。

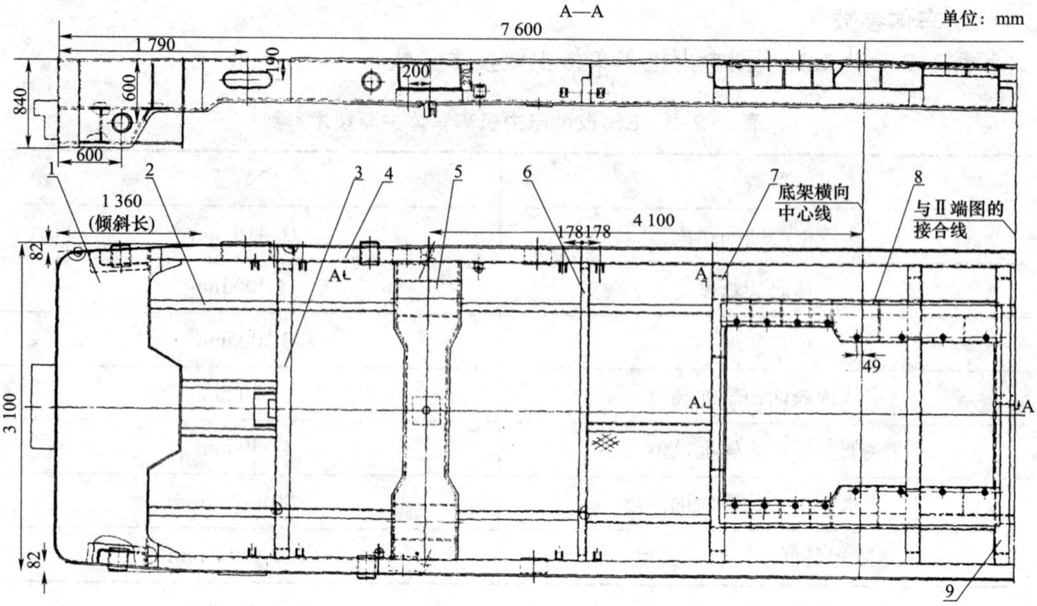

1—牵引梁；2—辅助纵梁；3—隔墙梁；4—侧梁；5—枕梁；

6—横梁；7—变压器横梁；8—变压器纵梁；9—端梁

图 2-2-12　SS_4 改型电力机车车体底架

SS_4 改型电力机车车体底架各部件的结构与功能见表 2-2-4。

表 2-2-4　SS_4 改型电力机车车体底架各部件的结构与功能

部件	结构与功能
牵引梁	结构：钢板组焊成空腹箱形梁；下部车钩箱悬于梁下，车钩的从板座采用焊接结构。 功能：传递牵引力和承受列车冲击力。 车钩箱下焊有转向架牵引杆座，以传递机车牵引力和制动力。 在牵引梁的前端焊有凸出的冲击座，用于限制车钩缓冲装置在机车运行时的上跳范围，甚至直接承受来自车钩的冲击力
隔墙梁	结构：压制成 200 mm×140 mm 的压型槽钢。 功能：支承司机室隔墙的基础
侧梁	结构：由 380 mm×140 mm 压型槽钢和 420 mm 立板组焊成箱形结构。 位于底架两侧，两端与牵引梁连接处设计成鱼腹形，具有较大的抗弯强度和刚度。 功能：底架的主要承载和传力部件。 两端焊有吊销套装置，可用专用吊具吊起车体或救援
枕梁	结构：整个枕梁的结构形状近似于哑铃状。 枕梁两端坐于转向架的橡胶弹簧旁承上，安装座为凸形。 功能：底架上将机车的垂直载荷传至转向架的重要部件
变压器横梁	结构：位于底架的中部，压制成 240 mm×140 mm 的槽形梁。 功能：用于安装主变压器

2）司机室

司机室设计以通用化、标准化和系列化为着眼点，最大尺寸为 2 500 mm×3 106 mm×2 680 mm，前端面构成一个圆弧过渡的多面棱体，既考虑了适应货运机车风阻要求和车型美观，也考虑到了制造和工艺的简洁。图 2-2-13 为 SS_4 改型电力机车司机室骨架。

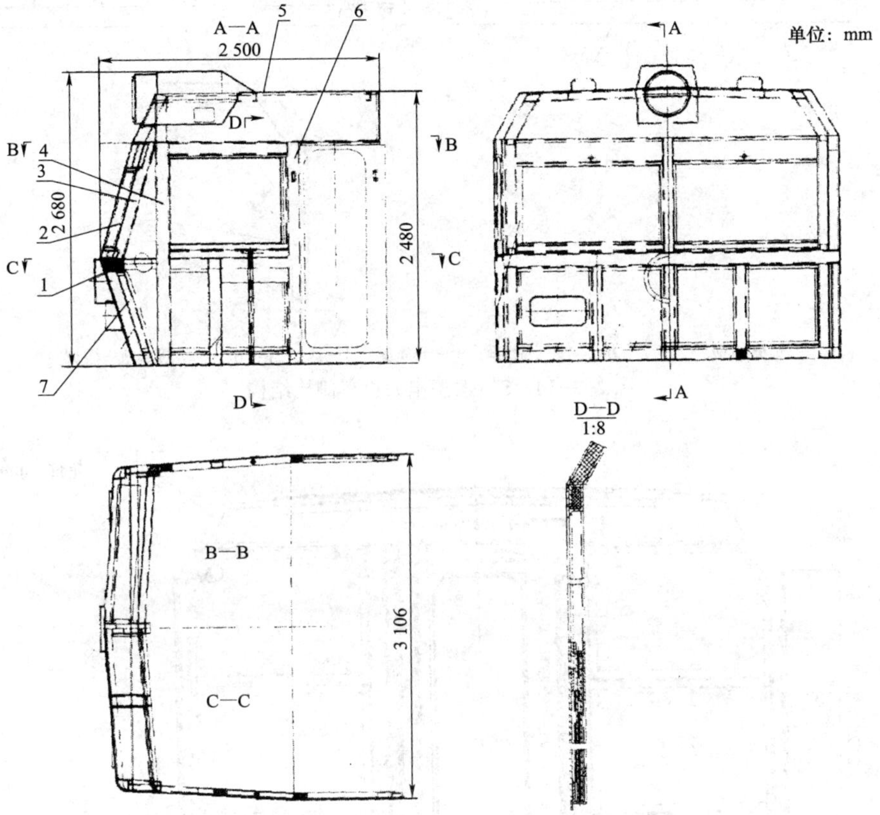

1—腰梁；2—上中立柱；3—上角立柱；4—前侧立柱；5—司机室顶盖骨架组成；6—侧立柱；7—下角立柱

图 2-2-13　SS_4 改型电力机车司机室骨架

3）侧构

SS_4 改型电力机车为整体承载式结构，侧构为车体的重要结构之一。从车体整体承载的设计要求出发，侧构上部的上弦带结构采用车顶预布线结构，为压型件组成的空腹梁及线槽支架，并设有与车顶盖装置连接的定位孔、安装孔及安装座；下部的侧墙结构采用传统的矩形框架式结构；中部设有侧墙进风口，用于安装侧墙百叶窗及侧墙过滤器。图 2-2-14 为 SS_4 改型电力机车侧构结构。

4）车体后端墙

SS_4 改型电力机车车体后端墙在车体承载构件中很重要。考虑到充分利用车内空间，将后端牵引梁上盖板从两侧向外延伸，使后端墙组装后成一个凹状结构，并在左右凸出位置安装端子柜和工具柜，中间布置通道门作为两节机车的通道。图 2-2-15 为 SS_4 改型电力机车车体后端墙结构。

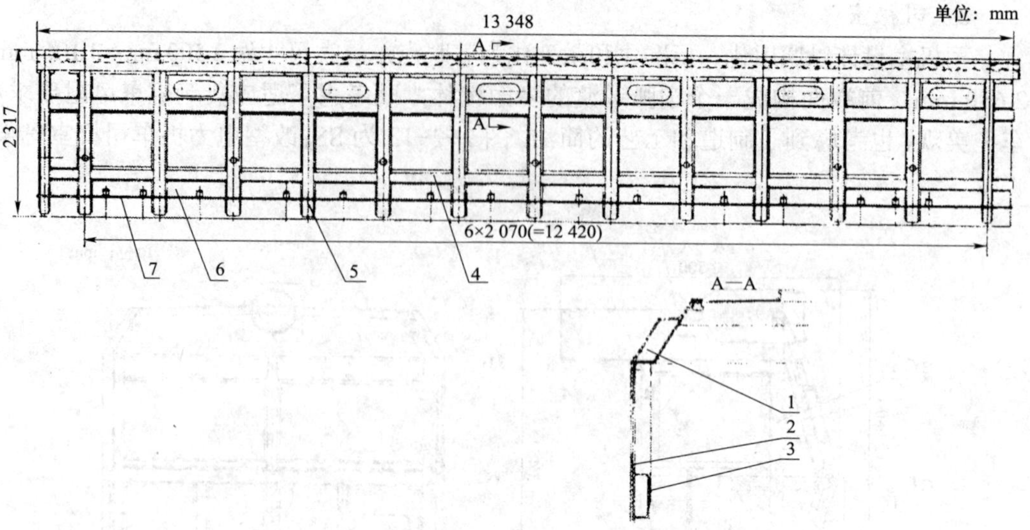

1—侧梁组成；2—窗上板；3—上横梁；4—下横梁；5—纵立柱；6—窗下板；7—板梁

图 2-2-14　SS₄改型电力机车侧构结构

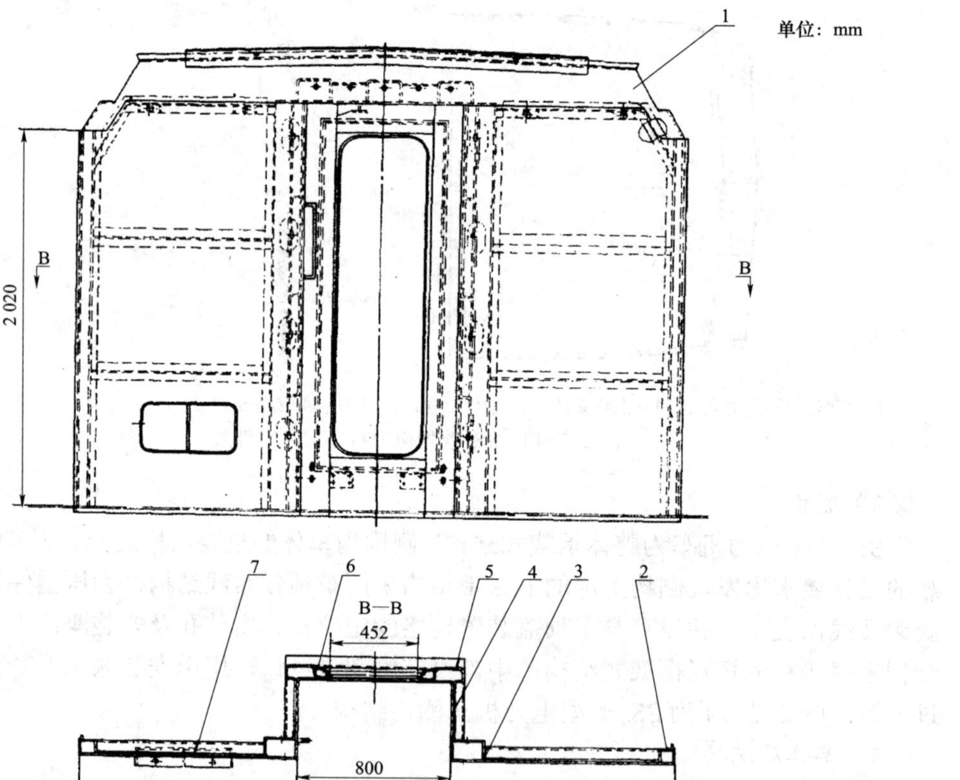

1—后端墙顶板；2—角立柱；3—端立柱；4—端墙板；5—门立柱；6—走廊门框；7—端墙板

图 2-2-15　SS₄改型电力机车车体后端墙结构

5）机车连挂风挡

机车连挂风挡主要用于连接两节机车通道的密封；采用橡胶风挡，可使机车在运行中避免刚性冲击和摩擦；同时，当机车通过最小半径曲线时，风挡可自然压缩和伸张。

6）车体顶盖

车体顶盖由 4 个顶盖和 3 根活动横梁组成，4 个顶盖由前向后依次为Ⅰ端电器室顶盖、变压器室顶盖、Ⅱ端电器室顶盖及辅助室顶盖。顶盖上分别装有相应电器设备的安装座。各顶盖间的车体梁为可拆卸的活动横梁，以利用吊装设备和预布线、预布管作业。

各顶盖横断面为梯形。顶盖上设有相应车顶电气设备安装座和车顶通风道的固定式百叶窗，还设有车顶检修作业用的天窗和安全走道板。组装时，要用特殊的密封条进行密封处理，以防漏雨。

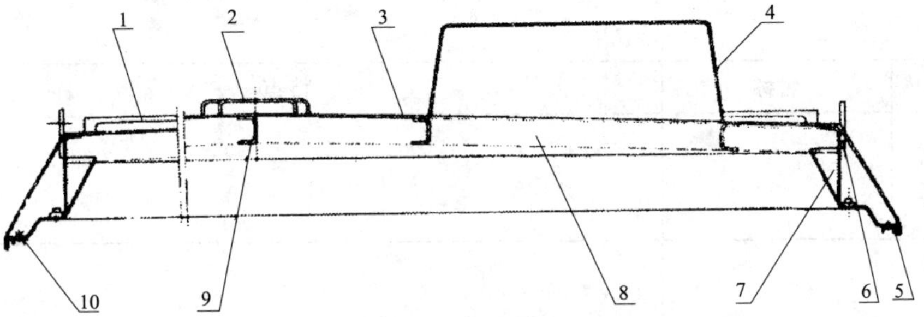

1—走道板；2—瓷瓶安装座；3—盖板；4—罩盖组成；5—密封槽；
6—吊耳；7—筋板；8—横梁；9—纵向梁；10—侧梁

图 2-2-16　SS_4 改型电力机车车体顶盖横断面

7）排障器

排障器是用于排除轨道上障碍物的装置，为了确保列车运行安全，要求具有足够的强度和刚度；管式结构，安装在牵引梁下盖板上；采用无缝钢管弯制组焊而成。落车后要求排障器最低点距轨面高度为（100±10）mm，在排障器主体下部设置了可调节高度的小排障器。图 2-2-17 为 SS_4 改型电力机车排障器结构。

单位：mm

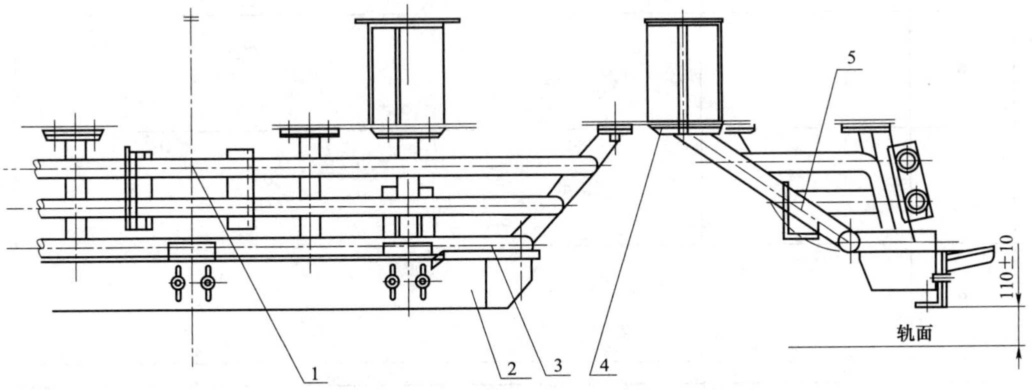

1—排障器；2—小排障器；3—脚踏板；4—安装座；5—感应线圈支架

图 2-2-17　SS_4 改型电力机车排障器结构

做一做

任务清单			任务 2.2　典型电力机车车体认知		
姓　名		班　级		学　号	

【车体结构】根据给定的车体图，写出各部件的名称并介绍其特点。

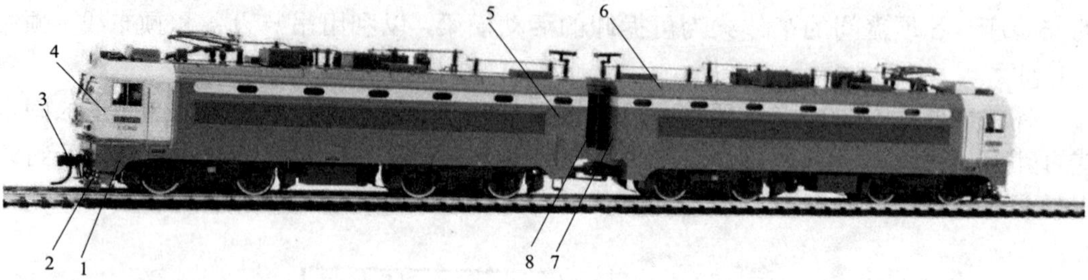

序号	名称	特点
1		
2		
3		
4		
5		
6		
7		
8		

【车体比较】结合所学知识从多个角度对比分析 CR200J 动力车、HX_D1C、SS_4 改型电力机车车体的特点及异同，同时借助 AI 进行对比分析及优化。

任务评价

任务评价表			模块名称	机车车辆车体与设备布置		
			任务名	典型电力机车车体认知		
姓　名		班　级		学　号		
评分内容		标准分值	自我评分（20%）	小组评分（30%）	教师评分（50%）	
任务准备	认真完成在线课程的学习	10				
	根据任务要求主动查找资料	10				
任务实施	能清楚地领会任务内容及要求	5				
	能借助 AI 工具优化任务	10				
	能准确地描述典型电力机车车体的功能及要求	15				
	能完整分析三代典型电力机车车体的特点及异同	15				
	在规定时间内完成任务	5				
	具有团队合作意识	5				
任务总结	完成任务要求	5				
	任务完成质量	10				
	任务展示情况	10				
总　　分		100				

任务 2.3　电力机车设备布置

任务目标

知识目标	熟悉电力机车电器设备的组成
	熟悉电力机车上的设备类型
	熟悉电力机车设备布置的原则
能力目标	能准确描述电力机车电器设备的组成
	能简述设备布置原则
	能区分高压部分、低压部分和空气管路部分的电器设备
素质目标	树立“安全第一”理念，理解设备布置对机车运行稳定性的深远影响
	培养标准化与创新并重的工程思维
	激发关注绿色设计，助力列车节能降耗

任务实施

想一想

（1）电力机车上有哪些电器设备？

（2）电力机车上的电器设备是如何分类的？

（3）电力机车上的设备布置对列车运行有什么影响呢？

思政视频

"一带一路"——中国首次出口双动力动车组，在智利投入运营

微课视频

电力机车设备布置

学一学

2.3.1 电力机车设备布置要求

电力机车的设备布置是指将机车上各种电气屏柜及元器件进行合理布置。为了保证运行中设备的可靠和安全，同时最大限度地利用有限的车体空间，既要便于设备的检查、维修和拆装，又要使重量保持均衡，使设备布置合理。

2.3.2 电力机车电器设备的组成与分类

电力机车的电器设备可从高压部分、低压部分和空气管路部分进行划分（以 SS_4 改型电力机车为例）。

1. 高压部分的电器设备

高压部分包括受电弓、主断路器、主变压器、平波电抗器、硅机组、牵引电机、换向器等。这些设备都是电力机车运行的重要组成部分，通过它们可以实现从电网获取电能并转换成机车所需的机械能。

2. 低压部分的电器设备

低压部分分为辅助电路、控制电路和电子电路部分。

1）辅助电路

辅助电路设备主要包括劈相机、空气压缩机、牵引风机、制动风机、小压缩机和油流风机等设备。这些辅助电路设备主要用于提供机车运行所需的各种动力，如冷却、通风和供电等。

2）控制电路

控制电路设备主要由蓄电池、司机控制器、接触器、继电器和电空阀等组成。它们负责对机车进行控制，包括起动、制动和调速等功能。控制电路通过精密的电气系统，确保机车能够安全、高效地运行。

3）电子电路

电子电路设备主要由电子板、插件和微机柜等组成。这些设备通过复杂的电子系统，为电力机车提供精确的控制和监测功能，确保机车运行的稳定性和安全性。

3. 空气管路部分的电器设备

空气管路部分的电器设备包括风源系统、DK–1 制动机、鸣笛撒砂装置等。这些设备主要用于实现机车的制动、撒砂和鸣笛等功能。通过精密的空气管路系统，可以

确保这些功能的准确性和可靠性。

总的来说，电力机车的电器设备涵盖了从高压到低压，从控制到辅助，再到电子和空气管路等多个方面，这些设备共同构成了电力机车的电气系统，为机车的运行提供坚实的基础。

2.3.3　电力机车设备布置原则

机车的设备布置是总体设计的重要组成部分，需综合考虑以得到最优方案。为了保证运行中各种设备的可靠和安全，在设备布置时一般应兼顾以下原则。

1. 保证重量分配均匀

保证重量分配均匀目的在于使机车轴重保持均衡，以利于牵引力的充分发挥。为此，在设备布置时要进行重量分配计算：根据各种设备的位置、重量、机车车体、转向架的支承情况，计算出各设备的重量力臂，按力矩平衡原理进行计算，计算结果要保证各转向架载荷前后左右相等，各轴重在规定的偏差之内。如果计算结果不符合要求，要对设备进行调整，重新计算。

2. 便于设备的安装、拆卸、检查和检修

要充分满足设备的安装、拆卸、检查和检修要求，特别是易损的设备要易于拆装。司机室设备布置要求作业范围合适、操纵方便、视线合理，易于观察各种仪器、仪表和信号灯指示，要有必要的隔热、隔音设施。各机械间的设备要便于检查、维修和保养，要注意设备布置的规律化，便于乘务员熟记各设备位置，对危及人身安全的电器设备，要有严格的安全联锁防护装置等。

3. 节约导线、电缆和空气管路

合理地布置电器线路的导线、电缆和空气管路，不仅可以节约大重材料、降低成本，而且还可使布置简洁、集中，便于查找故障，减少空间占用和减少风阻。

做一做

任务清单			任务 2.3　电力机车设备布置		
姓　名		班　级		学　号	

【车体设备】将高压部分、低压部分和空气管路部分分别用红、黄、蓝色标记出来，并将下表补充完整。

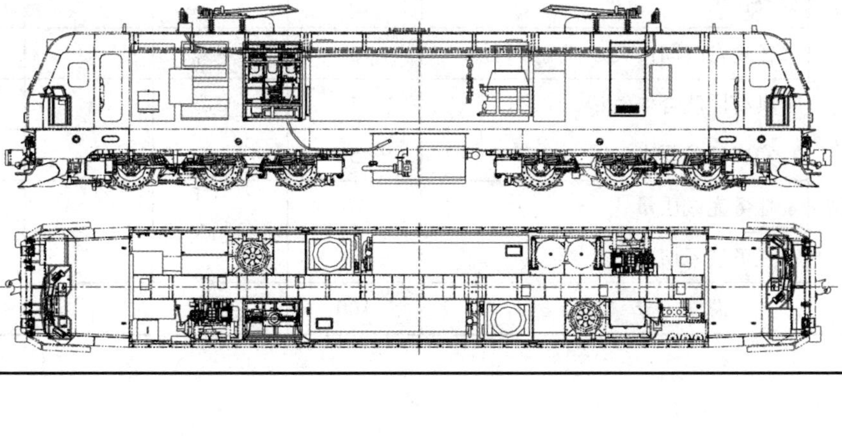

序号	分类	设备名称	特点
1	高压部分		
2	低压部分		
3	空气管路部分		

【设备布置】试结合所学知识简述电力机车设备设置原则并分析其原因，同时借助 AI 软件进行优化改进。

任务评价

<table>
<tr><td colspan="3" rowspan="2">任务评价表</td><td colspan="2">模块名称</td><td colspan="2">机车车辆车体与设备布置</td></tr>
<tr><td colspan="2">任务名</td><td colspan="2">电力机车设备布置</td></tr>
<tr><td>姓　名</td><td></td><td>班　级</td><td colspan="2"></td><td>学　号</td><td></td></tr>
<tr><td colspan="2">评分内容</td><td>标准分值</td><td>自我评分
（20%）</td><td>小组评分
（30%）</td><td colspan="2">教师评分
（50%）</td></tr>
<tr><td rowspan="2">任务准备</td><td>认真完成在线课程的学习</td><td>10</td><td></td><td></td><td colspan="2"></td></tr>
<tr><td>根据任务要求主动查找资料</td><td>10</td><td></td><td></td><td colspan="2"></td></tr>
<tr><td rowspan="6">任务实施</td><td>能清楚地领会任务内容及要求</td><td>5</td><td></td><td></td><td colspan="2"></td></tr>
<tr><td>能借助 AI 工具优化任务</td><td>10</td><td></td><td></td><td colspan="2"></td></tr>
<tr><td>能准确地描述电力机车设备布置原则及原因</td><td>15</td><td></td><td></td><td colspan="2"></td></tr>
<tr><td>能完整展示电力机车电器设备名称及作用</td><td>15</td><td></td><td></td><td colspan="2"></td></tr>
<tr><td>在规定时间内完成任务</td><td>5</td><td></td><td></td><td colspan="2"></td></tr>
<tr><td>具有团队合作意识</td><td>5</td><td></td><td></td><td colspan="2"></td></tr>
<tr><td rowspan="3">任务总结</td><td>完成任务要求</td><td>5</td><td></td><td></td><td colspan="2"></td></tr>
<tr><td>任务完成质量</td><td>10</td><td></td><td></td><td colspan="2"></td></tr>
<tr><td>任务展示情况</td><td>10</td><td></td><td></td><td colspan="2"></td></tr>
<tr><td colspan="2">总　　分</td><td>100</td><td></td><td></td><td colspan="2"></td></tr>
</table>

任务 2.4 典型电力机车设备布置

任务目标

知识目标	熟悉 CR200J 动力车、HX$_D$1C、SS$_4$ 改型电力机车司机室设备布置
	熟悉 CR200J 动力车、HX$_D$1C、SS$_4$ 改型电力机车机械间设备布置
	熟悉 CR200J 动力车、HX$_D$1C、SS$_4$ 改型电力机车车顶设备布置
能力目标	能描述 CR200J 动力车、HX$_D$1C、SS$_4$ 改型电力机车司机室设备布置
	能简述 CR200J 动力车、HX$_D$1C、SS$_4$ 改型电力机车机械间设备布置
	能区分 CR200J 动力车、HX$_D$1C、SS$_4$ 改型电力机车设备布置的异同
素质目标	树立严谨的工程责任感
	培养创新意识
	培养绿色设计意识

任务实施

思政视频

"一带一路"——跨越近两万公里！中国列车飞驰阿根廷

想一想

（1）CR200J 动力车、HX$_D$1C、SS$_4$ 改型电力机车设备各由哪些部分组成？

（2）CR200J 动力车、HX$_D$1C、SS$_4$ 改型电力机车机械间设备分别有哪些？应如何布置？

（3）CR200J 动力车、HX$_D$1C、SS$_4$ 改型电力机车车顶设备分别有哪些？

学一学

微课视频

CR200J 动力车设备布置

2.4.1 CR200J 动力车设备布置

1. 司机室设备布置

CR200J 动力车布置有两个具有同样操作功能的司机室，分别设在动车组两端。司乘人员从机械间门进入司机室内部。司机室的结构和设备布置符合人机工程学的要求和美学原理，且保证整个司机室具有友好的人机界面，便于司机操作和日常的检查维修，并能够实现单司机执乘。司机室内宽敞明亮，司机能方便地接近司机室内的每一个部位。主司机位布置于司机室的左侧。图 2-4-1 为 CR200J 动力车司机室设备布置。

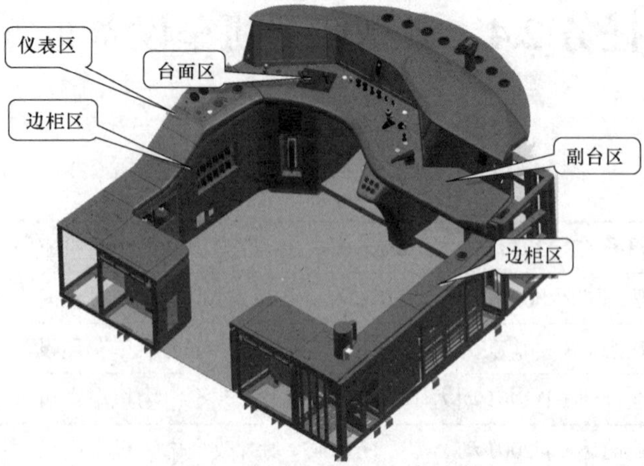

图 2-4-1　CR200J 动力车司机室设备布置

整个操纵台分为台面板组成、左柜组成、中柜组成、右柜组成、左、右边柜及后墙边柜和主、副司机脚踏组成，采用模块化设计，并且边柜与左、右柜体一体设计，使整个操纵台成为一个整体，侧墙和后墙的主要设备安装在柜体内，更加美观和具有整体感。司机操纵位布置有所有与运行有关的操纵装置、仪表、显示装置、各类开关按钮等。副司机操纵位仅布置高音风笛、五孔插座、以太网调试端口等。司机操纵台布置为左侧控制，由司机侧和副司机侧组成。在操纵台前设有两把高度可调节的座椅，也可向前和向后调节座椅。图 2-4-2 为 CR200J 动力车司机室仪表区布置。

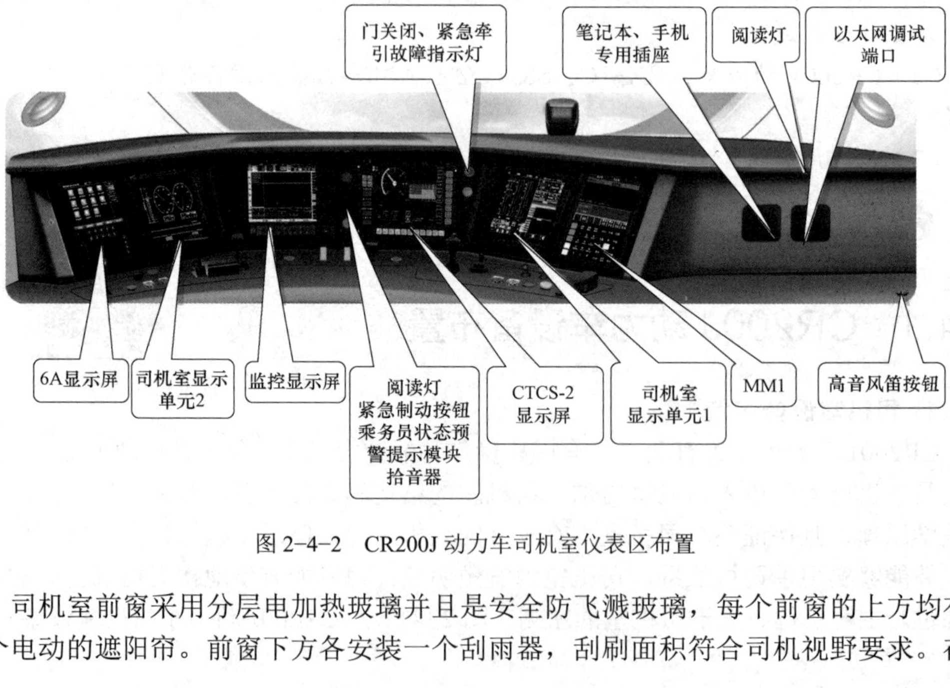

图 2-4-2　CR200J 动力车司机室仪表区布置

司机室前窗采用分层电加热玻璃并且是安全防飞溅玻璃，每个前窗的上方均布置一个电动的遮阳帘。前窗下方各安装一个刮雨器，刮刷面积符合司机视野要求。在前窗的左右两侧分别安装 2 个单八显灯。

司机室边柜内布置了 2 个暖风机、4 个灭火器、2 个后墙座椅、可以在紧急情况下打开窗户逃生的侧窗。

司机室后墙布置有衣帽钩。

2. 机械间设备布置

CR200J 动力车机械间设备布置采用贯穿中间走廊结构，原则上两侧设备斜对称分布。每节机械间内布置以下设备（见图 2-4-3）。

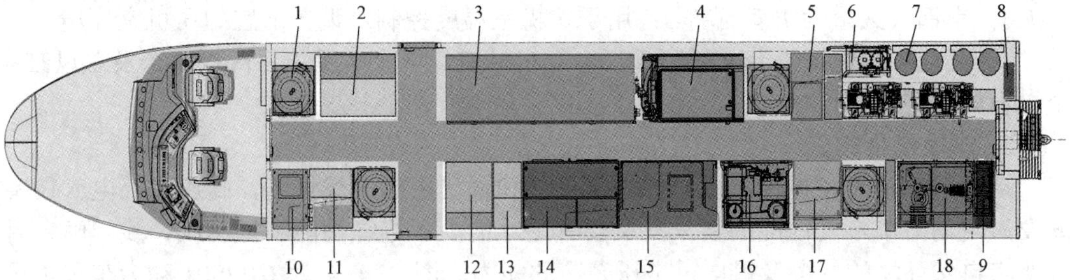

1—牵引通风机；2—通信信号柜；3—牵引变流器；4—冷却塔；5—6A 系统柜；6—主压缩机及干燥器；7—总风缸；8—后墙端子柜；9—复轨器；10—空调；11—工具柜；12—列车供电柜；13—控制电源柜；14—低压柜；15—辅助变压器柜；16—制动柜；17—蓄电池柜；18—网侧柜

图 2-4-3　CR200J 动力车机械间设备布置

① 牵引通风机（数量为 4 台）：装有轴流风机，牵引风机通过相应风道从侧墙小斜面吸风，然后将冷风吹入牵引电机，带走牵引电机工作时产生的热量。

② 主变流器柜（数量为 1 台）：采用主辅一体化设计，牵引时将主变压器次边提供的单相交流电逆变后给牵引电机供三相电，电制动时将牵引电机发的三相电逆变成单相电后通过主变压器反馈回接触网，为辅机提供三相交流电源。

③ 辅助变压器柜（数量为 1 个/节车）：负责为辅机提供三相交流电源。

④ 冷却塔（数量为 1 台）：包含轴流风机、水泵和复合冷却器，其主要作用是冷却主变流器和主变压器的水路和油路，从而带走主变流器和主变压器工作时产生的热量。

⑤ 低压电器柜（数量为 1 个）：装有微机网络控制单元和控制用的接触器、继电器、辅机自动开关、转换开关等部件。

⑥ 控制电源柜（数量为 1 个）：将单相 220 V 交流电转换成 110 V 直流电，为动力车提供 110 V 电源；将 110 V 直流电转换成 24 V 直流电，为动力车提供 24 V 电源；对动力车蓄电池进行充电管理，如均充、浮充、恒流充电，并显示、记录模块的运行状态。

⑦ 蓄电池柜（数量为 1 个）：装有 48 节蓄电池，为动力车提供 DC 110 V 控制电源。

⑧ 制动柜（数量为 1 个）：制动机的核心部件。

⑨ 通信信号柜（数量为 1 个）：用于安装 TAX2 型动力车安全信息综合监测装置、LKJ 2000 列车运行监控记录装置、JT-C 系列机车信号车载系统设备主机、机车综合无

线通信设备（CIR）主机及数模转换装置及 CTCS-2 系统等相关设备。

⑩ 压缩机及干燥器（数量为 1 套）：负责压缩空气并进行干燥和过滤处理。

⑪ 工具柜（仅 B 节车有，数量为 1 个）：用于存放随车工具，安装冰箱及微波炉。

⑫ 网侧柜（数量为 1 个）：用于安放高压电器部件，包括高压隔离开关、主断路器、避雷器、高压电压互感器等。

⑬ 列供柜（数量为 1 个）：用于向后部客运车厢提供 DC 600 V 电源。

⑭ 6A 及 CMD 柜（数量为 1 个）：用于存放 6A 系统各子系统主机、6A 系统电源及 CMD 系统等设备。

⑮ 空调（数量为 1 套/节车）：用于司机室温度控制，调节适宜的司机室环境。

⑯ 其他：接地棒 1 套、登顶梯 1 套、机械室灯 7 个、受电弓阀板 1 个及总风缸 4 个等设施。

3. 车顶设备布置

动力车车顶设备包括高压户外电气设备和通信用的天线设备，高压户外电气设备既要满足动力车电气性能的要求，又要有足够的高压绝缘性能和抵抗风、沙、雨、雪等恶劣自然环境的侵害及雷电过电压袭击的能力。图 2-4-4 为 CR200J 动力车车顶设备布置。

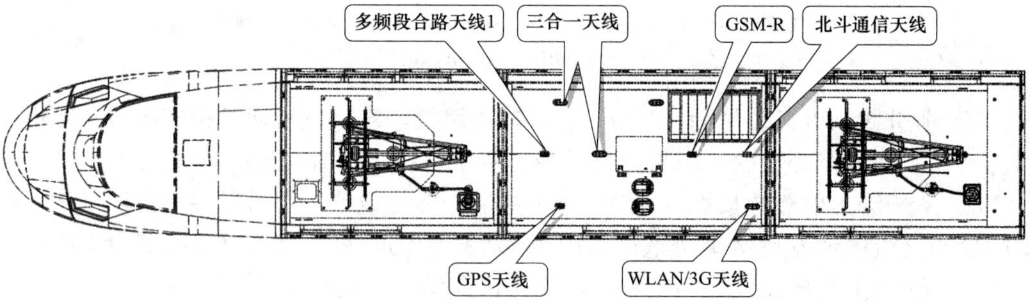

图 2-4-4　CR200J 动力车车顶设备布置

每节车车顶设备配置在 I 端，包括司机室顶盖、顶盖 1、顶盖 2、顶盖 3。

高压设备主要布置在顶盖 1 和顶盖 3 上，主要包括 2 个受电弓、2 个避雷器、2 个穿墙套管。司机室顶盖布置有顶盖 2 天线等。在顶盖 2 上设有登车顶窗，乘务人员和检修人员确认接触网无电后，可经此上车顶进行检查和维修作业。为保证人身安全，车顶登顶窗设有安全电气联锁装置，打开登顶窗前通过高压安全联锁，主回路通过网侧柜内的接地装置将网侧电路接地，使分布电容积聚的电荷放电，以确保人身安全，同时受电弓控制回路被切断，无法升弓，避免误升弓操作发生的可能。

2.4.2 HX_D1C 型电力机车设备布置

HX_D1C 型电力机车采用双司机室，机械间为贯穿中间走廊结构（宽度≥600 mm），机械间设备按照斜对称布置的原则进行布置。全车设备布置可分为：司机室设备布置、机械间设备布置、车顶设备布置、车下设备布置、辅助设备布置等。

1. 司机室设备布置

HX_D1C 型电力机车有两个具有同样操作功能的司机室，司机室的结构和设备布置满足 UIC615 的要求。司机室的设备布置可分为操纵台设备布置、前墙设备布置、侧墙设备布置、后墙设备布置和顶面设备布置五大部分。

司机室能隔离噪声、高温和低温，设有操纵台、显示器、司机座椅、紧急放风阀、灭火器等设备。

司机操纵台的设计符合人体工程学原理，布置为左手侧控制，由司机侧和副司机侧组成。在操纵台前设有两把高度可调节的座椅，也可向前和向后调节座椅。在司机室司机侧后墙柜和副司机侧后墙上固定有另外两把可折叠的座椅。在机车前部装有前窗刮雨器。通过司机室门可以进入司机室。

司机室操纵台前部设有空调装置，司机室顶部设有风扇、头灯、司机室照明等设备。司机室前窗采用电加热玻璃，窗外设有电动刮雨器，窗内设有电动遮阳帘；侧窗外设有机车后视镜。在操纵台上设有多个显示器、压力组合模块、司机控制器、制动控制器、扳键开关组、冰箱、暖风机、脚炉和膝炉等。机车配备有 4 个灭火器，灭火介质为水系灭火剂（耐寒型）。每个司机室中安装有 2 个灭火器，1 个在司机室主司机侧后墙，1 个在司机室副司机侧后墙。

图 2-4-5 为 HX_D1C 型电力机车司机室设备布置。

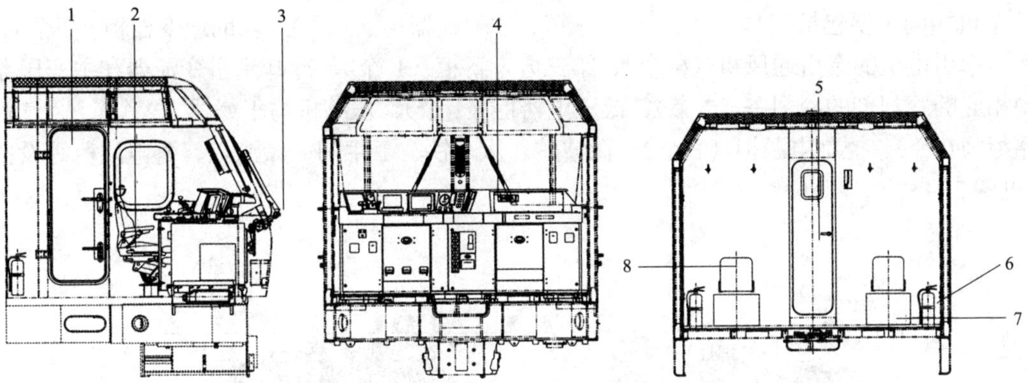

1—入口门；2—座椅；3—刮雨器；4—司机操纵台；5—机械间门；
6—灭火器；7—司机室取暖器；8—添乘座椅

图 2-4-5　HX_D1C 型电力机车司机室设备布置

司机室操纵台的设备主要包括：制动显示屏、双针压力表、监控显示屏、微机显示屏、多功能面板、CIR 显示屏及通信电话、调试底座及语音箱、高压风笛、右柜、中柜、主台面板、主台脚踏、左柜等。

图 2-4-6 为 HX_D1C 型电力机车操纵台设备布置。

2. 机械间设备布置

机械部件和电子部件、屏柜分别布置在机械间的左侧和右侧。在紧急情况下，中央走廊是一个畅通无阻的逃生通道。电缆和空气管路大部分以单独的导管布置在中央走廊之下，这样易于从上方接近它们。

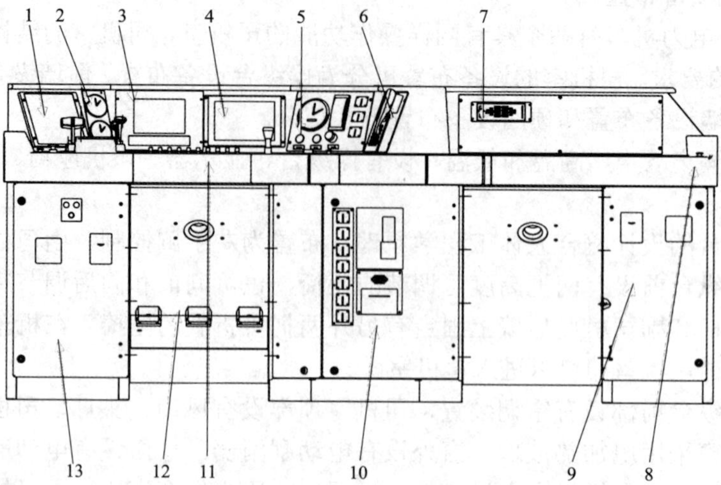

1—制动显示屏；2—双针压力表；3—监控显示屏；4—微机显示屏；5—双针速度表、网压/控制电压表、过分相按钮、微机复位、紧急按钮；6—CIR 显示屏及通信电话、调试底座和语音箱、高压风笛（副台）；7—茶杯托架、烟灰缸、数字量输入输出模块等；8—气候控制面板、机车重联电话、打印机和扬声器、空调主机；9—按钮、扳键开关组、EBV、主司机控制器；10—无人警惕安全装置、撒砂装置和风笛；11—茶杯托架、烟灰缸、刮雨器控制器、刮雨器控制阀板、冰箱

图 2-4-6　HX_D1C 型电力机车操纵台设备布置

机械间主要包括工具柜（1 个）、冰箱、主变流器柜（1 个）、辅助逆变器柜（2 个）、冷却牵引电机的牵引通风机（6 个）、第三方设备柜（1 个）、冷却牵引变流器和主变压器中相应的冷却剂的冷却塔（2 个）、低压电器柜（1 个）、压缩机与干燥器（2 个）、空气管路柜（1 个）、控制电源柜（1 个）、微波炉、压车铁、卫生间、风源柜、蓄电池柜等设备（见图 2-4-7）。

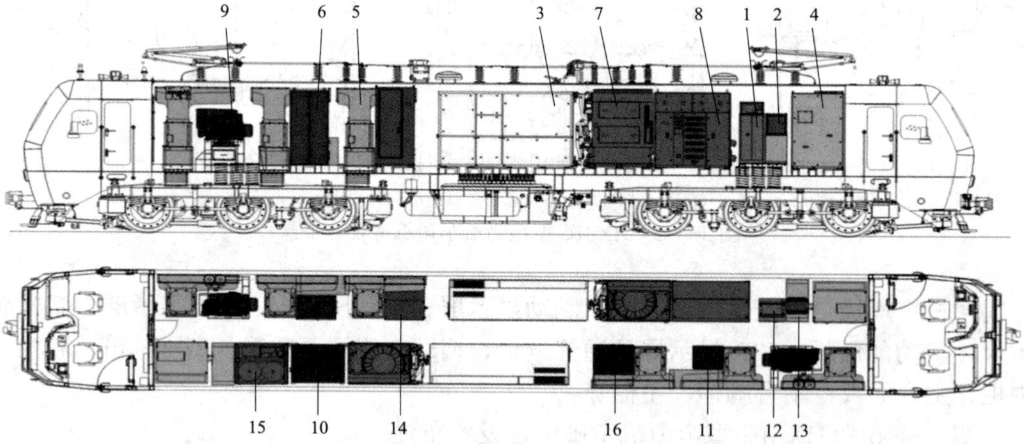

1—工具柜；2—冰箱；3—主变流器柜；4—辅助逆变器柜；5—牵引通风机；6—第三方设备柜；7—冷却塔；8—低压电器柜；9—压缩机与干燥器；10—空气管路柜；11—控制电源柜；12—微波炉；13—压车铁；14—卫生间；15—风源柜；16—蓄电池柜

图 2-4-7　HX_D1C 型电力机车机械间设备布置

3. 车顶设备布置

车顶由 4 块顶盖组成（见图 2-4-8）。机车车顶安装有 2 台受电弓、2 个车顶高压隔离开关、1 个高压电压互感器、1 个主断路器（包括 1 个接地开关）、1 个避雷器、1 个车顶穿墙套管（包含在高压电缆中）及天线等。

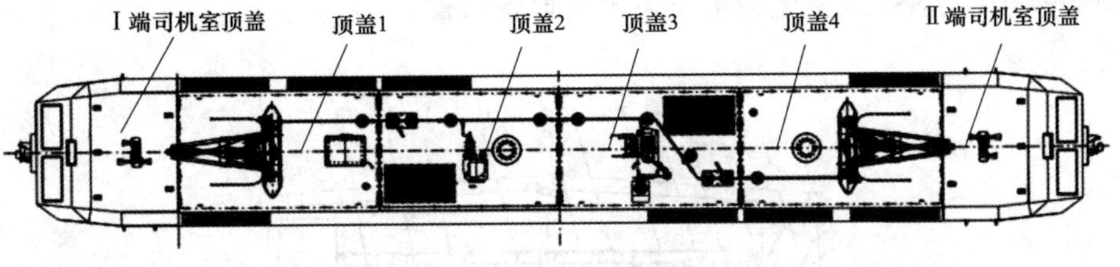

图 2-4-8　HX_D1C 型电力机车车顶设备布置

4. 车底设备布置

HX_D1C 型电力机车有 2 台三轴转向架，对称布置在机车的机械室下，两个端转向架位于机械室的两端；变压器位于机械室中心下方；2 个总风缸位于机车两侧、变压器两端。

5. 辅助设备布置

HX_D1C 型电力机车辅助设备布置包括车端制动软管、照明装置［包括头灯、辅照灯（白）、标志灯（红）、重联插座］、制动/缓解显示器（包括副司机侧指示和司机侧指示）、库用插座、轴端接地装置、轴端速度传感器等。

2.4.3　SS_4 改型电力机车设备布置

SS_4 改型电力机车为单节单端司机室，两节车厢完全相同。单节机车共分为 5 个室，依次为：司机室、Ⅰ端电器室、变压器室、Ⅱ端电器室、辅助室（见图 2-4-9）。采用双边走廊，分室斜对称布置。

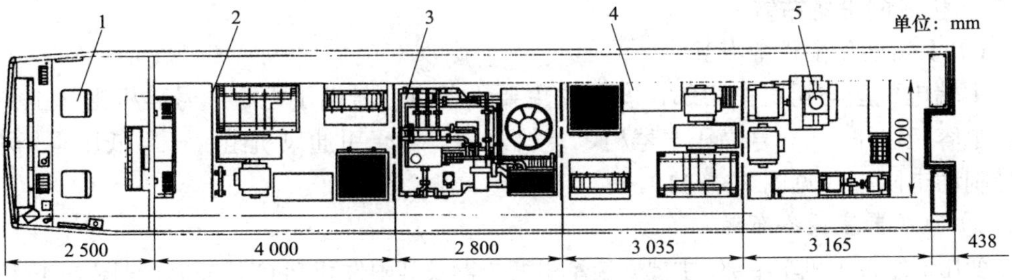

1—司机室；2—Ⅰ端电器室；3—变压器室；4—Ⅱ端电器室；5—辅助室

图 2-4-9　SS_4 改型电力机车设备布置

1. 司机室设备布置

1）正司机台

正司机台包括监控显示器、主台气表、电机电压电流表、网压副压表、故障显示屏及开关、主司机控制器、电空制动控制器、空气制动阀、主按键开关、风笛控制手柄等。

2）副司机台

副司机台包括微机显示屏、副台故障显示屏、副台开关、控制电源电压电流表、辅助风缸压力表、副台按键开关等。

图 2-4-10 为 SS_4 改型电力机车司机室设备布置。

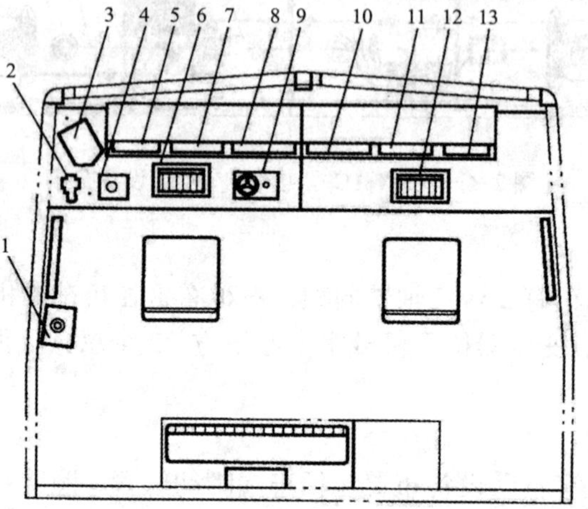

1—调车司机控制器；2—空气制动阀；3—速度表；4—电空制动控制器；5—主台气表；6—主司机按键开关；7—主台电表；8—主台显示器及开关；9—主司机控制器；10—副台电表；11—副台显示屏；12—副司机按键开关；13—副台开关

图 2-4-10　SS_4 改型电力机车司机室设备布置

3）司机室后端墙

司机室后端墙上装有热风机、空调机控制箱、衣帽柜、信号柜、风笛控制手柄等。

司机室两侧有壁炉，辅助司机控制器位于左侧，前窗玻璃上装有遮阳帘和 T3 型刮雨器，脚踏板上有脚炉、风笛及撒砂阀。

2. 机械间设备布置

1）Ⅰ端电气室设备布置

Ⅰ端电气室与司机室相邻，安装的主要设备有一号端子柜、一号硅机组（上）和 PFC 电容柜（下）、一号高压电器柜、复轨器、一号牵引通风机组、一号低压电器柜、一号制动电阻柜（见图 2-4-11）。

2）变压器室设备布置

变压器室位于机车中部，主要安装牵引变压器及其附件和 PFC 开关柜（见图 2-4-12），以及机车保护、测量和控制用的三种交流电流互感器等电气设备。

3）Ⅱ端电气室设备布置

Ⅱ端电气室安装的主要设备有二号制动电阻柜、二号低压电器柜、二号牵引通风机组、上车顶梯、二号高压电器柜、二号硅机组（上）和 PFC 电容柜（下）（见图 2-4-13）。与Ⅰ端电气室设备基本斜对称布置。

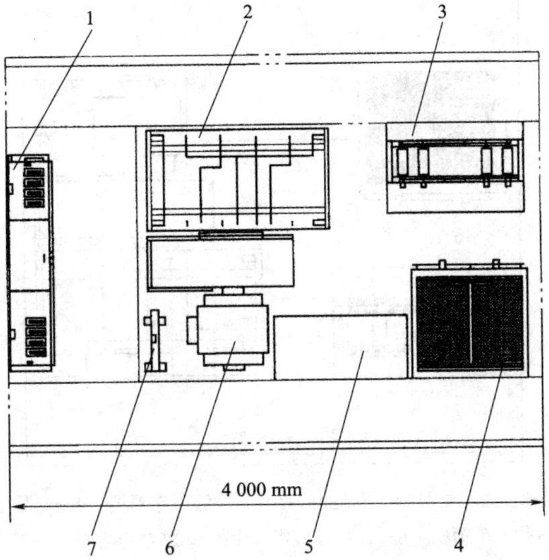

1—一号端子柜；2—一号硅机组（上）和 PFC 电容柜（下）；3—一号高压电器柜；
4—制动电阻柜；5—一号低压电器柜；6—牵引机通风组；7—复轨器

图 2-4-11　SS_4 改型电力机车 I 端电气室设备布置

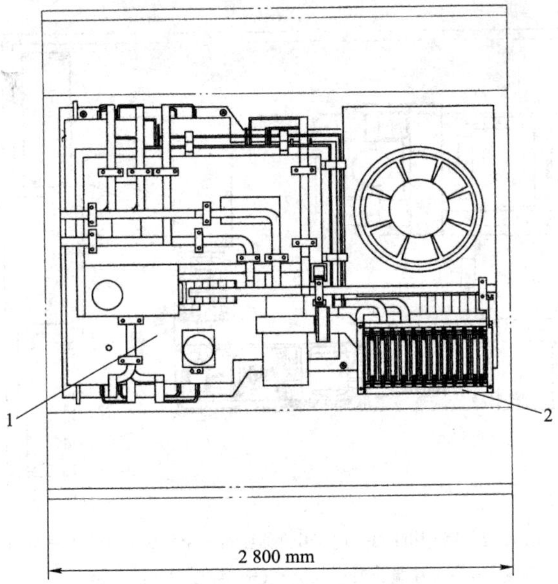

1—主变压器；2—PFC 开关柜

图 2-4-12　SS_4 改型电力机车变压器室设备布置

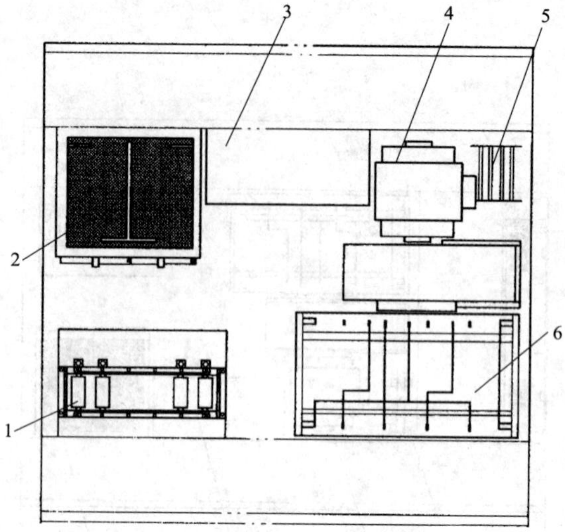

1—二号高压电器柜；2—二号制动电阻柜；3—二号低压电器柜；4—二号牵引通风机组；
5—上车顶梯；6—二号硅机组（上）和 PFC 电容柜（下）
图 2-4-13　SS4 改型电力机车Ⅱ端电气室设备布置

4）辅助室设备布置

辅助室安装的主要设备有空气压缩机组、劈相机、空气干燥器、综合柜、起动电容柜、二号端子柜、制动屏柜、电子电源柜（见图 2-4-14），与 I 端电气室设备基本斜对称布置。

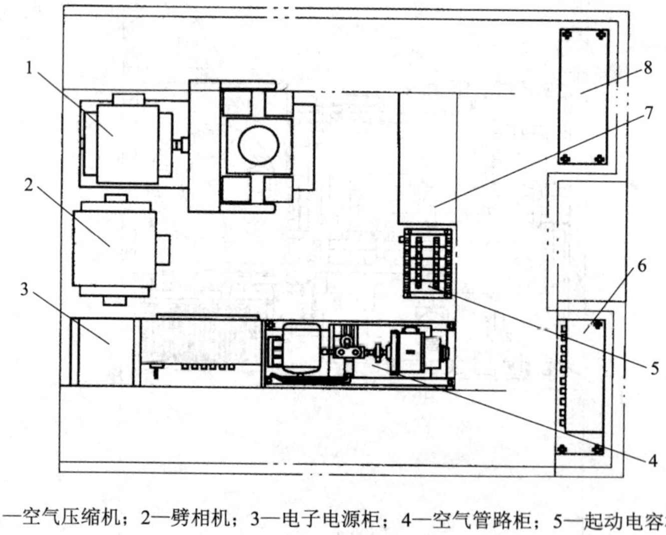

1—空气压缩机；2—劈相机；3—电子电源柜；4—空气管路柜；5—起动电容柜；
6—二号端子柜；7—空气干燥器；8—综合柜
图 2-4-14　SS4 改型电力机车辅助室设备布置

3. 车顶设备布置

车顶主要设备包括：受电弓、主断路器、避雷器、高压电流互感器、高压电压互感器、高压连接器及车顶母线与支持瓷器等（见图 2-4-15）。

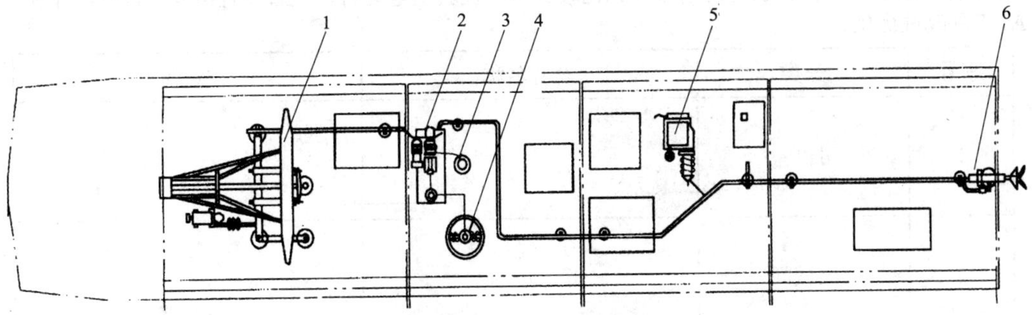

1—受电弓；2—主断路器；3—避雷器；4—高压电流互感器；
5—高压电压互感器；6—高压连接器

图 2-4-15　SS4 改型电力机车车顶设备布置

4. 车底设备布置

车底有两台两轴转向架位于电器Ⅰ室和电器Ⅱ室下，两个蓄电池柜分别位于变压器下部油箱两侧，总风缸位于变压器室下的变压器下部油箱一侧。

5. 辅助设备布置

前端司机室上方设有 LW-800（1）型卤钨机车前照明灯，作为机车远照明用；司机室前下方两边，各装有 1 个 JD-178 型副头灯，作为机车的近照明用，旁边设有标志灯；司机室装有 2 个 JD-2 型顶棚灯，各室及走廊装有照明灯。

机车两侧（一前一后）设有 1 个 TLZ-50/1500 型主电路库用插座；车体左侧中部下方设有 TLZ-750/380 型辅助电路库用插座；右侧中部下方设有 TLZ-100/380 型控制电路库用插座；车体边梁中部下方对角线部位各设有 1 个 C4-6/4 型照明插座。分别供库内动车、辅助电路供电、控制电路供电及照明供电使用。

做一做

任务清单		任务 2.4　典型电力机车设备布置			
姓　名		班　级		学　号	

【机械间设备布置】简述 HXD1C 型电力机车机械间设备布置内容及特点。

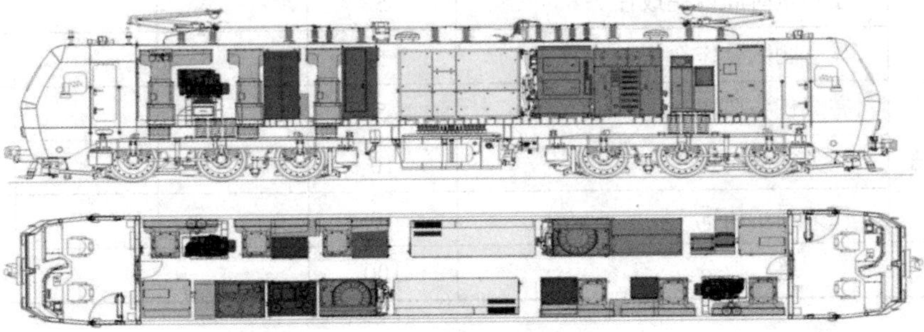

【设备布置对比分析】试结合所学知识比较分析三代典型电力机车设备布置组成及特点，并利用AI工具改进优化。

序号	分类	设备名称	特点
1	司机室		
2	机械间		
3	车顶		

任务评价

任务评价表		模块名称	机车车辆车体与设备布置		
		任务名	典型电力机车设备布置		
姓　名		班　级		学　号	
评分内容		标准分值	自我评分（20%）	小组评分（30%）	教师评分（50%）
任务准备	认真完成在线课程的学习	10			
	根据任务要求主动查找资料	10			
任务实施	能清楚地领会任务内容及要求	5			
	能借助AI工具优化任务	10			
	能准确地描述三代典型电力机车设备布置组成	15			
	能完整区别三代典型电力机车设备布置的特点及异同	15			
	在规定时间内完成任务	5			
	具有团队合作意识	5			
任务总结	完成任务要求	5			
	任务完成质量	10			
	任务展示情况	10			
总　分		100			

任务 2.5　HX$_{\mathrm{D}}$1C 型电力机车车体维检与装调

任务目标

知识目标	熟悉 HX$_{\mathrm{D}}$1C 型电力机车车体维检与装调的准备工作
	熟悉 HX$_{\mathrm{D}}$1C 型电力机车车体维检与装调的注意事项
	熟悉 HX$_{\mathrm{D}}$1C 型电力机车车体维检与装调的操作流程
能力目标	能编制 HX$_{\mathrm{D}}$1C 型电力机车车体维检与装调的工艺卡
	能按照工艺要求完成 HX$_{\mathrm{D}}$1C 型电力机车车体的维检与装调
	能结合实际优化改进 HX$_{\mathrm{D}}$1C 型电力机车车体维检与装调工艺卡
素质目标	具备安全责任意识
	培养良好的团队协作意识
	培养绿色可持续发展意识

任务实施

思政视频

大国工匠——“斤斤计较”焊出中国交通新速度

想一想

（1）HX$_{\mathrm{D}}$1C 型电力机车车体的维检与装调需要准备哪些工具？

（2）在对 HX$_{\mathrm{D}}$1C 型电力机车车体进行维检与装调时需要注意什么？

（3）一般由哪些工种完成 HX$_{\mathrm{D}}$1C 型电力机车车体的维检与装调？他们具体是怎么操作的？

思政视频

大国工匠——高铁制造师登台挑战，焊接 16 组钢针，保持 2 t 车辆不掉落

学一学

2.5.1　基本技术要求

① 车体侧墙、车体底架各梁、各减振器安装座不许有开焊、裂损，局部缺损时允许整修。

② 车体车钩箱（内口）不许有变形。

③ 车内外设备安装轨道、安装座、螺纹孔等安装基础状态良好。

④ 中央走廊地板清洁、完好，安装正确。

⑤ 牵引座、车钩箱下部拉杆座焊缝探伤检查，不许有裂纹。

⑥ 脚踏、扶手不许有裂损、严重变形，安装牢固。

⑦ 顶盖不许有开裂、变形；防滑涂料完整，防滑功能良好；更新密封条、顶盖与车体连接的自锁式螺母及垫圈；顶盖安装后螺栓齐全、紧固密封良好，不许漏雨。

⑧ 排障器不许有变形和破损；排障器紧固件更新，落成后距轨面高度符合限度要求。

2.5.2 主要材料、设备及工、量具

1. 材料

棉丝、砂布、毛刷、密封胶条、清洗剂。

2. 设备

电气焊设备、电动或风动砂轮、库内风源、清洗机。

3. 工具

铲污工具、气刨、手锤、扁铲、铅垂线、手电。

4. 量具

10 m 卷尺、3 m 卷尺、游标卡尺。

2.5.3 主要工艺过程

1. 车体底架的维检与调试

① 目测检查车体承载结构中的各梁、各安装座、蒙皮等，以及相互连接处焊缝有无裂纹，如有则进行焊补。对影响承载及行车安全的焊缝及母材裂缝，如果补焊不能达到要求，则应进行局部结构加强或挖补更换、补漆。

补焊技术要求：焊缝裂纹及锈蚀须打磨消除，并进行补焊；裂缝严重时用气刨切出 V 形坡口，深度以焊透为原则。母材有裂纹时应在裂缝前端钻$\phi 6$ 的止裂孔，同时用气刨切出 V 形坡口施焊，并用砂轮磨平。必要时须进行磁粉或着色探伤，以符合技术要求。

② 目测检查车体承载结构各梁无局部变形，如有须经技术鉴定后，方可用火焰矫正修复、补漆。

③ 目测检查车体承载结构表面无局部脱漆及锈蚀，如有则除锈补漆。

④ 目测检查底架边梁上垂向、横向减振器座焊缝无裂纹。

⑤ 更新软风道。

⑥ 目测检查电机速度、温度传感器线束无破损、折损。回流接地线、轴头速度传感器等其他与车体上部连接的线束固定可靠，绑扎规范，无破损、折损、磨损。各插接头防尘、防水护套完整，各部无损坏。

⑦ 目测检查电机母线无过热、烧损、老化、接磨，绝缘无破损，线鼻子无过热、变形、烧损，固定线卡齐全、牢靠。

⑧ 牵引座、车钩箱下部拉杆座焊缝探伤检查，不许有裂纹。

⑨ 清洁过滤器上的灰尘，检查过滤器无损坏。更新过滤器，清洁检查空调新风风机及风叶，试验转动灵活，无异音。

2. 车体附件的维检与调试

① 排障器紧固件更新，落成后距轨面高度符合限度要求。

② 检查排障器各部件无变形、裂损、开焊。

③ 检查扶手杆无裂纹、松动，表面无锈蚀，对有锈蚀的部位用砂纸进行擦除。更新固定梯子的紧固件。

④ 拆解、清洗侧墙百叶窗，检查各部件无锈蚀、变形、缺损。

⑤ 各部件的铭牌、标识须齐全、清晰，不许有损坏，且安装牢固。规定的机车标志、路徽、牌号须齐全，机车及各部件标识完整，如有缺损需补齐。

3. 司机室的维检与调试

① 检查各门窗开闭灵活、密封良好，窗玻璃完好、清洁，门锁及侧窗作用可靠。更新司机室地板防护面及司机室门、机械间门密封橡胶条。

② 检查侧窗活动窗与固定窗之间密封条无缺损，密封良好。连杆机构各紧固螺栓齐全、紧固。活动窗无卡滞，且能随处平衡，关闭侧窗时转动活动拉手能锁紧活动窗，侧窗排水系统畅通，内部无异物。

③ 检查前窗玻璃四周密封良好，各部件无裂损及影响瞭望的划痕，加热功能良好。

④ 检查司机室内顶、侧墙、后墙装饰板无松动、变形，内装饰附件无缺损。检查走廊地板清洁、完好，安装正确。

⑤ 检查遮阳帘清洁，紧固良好，无损坏，功能良好。

⑥ 更换司机室座椅。添乘座椅（或折叠座椅）清洁，功能良好。

4. 车顶的维检与调试

① 检查各顶盖无裂纹、变形，密封性能良好，不许漏雨，更新顶盖与车体连接的自锁式螺母。更新密封条，机车总成后须进行漏雨试验，机车顶盖安装面、横梁安装面、进风道与车体结合面、风道与风机结合面、各门缝等部位不许漏水。

② 无脱落、变色，梁、叶片、外皮无破损、变形，焊接处无开裂，安装螺栓无松动，防水胶垫齐全。

③ 检查车顶门所有紧固件无松动，密封良好，气动撑杆无卡滞现象，活动自如；更新密封垫。

④ 登顶梯无变形、裂损，更新紧固件。

5. 检查防雾闪涂层

1）外观检查

瓷瓶及车顶防污闪涂层无破损，涂层破损时须予以补涂。补刷涂层要求：涂刷厚度均匀、光滑平整、无气泡、滴胶。

2）涂层材料主要技术参数

表 2-5-1 为和谐型电力机车涂层材料主要技术参数。

表 2-5-1　和谐型电力机车涂层材料主要技术参数

硅橡胶参数					
硫化前	外观	黏稠液体	硫化后	外观	黏稠液体
	黏度/mPa·s	82 万		硬度/HA	36
	固体含量/%	97.3		表干时间/min	120
				固化速度/（mm/24 h）	2
				介电强度/（kV/mm）	40
				拉伸强度/MPa	2.95
				伸长率/%	266
				耐击穿电压/（kV·mm^{-1}）	22

3）车顶涂层补刷方式

① 清除绝缘层表面脱落、裂纹和起翘处的灰尘。

② 绝缘层表面脱落处理方法：将高压密封硅橡胶挤压到需要修复破损绝缘层表面，然后将其涂刷平整与绝缘层一平，保证其边缘与绝缘层接触（覆盖）10～20 mm，最后撒上防滑硅橡胶颗粒即可。

③ 裂纹处理方法：将高压密封硅橡胶挤压到裂纹中，且将裂纹外表面处涂刷上硅橡胶（将裂纹用硅橡胶覆盖上）。

④ 起翘处理方法：将高压密封硅橡胶挤压到起翘处下面，保证起翘部位均涂刷到硅橡胶。

4）绝缘子涂层补刷方法

① 采用清洁剂擦拭需喷涂表面，达到洁净程度后用干净毛巾擦拭，使喷涂表面达到干燥。

② 将 PRTV/RTV 室温硫化硅长效防雾闪涂料喷刷在绝缘子涂层缺损处，要涂刷均匀，漆面不得起瘤、堆叠，用刮板将涂料刮匀，保证其边缘与绝缘层接触（覆盖）10～20 mm。

注意事项：在车顶作业过程中应避免尖锐硬物磕碰。操作处不能有灰尘、粉尘、水汽等。环境温度在 0～30 ℃时表干时间为 2 h，涂层 2 mm 厚时固化时间为 24 h。

6. 车内部件的维检与调试

① 蓄电池柜螺栓紧固，密封良好，锁闭装置作用良好，柜内清洁。

② 低压电器柜骨架无变形、裂缝，连接螺栓紧固，密封件良好，柜门、门轴、门锁作用良好。

③ 第三方设备柜柜门、机架、内部区域清洁，柜门无变形，门轴、门锁、面板无破损，螺栓连接紧固，密封件良好。

④ 检查工具柜衬垫、橡胶垫无损坏，柜门、门锁作用良好。

⑤ 清洁车顶进风口及其防护栅。

⑥ 清洁复轨器，且无损坏。复轨器安装螺栓紧固，工具箱及锁完好。

⑦ 压车铁各螺栓紧固，防缓标记清晰、无错位。

⑧ 接地杆安装牢固，无损坏。

⑨ 车体及机车各部件油漆无剥落、起泡、刮擦及锈蚀。允许局部补漆，补漆后，漆面须平滑、均匀、光亮，与原漆部分过渡一致。

做一做

任务清单	任务 2.5　HX$_D$1C 型电力机车车体维检与装调				
姓　名		班　级		学　号	

工具名称	工具数量	工具规格	工具要求

安全要求	操作注意事项

工序流程

工序名称	作业过程	工种

任务评价

<table>
<tr><td colspan="2" rowspan="2">任务评价表</td><td colspan="2">模块名称</td><td colspan="5">机车车辆车体与设备布置</td></tr>
<tr><td colspan="2">任务名</td><td colspan="5">$\mathrm{HX_D1C}$ 型电力机车车体维检与装调</td></tr>
<tr><td>姓　名</td><td></td><td>班　级</td><td colspan="2"></td><td colspan="2">学　号</td><td colspan="2"></td></tr>
<tr><td colspan="3">评分内容</td><td>标准分值</td><td colspan="2">自我评分
（20%）</td><td colspan="2">小组评分
（30%）</td><td>教师评分
（50%）</td></tr>
<tr><td rowspan="3">任务准备</td><td colspan="2">认真完成在线课程的学习</td><td>5</td><td colspan="2"></td><td colspan="2"></td><td></td></tr>
<tr><td colspan="2">根据任务要求主动查找资料</td><td>5</td><td colspan="2"></td><td colspan="2"></td><td></td></tr>
<tr><td colspan="2">完成车体维检装调工艺卡</td><td>10</td><td colspan="2"></td><td colspan="2"></td><td></td></tr>
<tr><td rowspan="5">任务实施</td><td colspan="2">能清楚地领会任务内容及要求</td><td>5</td><td colspan="2"></td><td colspan="2"></td><td></td></tr>
<tr><td colspan="2">劳保用品穿戴齐备，错扣 2 分
防护措施到位，错扣 2 分
工具准备到位，错扣 2 分</td><td>10</td><td colspan="2"></td><td colspan="2"></td><td></td></tr>
<tr><td colspan="2">作业顺序出现差错扣 5 分
弹簧或卡簧飞出扣 5 分
拆卸时伤及铜件扣 5 分
分解时损伤密封件扣 5 分
工具选择不合理扣 5 分</td><td>20</td><td colspan="2"></td><td colspan="2"></td><td></td></tr>
<tr><td colspan="2">在规定时间内完成任务</td><td>5</td><td colspan="2"></td><td colspan="2"></td><td></td></tr>
<tr><td colspan="2">具有团队合作意识</td><td>5</td><td colspan="2"></td><td colspan="2"></td><td></td></tr>
<tr><td rowspan="3">任务总结</td><td colspan="2">完成任务要求</td><td>5</td><td colspan="2"></td><td colspan="2"></td><td></td></tr>
<tr><td colspan="2">任务完成质量：
零部件齐全，错漏扣 2 分/个；
各零部件未分类放置扣 2 分/个；
未按规定程序进行作业扣 2 分</td><td>15</td><td colspan="2"></td><td colspan="2"></td><td></td></tr>
<tr><td colspan="2">任务展示情况：
工具、仪表、设备等摆放不整齐扣 2 分/个；
作业完成后未整理工具、清洁现场扣 2 分；
没有穿戴安全防护用品，作业防护项目不齐全，扣 2 分/处</td><td>15</td><td colspan="2"></td><td colspan="2"></td><td></td></tr>
<tr><td colspan="3">总　　分</td><td>100</td><td colspan="5"></td></tr>
</table>

双语拓学

1. 专业词汇双语对照表

车体与设备布置专业词汇中英对照表

英文	中文	英文	中文
car body	车体	rolling stock clearance limit	机车车辆限界
frame	框架；结构	installation frame	台架
crossbeam	横梁；大梁	cow-catcher	排障器
drift sill	牵引梁	body bolster	枕梁
side wall	侧壁	end wall	端墙
underframe	底架	septum	隔膜；隔板
anti-collision device	防撞装置	windshield	挡风玻璃
equipment layout	设备布置	cab	司机室
driver's seat	司机座椅	instrument panel	仪表板
control lever	控制手柄	emergency brake button	紧急制动按钮
door system	车门系统	diagonal-symmetrically	斜对称
mechanical cabin	机械室	body shell	车体外壳
traction transformer	牵引变压器	traction converter	牵引变流器
auxiliary converter	辅助变流器	air compressor	空气压缩机
braking system	制动系统	pantograph	受电弓
roof equipment	车顶设备		

2. AI+双语小视频制作

试在本模块中选择一个任务或者知识点，制作一个双语动画视频，可以是微课、科普讲堂等，可充分借助生成式 AI 工具（如 DeepSeek、豆包）进行双语翻译、数字人（如闪剪）生成、PPT（如 kimi）生成及视频（如剪映）转换。

模块 3

通风系统与空气管路系统

思政领学

风源系统的发展演变历程

风源系统的演变随着机车的发展而发展。

1. 蒸汽机车时代

蒸汽机车风源系统结构比较简单，基本没有智能化控制。空气压缩机启停控制逻辑固定，风源净化装置只起到基本净化作用，排水排污靠手动操作。

2. 内燃机车时代

内燃机车的风源系统较蒸汽机车有了一定程度上的提升，设备布置相对合理，操作方便，但也没有形成模块化、集成化的布局，多以散放为主。主要部件的控制逻辑进行了优化，可以实现最基础、最简单的智能化控制。风源系统普遍配置活塞式空气压缩机，采用电控式调压器控制，但空气压缩机启停值依然固定，会有与列车实际用风需求不匹配的情况出现。风源净化装置得到改善，压缩空气质量提高了一级。

3. 电力机车时代

在电力机车发展的萌芽期，风源系统极为简易。核心部件是活塞式空气压缩机，其基于活塞的往复直线运动，将常压空气强行压缩进简单的风缸储存。由于技术局限，当时的空气压缩机效率较低，输出的压缩空气压力不稳定，风缸容量也较小，仅能勉强满足基本的制动需求，在应对复杂工况时显得力不从心。

随着技术的进步，风源系统迎来了第一次重要革新。油水分离器被引入，有效解决了压缩空气中油水杂质的问题，大大提升了空气质量，减少了对设备的腐蚀和磨损。同时，风缸在设计上更加科学，容积增大，耐压性能提升，能够储存更多高质量的压缩空气。空气压缩机也在结构和材料上进行改进，运行稳定性和压缩效率有所提高。

如今，螺杆式空气压缩机凭借其噪声低、振动小、效率高的优势，逐渐取代活塞式空气压缩机。先进的风源净化装置采用分子筛吸附等前沿技术，深度去除压缩空气中的水分和杂质。智能化控制系统的加入更是如虎添翼，它能实时监测风源系统的各项关键参数，如压力、温度、湿度等，并根据机车运行状态自动调节，实现故障的精准诊断与预警，极大地提高了风源系统的可靠性和安全性。

双语助学

Introduction to Electric Locomotive Ventilation Systems

Electric locomotives' ventilation systems have two main types: body ventilation and independent ventilation.

Body ventilation is a relatively common ventilation method. It uses the locomotive body as a channel for air circulation. Fresh air is introduced into the body through specific inlets, and then flows through different components inside the locomotive. This type of ventilation system is relatively simple in structure. It can use the overall space of the body to achieve air exchange, which helps to reduce the temperature of the internal components of the locomotive as a whole. For example, it can cool down the electrical equipment in the cab and the power-conversion devices in the equipment room. However, one drawback is that if there is a problem in one part of the ventilation path, it may affect the overall ventilation effect.

Independent ventilation, as the name implies, provides separate ventilation for each important component or system. Each component has its own dedicated air-intake and exhaust channels. For instance, the traction motor, converter, and transformer may all have independent ventilation systems. This design has several advantages. Firstly, it can precisely control the air volume and temperature for different components according to their specific heat-dissipation requirements. Secondly, the failure of one component's ventilation system will not directly impact the others, enhancing the reliability and stability of the entire locomotive. But the independent ventilation system is more complex in structure, which requires more installation space and higher maintenance costs.

In conclusion, both body ventilation and independent ventilation have their own characteristics and application scenarios in electric locomotives, and they are both important means to ensure the normal operation of locomotives.

电力机车通风系统

电力机车通风系统主要有两种类型：车体通风和独立通风。

车体通风是一种比较常见的通风方式，它利用机车车体作为空气流通的通道，新鲜空气通过特定的进气口进入车体内部，然后流经机车内的不同部件。这种通风系统的结构相对简单，它可以利用车体的整体空间来实现空气交换，有助于从整体上降低机车内部部件的温度。例如，它可以为司机室内的电气设备及设备间内的功率转换装置降温。其缺点之一是：如果通风路径的某一部分出现问题，可能会影响整体的通风效果。

独立通风为每个重要的部件或系统提供单独的通风，每个部件都有其专用的进气通道和排气通道。例如，牵引电机、变流器和变压器可能都有独立的通风系统。

这种设计有几个优点。首先，它可以根据不同部件的特定散热需求，精确控制其空气流量和温度。其次，一个部件的通风系统出现故障不会直接影响其他部件的通风，从而提高了整个机车的可靠性和稳定性。但是，独立通风系统的结构更为复杂，需要更多的安装空间，并且维护成本也更高。

总之，在电力机车上，车体通风和独立通风都有各自的特点和应用场景，它们都是确保机车正常运行的重要手段。

AI 导学

通风系统、空气管路系统与风源系统紧密相连，共同保障着机车的正常运转。通风系统就像人体的呼吸系统，持续为电力机车的关键设备输送新鲜、凉爽的空气，防止设备因过热而“生病”罢工；空气管路系统则如同错综复杂的血管，精准无误地将风源系统产生的压缩空气输送到机车的各个角落，为制动、控制等重要功能提供动力支持。接下来，让我们结合 AI 知识图谱一起深入探索通风系统和空气管路系统，看看它们是如何在电力机车中发挥重要作用的。

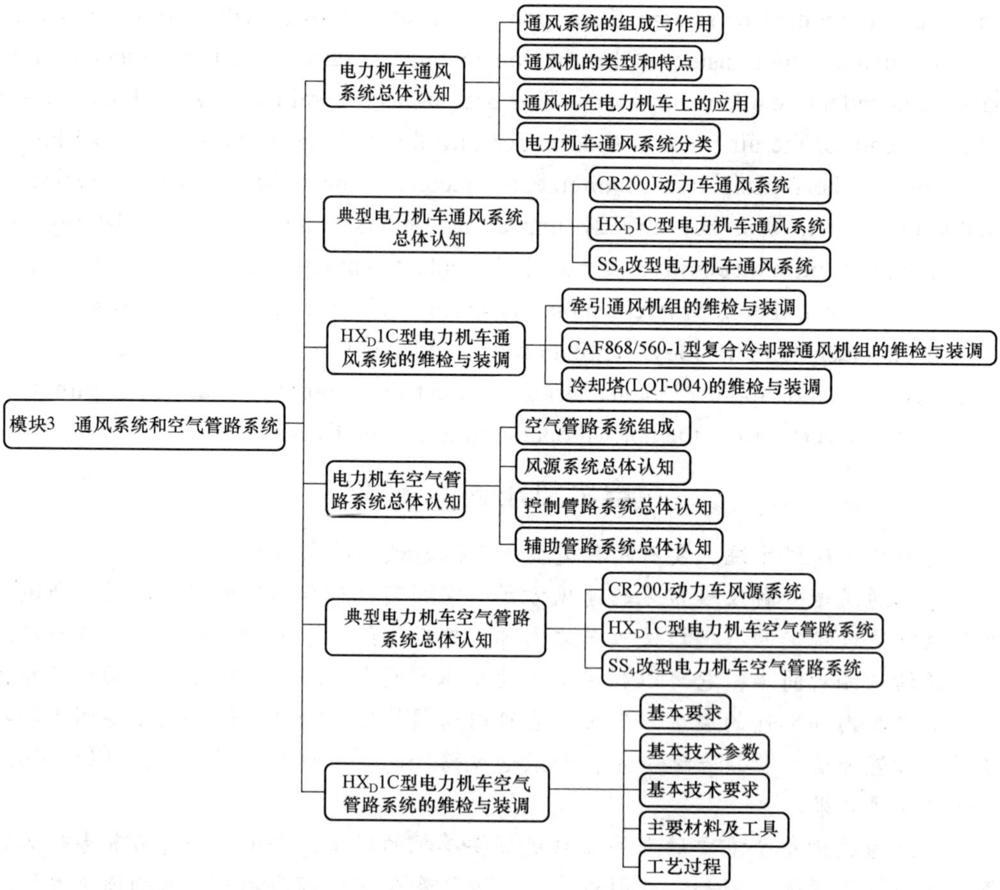

任务 3.1　电力机车通风系统总体认知

任务目标

知识目标	熟悉电力机车通风机的类型和特点
	熟悉通风机在电力机车上的应用
	熟悉电力机车通风系统的类别及特点
能力目标	能区分离心式通风机和轴流式通风机的特点
	能根据电力机车设备特点选择合适的通风机
	能描述不同类型通风系统的优劣
素质目标	培养对轨道交通行业的热爱和关注
	培养严谨认真、实事求是的科学态度
	增强责任意识和使命感

任务实施

思政视频

科技强国——联诚集团电力机车专用风机获评国家级单项冠军产品

微课视频

通风系统结构原理认知

想一想

（1）通风系统的主要作用是什么?

（2）用什么设备对电力机车进行通风冷却?

（3）电力机车上的通风系统是如何分类的?

学一学

3.1.1　通风系统的组成与作用

电力机车通风系统的主要作用是对车上发热量大的电器部件进行冷却，如牵引电机、牵引变压器、主变流器等，使其工作温升不超过允许值，从而保证系统正常可靠地运行。此外，电力机车通风系统还可以对机车内的温度、压力、风速等气候参数进行调节，从而为司乘人员提供一个舒适、洁净的作业环境。

1. 进风与排风结构

进风口：通常位于车顶或侧面，设计有防尘网、百叶窗等，防止异物和雨水进入，部分配备预过滤器。

排风口：分布于设备舱或车体下方，促进热空气排出，可能设有防护结构避免回流。

2. 通风管道

风道系统：由金属或复合材料制成，将冷空气定向输送至牵引电机、变流器等设备，再引导热空气至排风口，设计需优化气流路径减少阻力。

3. 通风机与驱动装置

离心/轴流风机：根据需求选用，如牵引电机常用离心风机，变流器采用轴流风机，部分设备可能配备独立风机。

变频控制：部分风机支持调速，按温度调节风量以节能。

4. 空气过滤装置

多级过滤：包括初效过滤器（拦截大颗粒）和高效过滤器（应对细尘），尤其在多尘环境中关键，需定期维护。

5. 散热器与换热器

液冷协同：散热器与通风结合，风扇增强散热；某些变流器采用水冷，通风辅助散热。

6. 智能控制系统

温度监控：传感器实时监测设备温度，反馈至控制系统调节风机转速或启停。

自动化管理：集成于机车控制系统，实现能效优化和故障预警。

7. 隔音与减振设计

消音器 / 隔音棉：降低风机噪声，风道内壁使用吸音材料。

减振支架：减少风机振动传递，提升稳定性。

8. 气流调节部件

风门与导流板：手动或电动调节风量分配，确保均匀冷却。

应急通风：备用风机或自然通风通道，应对主系统故障。

9. 环境适应性设计

防冻与防潮：寒冷地区配备加热元件防结冰，潮湿环境采用防腐蚀材料。

密封设计：防止外部环境干扰，保障内部气流纯净。

10. 辅助系统集成

司机室通风：独立或整合的空调系统，与设备冷却系统分隔。

维护接口：便于过滤器更换、风机检修的检修盖或快拆结构。

电力机车通风系统通过结构设计、强制通风、智能控制等多维度协作，确保设备高效散热，同时兼顾能效、噪声控制及环境适应性。不同车型可能需根据具体需求调整组件配置，但核心原理一致，即保障机车在复杂工况下的可靠运行。

3.1.2 通风机的类型和特点

电力机车上常用的通风机有离心式通风机和轴流式通风机两种。

1. 离心式通风机

离心式通风机又称鼓风机，是工业上广泛采用的一种通风机，其外形和结构如图 3-1-1 所示。

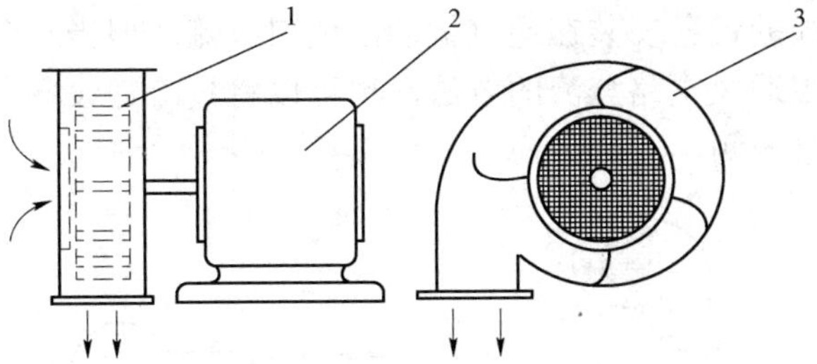

1—叶轮；2—电动机；3—蜗壳

图 3-1-1　离心式通风机外形和结构

离心式通风机有一个蜗壳形的壳体，壳体内装设叶轮，叶轮由电动机驱动，在蜗壳内高速旋转，叶片间的空气被迫旋转，在离心力作用下，沿叶轮径向甩出来，以一定的速度沿蜗壳进出风口进入风道，流进截面渐扩的蜗壳通道，把空气的流速转变为压强，使风道的风压升高。

离心式通风机风压较大，风力比较集中，适用于远距离通风。但是离心式通风机体积较大，蜗壳及风道占了较大的空间，受叶轮形状的影响，转速和效率都较低。

2. 轴流式通风机

轴流式通风机又称风扇，其叶轮轴与风道平行或无风道，其外形和结构如图 3-1-2 所示。当叶轮由电动机驱动高速旋转时，由于叶片有一定的倾斜，故能形成空气的轴向流动。叶轮背后形成真空，不断补入外界空气。

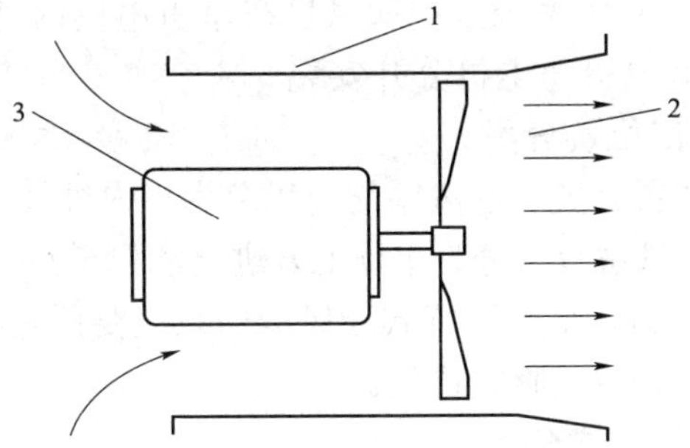

1—风道；2—叶片；3—电动机

图 3-1-2　轴流式通风机外形和结构

轴流式通风机具有风压小、风力分散、体积小、转速高、效率高等特点，因此不适宜远距离送风。

3.1.3　通风机在电力机车上的应用

离心式通风机和轴流式通风机在电力机车通风系统中均被采用。对于一些距离车体较远的设备，如牵引电机，通常用离心式通风机冷却，一些设备因位置局限，如制动电阻柜，通常用轴流式通风机冷却。

为了解决机车车体受空间限制的问题，使一台通风机能冷却多台设备，通常采用通风支路的方式，或将冷却设备分别布置在通风机的进风口和出风口（见图 3-1-3）。

一般情况下，被冷却的设备安装在通风机的出风口一侧。但当一台通风机同时冷却几个设备时，可以采用通风支路分流的方法，也可以将被冷却设备分别布置在通风机的进风口一侧和出风口一侧。

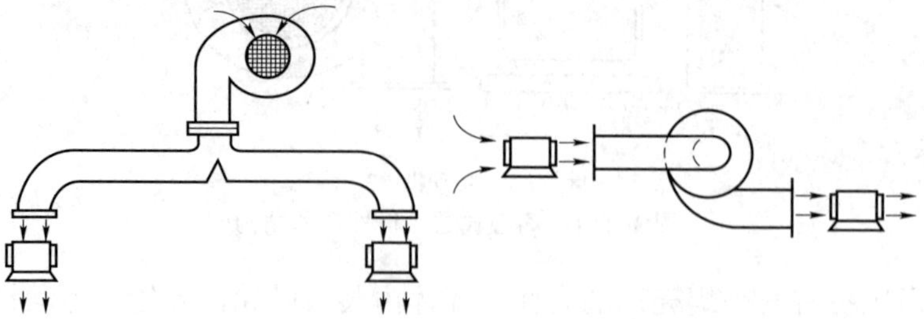

（a）利用通风支路　　（b）利用进、出口通风

图 3-1-3　通风机同时冷却多台设备

3.1.4　电力机车通风系统分类

电力机车的通风系统通常由通风机、进排风道及空气滤清装置等组成。按照通风系统的结构特征可以进行如下分类。

1. 按牵引通风机的布置方式分类

按牵引通风机的布置方式分类，通风系统可分为自通风式通风系统和独立通风式通风系统两种。自通风式通风系统是指通风机在牵引电机内部，安装在电机轴上；独立通风式通风系统是指通风机与电机分开安装。

2. 按通风空气的进口位置分类

按照通风空气进口位置分类，通风系统可以分为车内进气式通风系统和车外进气式通风系统。车外进气式通风系统又分为车顶上方进气和侧壁进气两种。侧壁进气又可分为单侧进气式和双侧进气式。车外进气式通风冷却系统要预先考虑到，在恶劣气候条件下改为车内进气式时应该采取的临时措施。

3. 按通风系统的供风方式分类

按通风系统的供风方式分类，通风系统可以分为独立式通风系统和集中式通风系统。独立式通风系统是指为机车内部的整流装置、牵引电机等分别配置各自的通风机，对需要强制通风系统散热的设备设置独立的风道，这样便于集中去尘，同时通风效果也比较有保证，但是结构复杂。集中式通风系统是指使用一台通风机分别对机车的整流装置、牵引电机等进行冷却。集中式通风系统的优点是由于使用通风机的数量少，使通风机的驱动装置简化、质量减轻、尺寸减小，占用空间较少，同时可以采用高效率、大容量的通风机。集中式通风系统的缺点是风道长、流体阻力大，驱动装置消耗功率也相应增大。

传统的国产电力机车以前均采用侧墙大面积滤网过滤车体通风方式，如 SS_3、SS_4、SS_7、SS_7B、SS_7C、SS_8 等型号的电力机车。这种通风方式，进风口百叶窗为“人”字形结构，风不能直线进入车内，而是要经过“人”字形百叶窗构成的迷宫途径进入车内，随风所带尘埃撞击“人”字形百叶窗后，有一部分会下落，经过滤器后又可除去部分尘埃。这种通风方式具有结构简单、进风面积大、风阻小、风速低、车内风量分配均匀等优点。但随风带的尘埃撞击“人”字形百叶窗下落后无处收集，又不能排出车外，积聚在百叶窗和过滤器之间，有一部分尘埃会粘附在过滤器上，这就要求经常维护清洗，否则将降低滤尘性能，增大了尘埃进入车内的可能性。风进入车内后，由于没有风道，带入的尘埃在车内机械间各处形成强度不同的降尘层，污染电器设备。当各风机再次启动时，车内形成很大的二次扬尘，同时车内形成负压区，不利于司机室的密封。

在独立通风方式下，主要的发热电器均设置独立风道进行通风冷却，各系统采取车外吸风、车外排风的通风方式。此外，还有补风系统将从车外吸入的洁净的空气排入车内，使车内形成微正压，从而提高各电器柜的清洁度，减少故障，使电器寿命得到延长，且具有夏季防雨、冬季保温防寒的优点。独立通风方式的缺点是进风面积小，进口风速高，空气过滤效果差。但是对于牵引电机之类的电器来说，其过滤空气质量足以满足要求；而对于辅助逆变器之类电器来说，要对其风源进行二次净化过滤，即在向车内放风的支路上设置过滤网。

做一做

<table>
<tr><td colspan="2">任务清单</td><td colspan="4">任务 3.1　电力机车通风系统总体认知</td></tr>
<tr><td>姓　名</td><td></td><td>班　级</td><td></td><td>学　号</td><td></td></tr>
</table>

【通风机对比分析】试根据给出的通风机结构图，完成下表。

<table>
<tr><td>结构图</td><td colspan="3">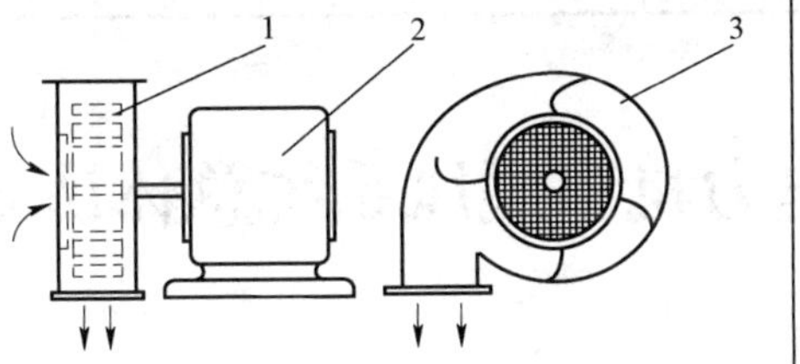
</td><td colspan="3">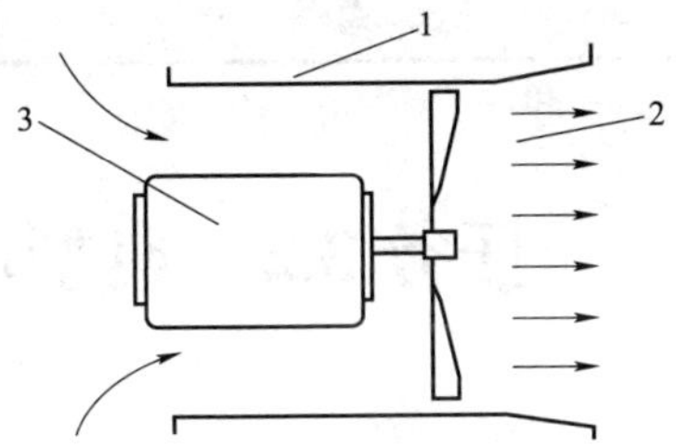
</td></tr>
<tr><td>名称</td><td colspan="3"></td><td colspan="3"></td></tr>
</table>

<table>
<tr><td rowspan="2">部件名</td><td>1</td><td>2</td><td>3</td><td>1</td><td>2</td><td>3</td></tr>
<tr><td></td><td></td><td></td><td></td><td></td><td></td></tr>
<tr><td>特点</td><td colspan="3"></td><td colspan="3"></td></tr>
<tr><td>应用</td><td colspan="3"></td><td colspan="3"></td></tr>
</table>

【通风方式对比分析】试结合所学知识，从特点和应用等方面比较、分析独立式通风和集中式通风的异同和优劣，同时利用 AI 工具优化对比。

任务评价

<table>
<tr><td colspan="3" rowspan="2">任务评价表</td><td>模块名称</td><td colspan="3">通风系统与空气管路系统</td></tr>
<tr><td>任务名</td><td colspan="3">电力机车通风系统总体认知</td></tr>
<tr><td>姓　名</td><td></td><td>班　级</td><td></td><td>学　号</td><td colspan="2"></td></tr>
<tr><td colspan="2">评分内容</td><td>标准分值</td><td>自我评分（20%）</td><td>小组评分（30%）</td><td>教师评分（50%）</td></tr>
<tr><td rowspan="2">任务准备</td><td>认真完成在线课程的学习</td><td>10</td><td></td><td></td><td></td></tr>
<tr><td>根据任务要求主动查找资料</td><td>10</td><td></td><td></td><td></td></tr>
<tr><td rowspan="6">任务实施</td><td>能清楚地领会任务内容及要求</td><td>5</td><td></td><td></td><td></td></tr>
<tr><td>能借助 AI 工具优化任务</td><td>10</td><td></td><td></td><td></td></tr>
<tr><td>能准确分析不同通风机的特点及应用情况</td><td>15</td><td></td><td></td><td></td></tr>
<tr><td>能准确分析不同通风系统的特点及应用情况</td><td>15</td><td></td><td></td><td></td></tr>
<tr><td>能在规定时间内完成任务</td><td>5</td><td></td><td></td><td></td></tr>
<tr><td>具有团队合作意识</td><td>5</td><td></td><td></td><td></td></tr>
<tr><td rowspan="3">任务总结</td><td>完成任务要求</td><td>5</td><td></td><td></td><td></td></tr>
<tr><td>任务完成质量</td><td>10</td><td></td><td></td><td></td></tr>
<tr><td>任务展示情况</td><td>10</td><td></td><td></td><td></td></tr>
<tr><td colspan="2">总　　分</td><td>100</td><td colspan="3"></td></tr>
</table>

任务 3.2　典型电力机车通风系统总体认知

任务目标

知识目标	熟悉 CR200J 动力车、HX$_D$1C、SS$_4$ 改型电力机车通风系统的组成
	熟悉 CR200J 动力车、HX$_D$1C、SS$_4$ 改型电力机车通风系统的特点
	熟悉 CR200J 动力车、HX$_D$1C、SS$_4$ 改型电力机车的通风走向
能力目标	能简述 CR200J 动力车、HX$_D$1C、SS$_4$ 改型电力机车通风系统的组成
	能简述 CR200J 动力车、HX$_D$1C、SS$_4$ 改型电力机车通风系统的特点
	能区分 CR200J 动力车、HX$_D$1C、SS$_4$ 改型电力机车通风系统的优劣
素质目标	激发对不同型号电力机车通风系统技术差异的探索热情
	培养严谨细致、实事求是的科学态度
	树立为铁路技术发展贡献力量的使命感

任务实施

想一想

（1）CR200J 动力车、HX_D1C、SS_4 改型电力机车的通风系统分别由什么组成？

（2）CR200J 动力车、HX_D1C、SS_4 改型电力机车通风系统的主要特点分别是什么？

（3）CR200J 动力车、HX_D1C、SS_4 改型电力机车的通风路径分别是什么？

学一学

微课视频

CR200J 动力车通风系统

3.2.1　CR200J 动力车通风系统

CR200J 动力车通风系统采用独立通风方式，主要由牵引电机通风支路、冷却塔通风支路、压缩机通风支路、辅助变压器柜通风支路、机械间通风支路和空调通风支路（在司机室内）（见图 3–2–1）。动力车设有通风冷却设备健康管理系统，可对牵引风机、冷却塔风机、辅助变压器柜风机等设备的风速、轴承温升及振动进行状态监控、数据采集及分析，可以为故障诊断、检修维护提供技术支持。

CR200J 动力车上需要进行通风冷却的主要部件有：牵引电机、油水散热器（主变压器油散热器和主变流器的纯水/防冻剂混合液散热器）、辅助变压器、主压缩机等。

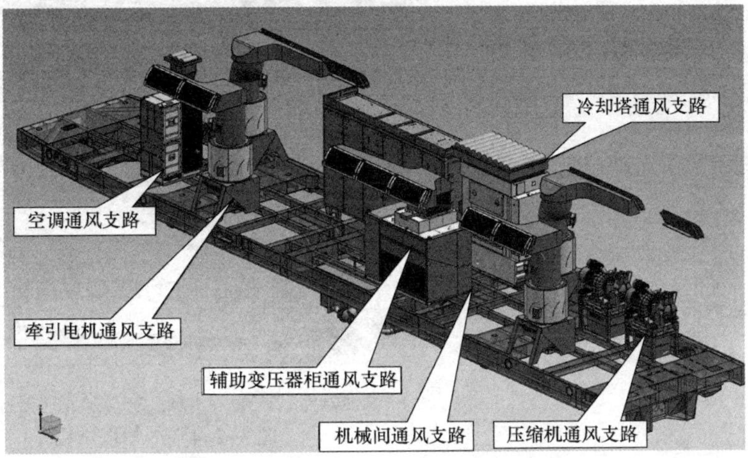

图 3–2–1　CR200J 动力车通风系统

机械间内通过机械间通风机向车内送风维持正压，可以有效防止车外灰尘、雨雪等杂物进入车内（见图 3–2–2）。

1. 牵引电机通风支路

牵引风机从车顶侧吸入冷却空气，冷却相应的牵引电机。每一台牵引电机用一台风机进行强迫通风冷却，动力车共有 4 台牵引风机。图 3–2–3 为牵引风机。

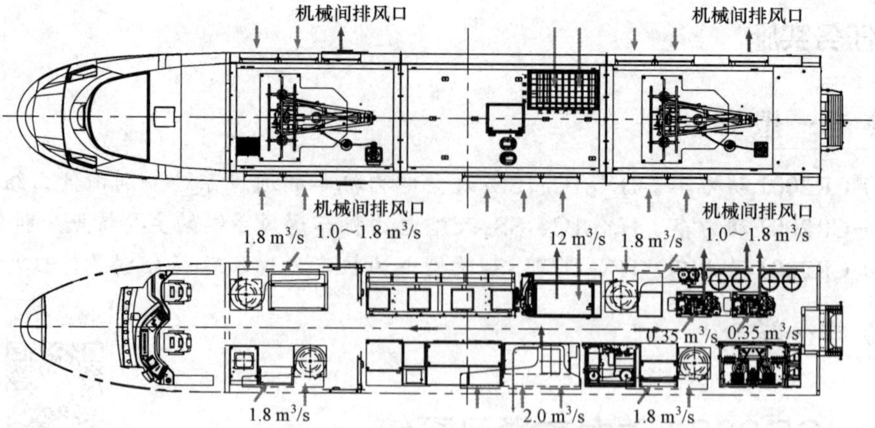

图 3-2-2　CR200J 动力车机械间通风

空气走向如下：车外空气→侧墙百叶窗→风道→牵引风机→车体台架风道支架→牵引电机软风道→牵引电机→车底大气。

2. 冷却塔通风支路

动力车有 1 个冷却塔，位于机械间内，主要用于牵引变流器和牵引变压器通风散热。图 3-2-4 为冷却塔结构。

图 3-2-3　牵引风机

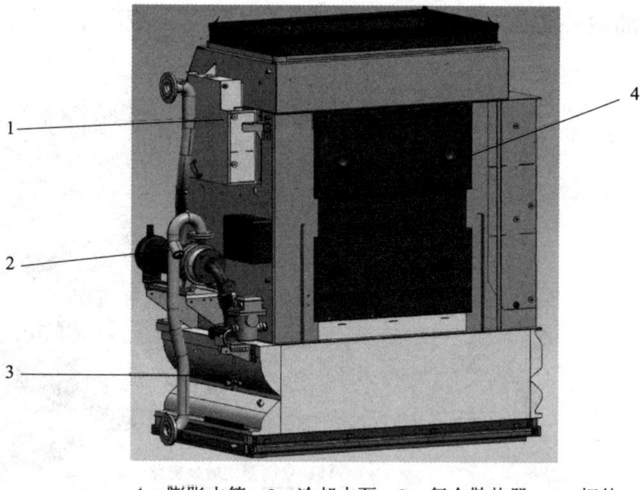

1—膨胀水箱；2—冷却水泵；3—复合散热器；4—柜体

图 3-2-4　冷却塔结构

冷却塔有两个独立的冷却回路，冷却塔通风支路的作用是冷却油水复合散热器，上部为牵引变流器水/防冻液散热器，用于牵引变流器的水冷却液回路，下部为牵引变压器油散热器，用于牵引变压器的油冷却液回路。图 3-2-5 为冷却塔冷却系统示意图。

两个冷却回路的冷却液在冷却塔中彼此独立地进行风冷。

冷却塔通风支路的作用是冷却油水复合散热器；油水复合散热器由主变流器水/防冻液散热器和主变压器油散热器组成。

空气走向为：车外空气→车顶过滤网→冷却塔风机→油水复合散热器→车底大气。

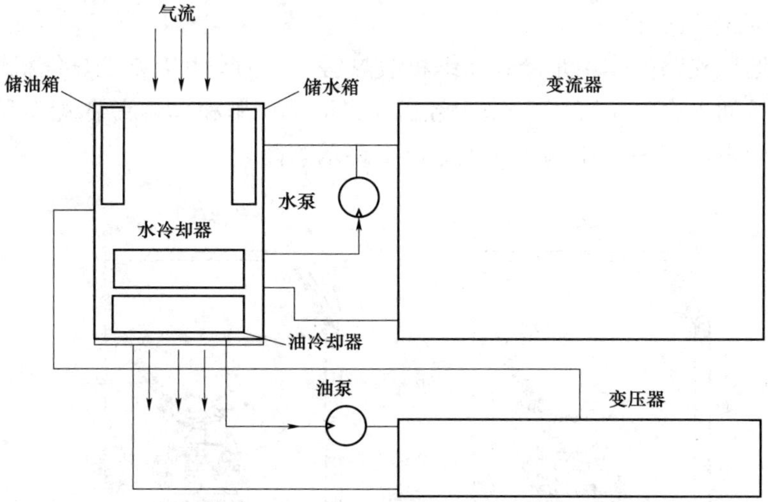

图 3-2-5　冷却塔冷却系统示意图

3. 辅助变压器柜通风支路

辅助变压器柜通风支路的作用是冷却辅助变压器，提供新风给机械间。动力车有1 个辅助变压器柜通风支路。

夏季冷空气从动力车外部通过百叶窗过滤器由辅助变压器柜风机吸入风道，经过旋风除尘器过滤后进入机械间，少量脏空气经车体底架排灰口排出车外。

冬季一部分冷空气从动力车外部通过百叶窗过滤器，一部分机械间内空气从风道旁风口，由辅助变压器柜风机吸入风道，经过旋风除尘器过滤后进入机械间，少量脏空气经车体底架排灰口排出车外。

辅助变压器通风采用机械间内循环，机械间内空气由辅助变压器风机吸入，冷却辅助变压器后排到机械间。图 3-2-6 为辅助变压器柜通风支路示意图。

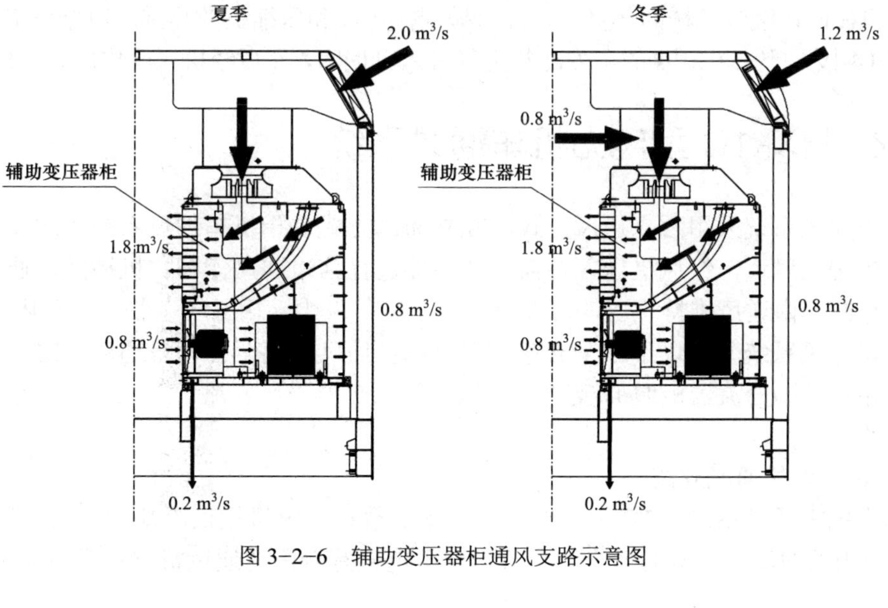

图 3-2-6　辅助变压器柜通风支路示意图

4. 压缩机通风支路

压缩机通风支路的作用是冷却压缩机散热器，动力车共有 2 个压缩机通风支路。

夏季机械间内空气（约 0.7 m^3/s）经压缩机散热风扇和车体底架风道排出车外，冬季排到机械间内。图 3–2–7 为压缩机通风支路示意图。

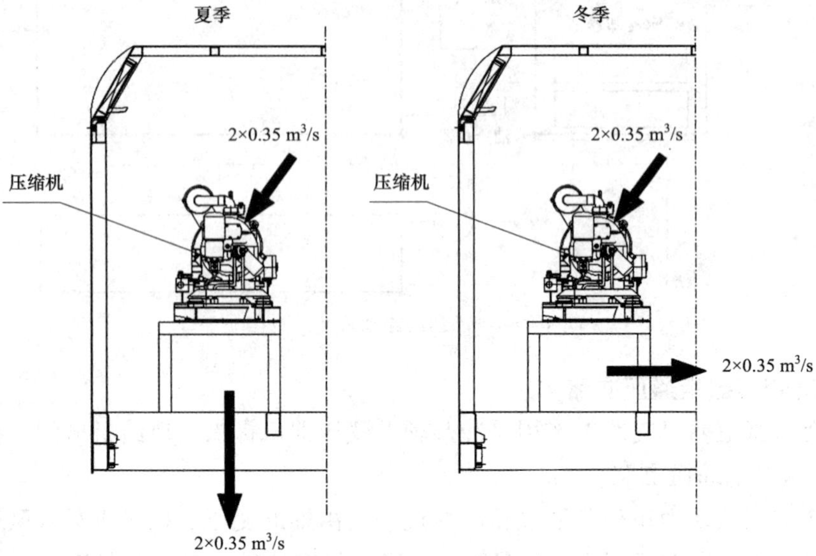

图 3–2–7　压缩机通风支路示意图

5. 机械间通风支路

机械间通风支路的作用是冷却机械间，使机械间温度维持在正常水平，同时起到维持机械间正压的作用。机械间正压可以有效防止车外灰尘、雨雪等杂物进入车内。

机械间风机电机采用 4/6 极电机，机车静止时风机为 6 极转速运行，有利于降低噪声。机械间通风支路采用冬夏季转换模式，夏季模式（4 极）：约 1.8 m^3/s 的车外冷却空气进入机械间，吸收机械间热量后，经机械间排风口和压缩机散热排风口排出车外。冬季模式（4 极）：约 1.0 m^3/s 的车外冷却空气进入机械间，然后经机械间排风口排出车外。

3.2.2　HX_D1C 型电力机车通风系统

整车通风系统采用独立通风方式。独立通风方式是指机车通风系统各通风支路都有独立的进风风道，经风机送入各需冷却部件进行强迫通风冷却。机械间内通过机械间通风机向车内送风维持正压，可以有效防止车外灰尘、雨雪等杂物进入车内。

整车通风系统分为以下 5 个支路：牵引电机通风支路、冷却塔通风支路、机械间通风支路、辅助变流器柜通 风支路、主压缩机散热器通风支路。下面主要介绍前 4 个通风支路。

1. 牵引电机通风支路

牵引电机通风系统为 HX_D1C 型电力机车 6 台牵引电机提供冷却空气。该型机车有 6 个完全相同的牵引电机通风支路，每台牵引电机有专门的通风机进行强迫通风冷却，冷风由侧墙上部斜面进风口吸入，经过风道后进入牵引电机，然后排向大气。进风口装有空气进口过滤器，能分离灰尘、雨、雪，以防止灰尘等进入牵引电动机内。图 3-2-8 为 HX_D1C 型电力机车牵引电机通风支路。

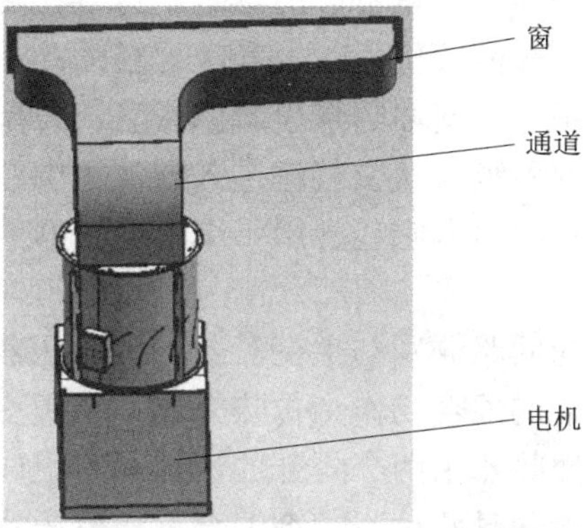

图 3-2-8　HX_D1C 型电力机车牵引电机通风支路

其通风支路冷却空气的走向为：环境大气→空气进口侧墙过滤器→风道→牵引通风机→风道支架→软风道→牵引电机→车底大气。

2. 冷却塔通风支路

机车装有 2 个冷却塔，位于机械间内。冷却塔冷却牵引主变流器和主变压器中相应的冷却剂。冷却塔有 2 个独立的冷却回路：牵引主变流器水冷却液回路和主变压器油冷却液回路。图 3-2-9 为 HX_D1C 型电力机车冷却塔通风支路示意图。

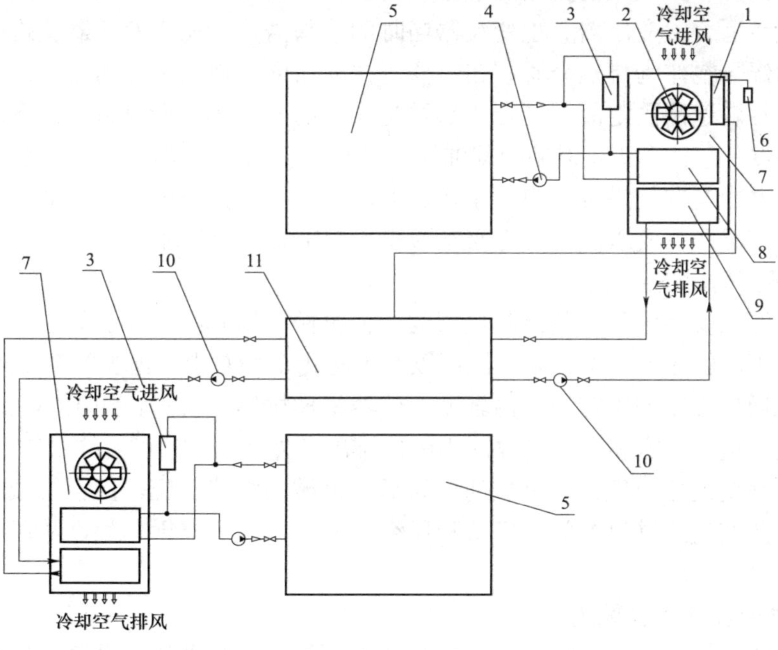

1—副油箱；2—风机；3—水箱；4—水泵；5—主变流器；6—干燥器；7—冷却塔；
8—水散热器；9—油散热器；10—油泵；11—主变压器

图 3-2-9　HX_D1C 型电力机车冷却塔通风支路示意图

两个冷却回路的冷却液在冷却塔中彼此独立地进行风冷。主冷风机从机车车顶进风口吸入环境空气，空气向下经过冷却塔，穿过复合散热器，最后经机车地板吹到路基。水冷却回路包含 1 个冷却水泵和 1 个膨胀箱，冷却水泵用于提供冷却水，膨胀箱用于自动通风及平衡冷却水热量引起的膨胀。可以在膨胀箱上的液位显示处通过膨胀箱中的漂浮开关检查冷却液液位。在 1 号冷却塔油冷却液回路中集成了一个副油箱和复合散热器，副油箱用于平衡油热量引起的膨胀。在副油箱上的液位指示器处可以检查油位。一个空气减湿器吸收从空气流进入副油箱中的湿气。冷却塔通过法兰直接连接到变流器水的入口和出口，它包含用于牵引逆变器的冷却管路及用于主变压器的冷却管路。

冷却塔通过各自的回路分别与主变流器和主变压器连接，在主变流器水冷却液回路中，使用水和防冻剂的混合物作为传热介质。在主变压器油冷却液回路中，传热介质为矿物油。整体的散热器由两个隔开的流体回路组成，一个空气隔离区贯穿整个散热器，这样就可防止泄漏时两种冷却剂混合。主变压器的热量通过油循环回路进入冷却塔散热器下层，主变流器的热量通过水循环回路进入冷却塔散热器上层。在冷却风机的作用下，冷却空气通过车顶进口处的进风栅格进入，从冷却系统的顶部流向底部。外界空气进入冷却塔后，先吸收水回路的热量，再吸收油回路的热量，然后排向车底大气，从而达到冷却主变流器和主变压器的目的。

冷却塔通风支路冷却空气的走向：环境空气→车顶进口处的进风栅格→主冷风机→板翅式复合散热器→车底大气。

冷却塔通风机驱动电机由辅助变流器提供变频、变压电源。机车控制系统根据变压器支路的油温和主变流器支路的水温，自动调节其运行电压和频率来改变风机的转速，以使风量适合主变压器和主变流器当时的冷却需要。在主变流器支路中，使用水和防冻剂的混合物作为传热介质；在主变压器支路中，使用矿物油为传热介质。水泵和油泵的运行转速是固定的。复合散热器是支路的专用热交换设备，主变流器的冷却水进入散热器上层，主变压器的冷却油进入散热器下层，主变流器和主变压器的热量，在复合散热器中与空气进行交换，使水、油冷却到要求的温度。被冷却后的水和油分别进入主变流器和主变压器，对主变压器和主变压器进行降温。

3. 机械间通风支路

机械间通风支路的作用是冷却机械间，使机械间温升维持在正常水平，同时起到维持机械间正压的作用。机械间正压可以有效防止车外灰尘、雨雪等杂物进入车内。

机械间通风支路的冷却空气由辅助变流器柜风机提供（每台约 1.0 m^3/s），冷却机械间后，经车顶通风窗和压缩机散热排风口排出车外。

通过辅助变流器柜风机向机械间放风后，机械间维持正压。由于机械间正压的作用，机械间热空气通过机械间排风口和压缩机散热排风口排出车外，从而起到了降低车内空气温度的作用。

4. 辅助变流器柜通风支路

辅助变流器柜内的风机将室外空气从侧墙上部进风口处的百叶窗经风道吸入，进入辅助变流器柜后，先冷却辅助变压器，随后进入旋风除尘器过滤。绝大部分清洁空气从通风口送入机械间，用于冷却机械间，小部分空气带着灰尘经过地板处的排灰口排到车外。送入车内的空气，吸收车内设备的热量后，大部分从侧墙斜面上的排风过滤器处排出到车外，少部分在空气压缩机开启时被吸入到空气制动系统内，通过压缩机的散热器直接排向车底。

辅助变流器柜通风支路冷却空气的走向为：环境空气→空气进口侧墙过滤器→风道→辅助变流器→柜风机→辅助变压器→

- 旋风除尘器过滤→机械间→车内设备→空气出口侧墙过滤器→车外大气
- 辅助变压器→车底大气
- 空气制动系统（间歇工作）

由于辅助变流器柜风机的作用，车内保持正压，通风支路给机车提供一个车内的空气循环，以保证车内温度、压力、风速等参数满足设计值要求，为机车内的设备提供一个适当的运行气候环境。送入机械间的空气，略大于从排风口排出的空气：送入空气量与排风口和制动系统所消耗的空气量之和的风量之差，通过机械间不严密处渗出，机械间的正压等于排风的阻力。辅助变压器柜风机以恒定频率工作，因此其风量是恒定的，有利于保证车内空气正压。

3.2.3　SS_4改型电力机车通风系统

SS_4 改型电力机车采用传统的车体通风方式、双走廊侧墙大面积双层 V 形百叶窗的进风方式，并使用无纺布材料的过滤器。每节车分为三大通风系统：牵引通风系统、主变压器通风系统和制动电阻柜通风系统，共设置 2 台离心式风机、3 台轴流式风机。SS_4 改型电力机车通风系统示意图如图 3-2-10 所示。

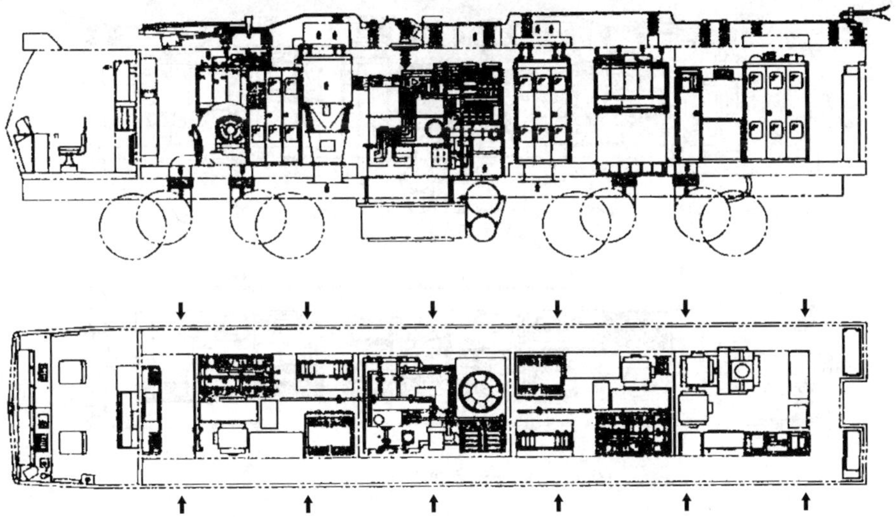

图 3-2-10　SS_4 改型电力机车通风系统示意图

1. 车体侧墙百叶窗和滤尘器

SS_4 改型电力机车采用双走廊侧墙大面积双层 V 形百叶窗进风，为了减轻重量，百叶窗采用铝合金材料，过滤器采用与 SS_1、SS_3 型电力机车相同的通风件，过滤器过滤材料由原来的天然棕丝胶合物全部改为无纺合成棉新材料，增强了耐冲洗度。过滤器每单元进风面积为 0.65 m^2，每节车有 22 块过滤器，送风面积为 14.3 m^2。图 3-2-11 为 SS_4 改型电力机车百叶窗进风口。

图 3-2-11　SS_4 改型电力机车百叶窗进风口

2. 三大通风系统

1）牵引通风系统

牵引通风系统的冷却对象为牵引电机、整流硅机组和 PFC 电容柜。每台机车上有 4 个牵引电机、2 个整流柜机组和 2 个 PFC 电容柜，分别位于 I 端电气室和 II 端电气室，所以每节机车的牵引通风系统有两个独立且完全相同的通风支路。其中一条通风支路从大面积的百叶窗进风，先进入位于 I 端电气室的 1 号整流硅机组，再进入 1 号硅机组下方的 PFC 电容柜，经过 1 号牵引离心式通风机，经过 1、2 号牵引电机，最终排向车底大气。

图 3-2-12 为牵引通风系统示意图。

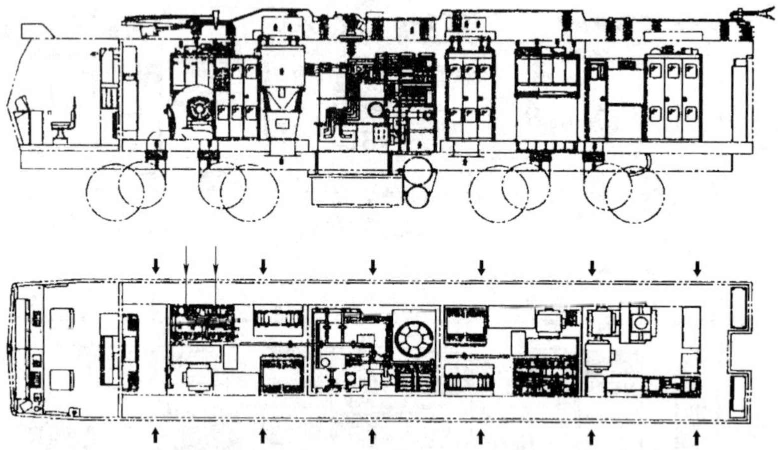

图 3-2-12　牵引通风系统示意图

另一条通风支路进风后，进入位于 II 端电气室的 2 号硅机组，再进入它下方的 PFC 电容柜，经 2 号牵引离心式通风机，经 3、4 号牵引电机，最终排向车底大气。在牵引通风系统中使用了 2 台离心式通风机，每节机车共 2 台。

2）主变压器通风系统

主变压器通风系统的冷却对象为位于主变压器室的主变压器和平波电抗器，每节机车上只有一个，两者共用油箱，采用 1 台轴流式通风机，所以主变压器通风系统仅有一个通风支路。

主变压器通风系统的冷却通路为：车外冷空气→侧墙百叶窗→滤尘网→主变压器油散热器→变压器通风机→车顶百叶窗→车顶大气。

图 3-2-13 为主变压器通风系统示意图。

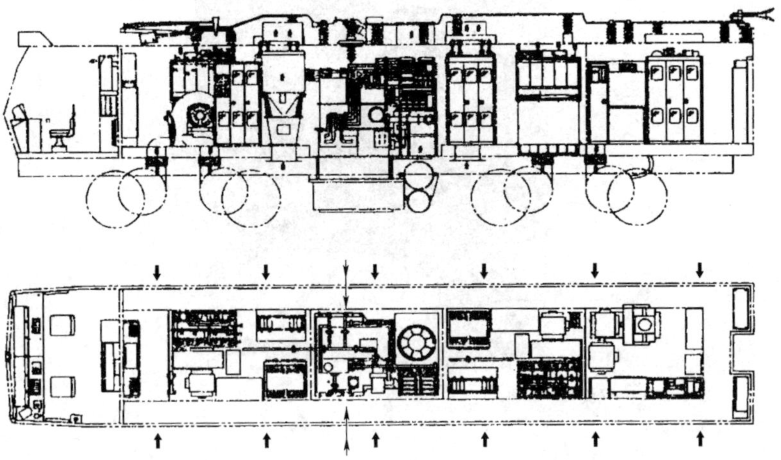

图 3-2-13　主变压器通风系统示意图

3）制动电阻柜通风系统

制动电阻柜通风系统的冷却对象为制动电阻柜，因为每台机车上有两个制动电阻柜，一个在Ⅰ端电气室，另一个在Ⅱ端电气室，所以每节机车制动电阻柜通风系统有两个独立且完全相同的通风支路，用轴流式通风机。

制动电阻柜通风系统的冷却通路为：车底冷空气→进风口（不过滤）→Ⅰ（Ⅱ）端制动通风机→风道→Ⅰ（Ⅱ）端制动电阻柜→车顶百叶窗→车顶大气。

图 3-2-14 为制动电阻柜通风系统示意图。

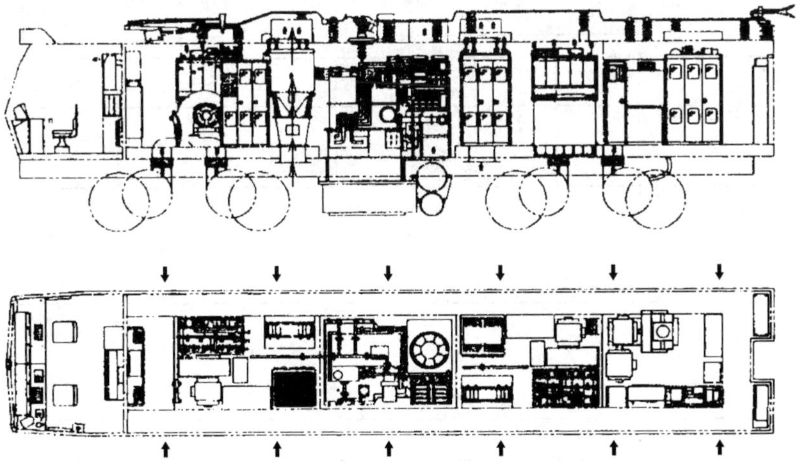

图 3-2-14　制动电阻柜通风系统示意图

做一做

任务清单			任务 3.2　典型电力机车通风系统总体认知		
姓　名		班　级		学　号	

【冷却塔】试写出 CR200J 型动力车的冷却塔结构，并简述其冷却原理及冷却回路。

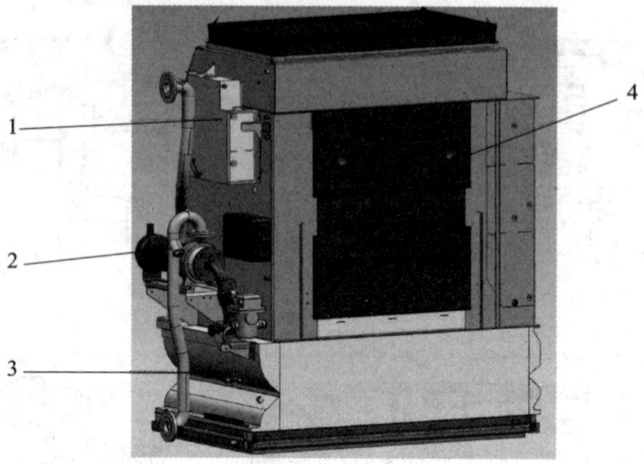

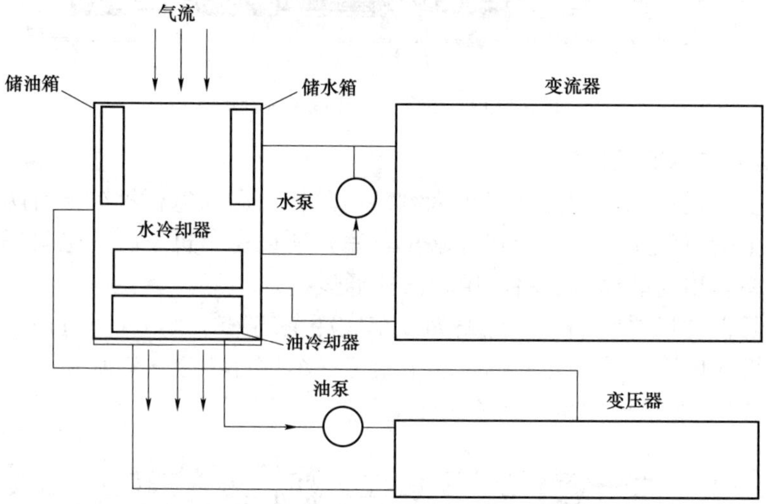

序号	1	2	3	4
结构名				
冷却原理				
空气走向				

【牵引电机通风对比分析】试结合所学知识，比较分析三代典型电力机车牵引电机通风特点及路径，并利用 AI 工具优化内容。

任务评价

任务评价表		模块名称	通风系统与空气管路系统		
		任务名	典型电力机车通风系统总体认知		
姓　名		班　级		学　号	
评分内容		标准分值	自我评分（20%）	小组评分（30%）	教师评分（50%）
任务准备	认真完成在线课程的学习	10			
	根据任务要求主动查找资料	10			
任务实施	能清楚地领会任务内容及要求	5			
	能借助 AI 工具优化任务	10			
	能准确地描述三代典型电力机车通风系统的组成	15			
	能完整区别三代典型电力机车通风系统的特点及异同	15			
	能在规定时间内完成任务	5			
	具有团队合作意识	5			
任务总结	完成任务要求	5			
	任务完成质量	10			
	任务展示情况	10			
总　分		100			

任务 3.3　HX$_{D}$1C 型电力机车通风系统的维检与装调

任务目标

知识目标	熟悉 HX$_{D}$1C 型电力机车通风机和冷却塔维检与装调的准备工作
	熟悉 HX$_{D}$1C 型电力机车通风机和冷却塔维检与装调的注意事项
	熟悉 HX$_{D}$1C 型电力机车通风机和冷却塔维检与装调的操作流程
能力目标	能编制 HX$_{D}$1C 型电力机车通风机和冷却塔维检与装调的工艺卡
	能按照工艺要求完成 HX$_{D}$1C 型电力机车通风机和冷却塔的维检与装调
	能结合实际优化改进 HX$_{D}$1C 型电力机车通风机和冷却塔维检与装调工艺卡
素质目标	培养观察能力和形象思维能力
	锻炼逻辑思维能力和团队协作能力
	具备精益求精的工匠精神

任务实施

想一想

（1）HX_D1C 型电力机车通风机和冷却塔的维检与装调需要准备哪些工具？

（2）在对 HX_D1C 型电力机车通风机和冷却塔进行维检与装调时需要注意什么？

（3）一般由哪些工种完成 HX_D1C 型电力机车通风机和冷却塔的维检与装调？具体是怎么操作的？

学一学

3.3.1 牵引通风机组的维检与装调

1. 主要设备及工量具、材料

1）主要设备及工量具

主要设备及工量具包括：天车、空气设备、交流电源试验台、电热烘箱、开口扳手、轴承拔出器、风叶拔装机、轴端螺栓专用扳手、手锤、挡圈钳、专用转子吊具、石棉手套、木锤、内外卡钳、塞尺、钳形电流表（1 500 A）、游标卡尺、兆欧表（500 V）、黄铜棒、外径千分尺、毛刷、点温计、工频耐压机、匝间耐压机、直流低电阻测量仪、绝缘电阻测试仪、手持式测振仪、三维测振仪、吸尘器、高压清洗机、烘焙炉、动平衡机、轴承压装机、叶轮压装工装。

2）主要材料

主要材料包括：煤油、酒精、棉丝、白布、白布带、砂布。

2. 技术要求

① 解体组装应使用专用工具，严禁猛打猛敲。

② 解体后的部件分类装入专用盒。

③ 主要部件必须轻拿轻放，避免因撞击而变形。

④ 接线板、接线柱间及对地绝缘电阻值不小于 10 MΩ。

⑤ 定子绕组对地耐压工频 1 700 V（新品为 2 000 V），1 min 无击穿闪络现象。

⑥ 额定工况下运转 30 min 后，轴承稳定温升不超过 50 K。

⑦ 接线板、接线盒不许有变形，螺孔完好，连接牢固。

⑧ 紧固件在安装完后需用扭力扳手进行检查（螺栓扭力见表 3–3–1），保证扭力值达到要求，安装螺栓需做好防松标记。

表 3–3–1　牵引通风机螺栓扭力表

螺栓（螺母）规格	M6	M8	M10	M12	M36
拧紧力矩/（N·m）	10	25	51	63	330

⑨ 定子绕组清洁，端部绑扎牢固，不许有破损，绝缘状态良好。引出线固定可靠，

外包绝缘良好，不许有过热、老化，断股不大于 5%。接线头平整，不许有过热及断裂现象，连接牢固。

⑩ 测量定子绕组三相冷态直流电阻，其值与设计值的偏差不许超过±4%。

⑪ 键与键槽不许有变形及严重损伤，键与键槽配合须符合限度表要求。

⑫ 轴承采用冷压安装；如果采用加热安装，加热温度不许超过 110 ℃，保温时间不少于 20 min。

⑬ 异步电动机在三相电源平衡时，其空载电流中任何一相与三相平均值的偏差不大于三相平均值的 10%，并不许超过出厂值的 10%，转速正常。

⑭ 主风筒清洁，不许有裂纹、缺损、变形，法兰止口、螺孔完好，各部须符合图样要求。叶轮清洁，不许有裂纹、缺损、变形，且与轴配合良好。轴头螺母不许有裂纹、缺损、变形，螺纹完好；更新防松垫圈。进风道清洁，不许有裂纹、缺损、变形；法兰止口、螺孔完好，安装尺寸正确。对油漆损伤处进行补漆，允许有色差。

⑮ 铭牌完好、清晰，安装牢固。

⑯ 出线护套不许有损坏。

⑰ 密封垫圈黏结牢固，不许有缝隙。

3. 检修过程

1）解体前检查

外观检查风机各部，用 500 V 兆欧表测量定子绕组对地绝缘电阻值并做记录。

2）解体

（1）拆解进风道、风叶及风筒。

① 用套筒扳手依次将进风道安装螺栓拆下，然后将铲刀插入进风道与风筒间，把密封垫及密封胶切开，起出进风道。

② 拆下风叶轴头紧固螺母，拆下防松垫圈。

③ 用专用风叶拔装机和千斤顶将风叶从轴颈上拔下（保护好轴端中心孔），卸下平键。

④ 从接线板上拆下电机引线，用铲刀将接线管防水接头与风筒接触处防水密封胶铲掉，拆下防水接头。

⑤ 拆下风机接地线，拆下风机电动机固定螺栓，用天车将风筒吊起并放置在指定位置。

⑥ 对于拆下的风机配件，先用铲刀清除残余密封胶，用砂布除锈，再用清洗机和专业清洗剂清洗风机表面灰尘等，用干净棉布将其擦洗干净。

（2）拆卸两端轴承外盖。

① 用套筒扳手将电机前端盖轴承外盖安装螺栓 M8×60 及垫圈拆下，取下轴承外盖；用同样的方法拆下电机后端盖上的轴承外盖。

② 用扳手把电机前、后端盖安装螺栓 M10×30 及垫圈卸下，再将螺栓装到端盖工艺孔上，顶出前后端盖。

（3）取转子。

用桥式起重机及引出转子工具将转子平行移出，注意移出时不要碰伤线圈和铁心。

（4）拆轴承内盖。

① 用卡钳取下轴承弹性挡圈，用轴承拔出器拔下前、后端轴承，取出前、后端轴承内盖。

② 将所卸下的零部件摆放整齐，正常情况下应保证原拆原装。

（5）定子清洗。

用 200～300 kPa 的干燥压缩空气，以风嘴距绝缘部分大于 150 mm 的距离吹扫电机各部。

3）检修

（1）定子检修。

① 耐压检测：用 500 V 兆欧表测量定子绕组对地及相间绝缘电阻，其值不小于 10 MΩ，否则应在（105±5）℃恒温下干燥 6 h，然后再次进行测量。对定子绕组对地做耐压试验，工频 1 700 V、历时 1 min 无击穿闪络现象。

② 清扫、检查接线盒、接线板，并用酒精清洗干净；检查接线板无裂纹、无放电灼伤等，否则修复或更换。接线折损面积不大于原形的 10%，接线柱螺栓、螺母、垫圈齐全合格，用 500 V 兆欧表测量接线板接线柱间及对地绝缘电阻，电阻值不小于 10 MΩ。

③ 测量定子绕组三相冷态直流电阻，其值与设计值的偏差不许超过±4%，绕组冷态直流电阻值：150 ℃设计值为（0.363 5±0.014 54）Ω。

④ 检查机座、端盖无裂纹、破损、变形，螺纹完好。

⑤ 检查定子铁心无位移、松动。

⑥ 定子绕组清洁，端部绑扎牢固，不许有破损，绝缘状态良好。引出线固定可靠，外包绝缘良好，不许有过热、老化，断股不大于 5%。接线头平整，不许有过热及断裂现象，连接须牢固。

⑦ 检查铭牌、方向标识完好、清晰。

⑧ 检查轴头紧固螺母，不许有裂纹、缺损、变形，且螺纹完好，防松垫圈不许有裂纹、缺损，且须符合有关技术要求。

⑨ 检查引线护套无破损、龟裂，接线折损面积不大于 5%，接线端子无过热现象。

⑩ 检查接线柱、螺母、垫圈齐全完好。

（2）检查前后端盖、轴承内外盖、风叶及轴承。

① 清洁、检查前后端盖及内外盖各部，无裂纹、缺损、变形。

② 与轴承配合须符合尺寸要求，过松时补修或更新（严禁滚花和加垫）。

③ 更新电机前、后端轴承。

④ 检查风叶无开焊与变形，轴孔光洁，键槽无拉伤，键、槽的尺寸符合技术要求。

（3）检查转子。

① 检查转子铁心无松弛、位移、缺损现象。

② 检查转子导条、端环无断条、开焊，铁心槽部无烧痕。

③ 检查转子铁心与定子铁心无摩擦痕迹。

④ 检查转轴无弯曲、变形、裂损，轴伸螺纹完好。

⑤ 检查转轴配合面应光洁，损伤超限或与轴承配合松旷时，允许采用镀层修复，

但不许焊修、嵌套。其拉伤面积不大于15%，其深度与轴径比不大于2%。

⑥ 检查转轴轴承挡及轴肩无毛刺、凹凸不平伤痕及锈斑，如有须用油光锉及细砂布打磨除去。

⑦ 键更新，键与键槽无变形及严重损伤，键与键槽配合为12N9。

⑧ 转子应做动平衡试验，转子允用不平衡量不得大于107 g • mm。

4）组装

（1）套装轴承。

① 测量轴承与轴承室尺寸，检查安装松紧程度符合配合要求。

② 将轴承内盖套装在轴上，用干净棉布将转子轴承挡擦拭干净，用毛刷涂抹一层机油。

③ 用轴承压装工装将合格轴承压装到电机轴上，将轴承弹簧挡圈卡入固定位置（装配时应注意次序，轴承上有字码的一面应朝外）。

（2）装转子。

用专用吊具，将转子平行移入定子内腔，不得碰伤线圈与铁心。

（3）端盖及轴承外盖组装。

① 将电机后端盖套到后轴承上，用铜棒轻轻敲击后端盖，使后端盖套装在轴承上。

② 将后端盖固定螺栓孔与电机座螺丝孔对齐，装上紧固螺栓并拧紧，装上轴承外盖，并用紧固螺栓拧紧。

③ 用同样的方法将前端盖及轴承外盖安装好，然后转动转子，检查是否灵活、有无擦声（注意安装轴承外盖时需在外盖安装面均匀涂抹一层防水密封胶）。

5）试验与附件组装

（1）试验前检查。

① 风机内外清洁，标记正确、清晰；附件齐全、完整，各紧固件紧固。

② 法兰、出线管和铭牌安装孔等部位防水胶密封良好。

③ 叶轮安装牢固，轴头螺母及防松垫圈不许有松动。叶轮转动灵活，叶轮与风筒间隙须符合限度表规定。

④ 接线方式正确，接线柱上各零件装配顺序正确、安装牢固，接线柱螺栓无滑扣，标号牌清晰、顺序正确。

⑤ 用500 V兆欧表测量定子绕组对地及相间绝缘电阻值并记录。

⑥ 用百分表测量电机轴伸端部分中点处的圆周跳动量，其值不大于0.05 mm；当电机跳动过大时应查明原因，并进行处理。

⑦ 检查组装好的电机各部件无异状，转动灵活，各紧固螺栓牢固。

（2）试验。

接通电源空载运行，启动2～3次一切良好，无剧烈振动、无异音异状，否则应立即断电，检查处理；测量三相空载电流，任一相与三相平均值之差应不大于10%。

（3）附件组装。

① 用干净棉布将电机轴与风叶轴孔擦拭干净，并将配键装到电机轴上，风叶键槽对准轴键，将风叶压装到电机轴上，装上止动垫圈及圆螺母并紧固，然后将止动垫圈的止动耳嵌入圆螺母槽内。

② 将进风道密封垫安装到风筒上，然后在进风道上沿螺栓均匀涂抹一层防水密封胶，将进风道安装到风筒对应位置上，注意检查进风道与风叶间隙，并将间隙调整均匀，旋转风叶并检查风叶间隙，装上六角螺母及垫圈并紧固。

③ 进风道无变形、裂纹，表面需清洁。

④ 整机试验。风机通电 30 min，观察风机运转状态。风机运行应无剧烈振动、无异音异状，风叶与风筒不许有摩擦现象。叶轮转向（风向）正确，转速正常。

6）限度表

牵引通风机限度见表 3–3–2。

表 3–3–2　牵引通风机限度表

序号	名　　称	原形	限度	
			C5 修	禁用
1	引线、连线截面缺损不大于/%		5	
2	电机绝缘电阻值不小于（500 V 兆欧表）		10	
	定子绕组对地及相间/MΩ			
	接线板接线柱间及对地/MΩ		50	
3	定子对地及相间耐压/kV	2	1.7	
4	轴配合面拉伤面积不大于/%		15	
	深度与直径比不大于		2	
5	轴伸部分中点处的圆周跳动量不大于/mm	0.06	0.15	
6	风叶跳动量不大于/mm		2	
7	风叶与风筒间隙不小于/mm	2～6	1～8	
8	振动值不大于/（mm/s）		4.5	

3.3.2　CAF868/560–1 型复合冷却器通风机组的维检与装调

HX_D1C 型电力机车共装有 2 台 CAF868/560–1 型复合冷却器通风机，主要作用是冷却主变流器和主变压器的水路与油路，从而带走主变流器和主变压器工作时产生的热量。

1. 主要设备及工量具、材料

1）主要设备及工量具

主要设备及工量具包括：天车、空气设备、交流电源试验台、电热烘箱、开口扳手、轴承拔出器、风叶拔装机、轴端螺栓专用扳手、手锤、挡圈钳、专用转子吊具、石棉手套、木锤、内外卡钳、塞尺、钳形电流表（1 500 A）、游标卡尺、兆欧表（500 V）、黄铜棒、外径千分尺、毛刷、点温计、工频耐压机、匝间耐压机、直流低电阻测量仪、绝缘电阻测试仪、手持式测振仪、三维测振仪、吸尘器、高压清洗机、烘焙炉、动平衡机、轴承压装机、叶轮压装工装。

2）主要材料

主要材料包括：煤油、酒精、棉丝、白布、白布带、砂布、密封橡胶垫、SKF6312-2RS1/C3 轴承。

2. 技术要求

① 解体组装应使用专用工具，严禁猛打猛敲。

② 解体后的部件分类装入专用盒。

③ 主要部件应轻拿轻放，避免因撞击而变形。

④ 接线板、接线柱间及对地绝缘电阻值不小于 10 MΩ。

⑤ 定子绕组对地耐压工频 1 700 V（新品为 2 000 V），1 min 无击穿闪络现象。

⑥ 额定工况下运转 30 min 后，轴承稳定温升不超过 50 K。

⑦ 紧固件在安装完后需用扭力扳手进行检查（螺栓扭力见表 3-3-3），保证扭力值达到要求，安装螺栓需做好防松标记。

表 3-3-3　油水复合冷却器风机螺栓扭力矩表

螺栓（螺母）规格	M6	M8	M10	M12
拧紧力矩/（N·m）	10	25	51	63

⑧ 定子绕组清洁，端部绑扎牢固，不许有破损，绝缘状态良好。引出线固定可靠，外包绝缘良好，不许有过热、老化，断股不大于 5%。接线头平整，不许有过热及断裂现象，连接须牢固。

⑨ 测量定子绕组三相冷态直流电阻，其值与设计值的偏差不许超过±4%。

⑩ 键与键槽不许有变形及严重损伤，键与键槽配合须符合限度表要求。

⑪ 轴承安装采用冷压安装，如果采用加热安装，加热温度不许超过 110 ℃，保温时间不少于 20 min。

⑫ 异步电动机在三相电源平衡时，其空载电流中任何一相与三相平均值的偏差不大于三相平均值的 10%，并不许超过出厂值的 10%，且转速正常。

⑬ 前后导风筒组外观结构无明显变形、裂缝等，表面喷塑完整、无损伤，前导风筒组法兰上各安装孔完好；叶轮清洁，不许有裂纹、缺损、变形，与轴配合良好，叶轮残余不平衡量不大于 698 g • mm；更新防松垫圈；对油漆损伤处进行补漆，允许有色差。

⑭ 铭牌完好、清晰，安装牢固。

⑮ 出线护套不许有损坏。

⑯ 密封垫圈黏结牢固，不许有缝隙。

3. 检修过程

检修过程如图 3-3-1 所示。

图 3-3-1　检修过程

1）解体

① 外观检查风机各部，用 500 V 兆欧表测量定子绕组对地绝缘电阻值并记录。

② 用套筒扳手依次将前导风筒组、后导风筒组之间的连接螺栓拆除，将前导风筒组吊起并放置到一边。

③ 拆下风叶防尘板固定螺栓，取下风叶防尘板。

④ 将止动垫圈止动耳敲平，拆下风叶轴头螺母，取下防松垫圈。

⑤ 用风叶拔出工装和千斤顶将风叶从轴颈上拔下，卸下平键。

⑥ 拆下风机接地线，拆下电机支撑杆，拆下风机电动机固定螺栓，用天车将后导风筒组吊起并放置到一边。

⑦ 将拆下的风机配件先用铲刀清除残余密封胶，用砂布除锈，用清洗机和专业清洗剂清洗风机表面灰尘等，用干净棉布将其擦洗干净。

⑧ 用套筒扳手将电机前端盖轴承外盖安装螺栓及垫圈拆下，取下轴承外盖，同样方法拆下电机后端盖上的轴承外盖。

⑨ 用扳手把电机前、后大端盖安装螺栓及垫圈卸下，再将螺栓装到端盖工艺孔上，顶出前后端盖。

⑩ 用桥式起重机及引出转子工具将转子平行移出，注意移出时不应碰伤线圈和铁心。

⑪ 用卡钳取下轴承弹性挡圈，用轴承拔出工装拔下前、后端轴承，取出前后端轴承内盖。

⑫ 将卸下的零部件摆放整齐，应保证原拆原装。

2）检修

（1）定子检修。

① 用 200～300 kPa 的压缩空气吹扫定子、转子，风嘴距离绝缘表面大于 150 mm，并用棉布蘸汽油将定子擦拭干净。

② 检查机座、端盖无裂纹、无破损、无变形，螺纹完好。

③ 端盖止口与机座止口、轴承与轴承室的配合不应有松旷。

④ 定子铁心紧固，螺钉无松动，铁心无偏移、缺损、烧损，槽楔紧固无裂损。

⑤ 定子绕组清洁，端部绑扎牢固、无破损，绝缘无老化、破损。引出线固定可靠，外包绝缘无过热、老化，断股不大于 5%。接线头无过热、变形及裂损现象，连接牢固。

⑥ 检查轴头紧固螺母无裂纹、缺损、变形，螺纹完好，防松垫圈无裂纹、缺损。

⑦ 用 500 V 兆欧表测量定子绕组对地绝缘电阻，其值不小于 10 MΩ，否则应在（105±5）℃恒温下干燥 6 h，然后再进行测量。

⑧ 对定子绕组对地做耐压试验，工频 1 700 V、历时 1 min 无击穿闪络现象。

⑨ 测量定子绕组三相冷态直流电阻，其值与设计值的偏差不超过±4%，绕组冷态直流电阻值：150 ℃设计值是 0.221（1±4%）Ω。换算公式为

$$R_1 = \frac{R_2(T + \Delta t_1)}{T + \Delta t_2}$$

式中：R_1 ——150 ℃时绕组直流电阻值（Ω）；

T ——绕组导体在 0 ℃时温度系数的倒数，T =235；

Δt_1 ——设计温度，Δt_1=150 ℃；

Δt_2 ——实际温度（℃）。

R_2 ——实际测量的绕组直流电阻值（Ω）；

（2）转子检修。

① 检查转子铁心无位移、烧损、机械碰伤，与轴配合无松动；导条及端环无断裂、局部过热烧痕。

② 检查转子铁心与定子铁心无摩擦痕迹。

③ 检查转轴无弯曲、变形、裂损，轴伸端螺纹完好。

④ 检查转轴，配合面应光洁，损伤超限或与轴承配合松旷时，允许采用镀层修复，但不应焊修、嵌套。其拉伤面积应不大于 15%，其深度与轴径比应不大于 2%。

⑤ 检查转轴，轴承挡及肩胛应无毛刺、凹凸不平伤痕及锈斑，如有应用油光锉及细砂布打磨除去。

⑥ 键更新，键与键槽不许有变形及严重损伤。

⑦ 平衡块无松动、脱落。

⑧ 转子及风扇应做动平衡试验，转子允用不平衡量不得大于 560 g • mm。叶轮不大于 698 g • mm。

（3）检查端盖、轴承内外盖、风叶及轴承。

① 检查端盖、轴承内外盖，各部应无裂纹、缺损、变形，叶轮外圆跳动量及端面跳动量应符合限度。

② 与轴承配合良好，过松时应补修或更新（严禁滚花和加垫）。

③ 更新电机前、后端轴承。

④ 检查风叶无裂纹、缺损与变形，叶轮外圆跳动量不超限；轴孔光洁；键槽无拉伤。

（4）检查前、后导风筒组。

检查前、后导风筒组，应无变形、裂损。

3）组装

（1）套装轴承。

① 测量轴承与轴承室尺寸，安装松紧程度应符合配合要求。

② 将轴承内盖套装在轴上，用干净棉布将转子轴承挡擦拭干净，用毛刷涂抹一层机油。

③ 用轴承压装工装将合格轴承压装到电机轴上，将轴承弹簧挡圈卡入固定位置（装配时应注意次序，轴承上有字码的一面应朝外）。

（2）装转子。

用专用吊具将转子平行移入定子内腔，不得碰伤线圈与铁心。

（3）端盖及轴承外盖组装。

① 将电机后端盖套到后轴承上，用铜棒轻轻敲击后端盖，使后端盖套装在轴承上。

② 将后端盖固定螺栓孔与电机座螺丝孔对齐，装上紧固螺栓并拧紧，装上轴承外盖，并紧固安装螺栓。

③ 用同样的方法将前端盖及轴承外盖安装好，然后转动转子，检查是否灵活、有无擦声（注意安装轴承外盖时，需在外盖安装面均匀涂抹一层防水密封胶）。

4）检查与试验

① 风机内外清洁，标记正确、清晰；附件齐全、完整，各紧固件紧固。

② 法兰、出线管和铭牌安装孔等部位防水胶密封良好。

③ 叶轮安装牢固，叶轮转动灵活，叶轮与风筒间隙应符合限度表规定。

④ 接线方式正确，标号牌清晰、顺序正确。

⑤ 用 500 V 兆欧表测量定子绕组对地绝缘电阻值并符合要求。

⑥ 用百分表测量电机轴伸端部分中点处的圆周跳动量，其值应不大于 0.05 mm；当电机跳动过大时应查明原因并进行处理。

⑦ 检查组装好的电机，各部应无异状，转动灵活，各紧固螺栓牢固。

⑧ 接通电源空载运行，启动 2～3 次一切良好，无剧烈振动、无异音异状，否则立即断电，并检查处理；测量三相空载电流，任一相与三相平均值之差应不大于 10%。

5）风叶及前导风筒组装

① 用干净棉布将电机轴与风叶轴孔擦拭干净并均匀涂抹一层油脂，将配键槽表面均匀涂抹一层油脂，将配键装入配键槽内，风叶键槽对准轴键，将风叶压装到电机轴上，装上止动垫圈及圆螺母并紧固，将止动垫圈的止动耳嵌入圆螺母槽内。

② 风叶防尘板安装面上均匀涂抹一层防水密封胶，转动风叶，检查后导风筒组与风叶间隙应符合技术要求。

③ 将前导风筒组吊放到后导风筒组上，对准安装螺丝孔，装上安装螺栓并紧固。

④ 风机在额定工况下通电试验 30 min，运转平稳，无异音，风叶与风筒无摩擦现象。叶轮转向（风向）正确，转速正常。

6）限度表

表 3-3-4 为 CAF868/560-1 型复合冷却器通风机限度表。

表 3-3-4　CAF868/560-1 型复合冷却器通风机限度表

序号	名称	原形	限度	
			C5 修	禁用
1	引线、连线截面缺损不大于/%		5	
2	电机绝缘电阻值不小于（500 V 兆欧表）			
	定子绕组对地/MΩ		10	
	接线板接线柱间及对地/MΩ		50	
3	定子对地及相间耐压/kV	2	1.7	
4	轴配合面拉伤面积不大于/%		15	
	深度与直径比不大于		2	

续表

序号	名称	原形	限度	
			C5 修	禁用
5	轴伸部分中点处的圆周跳动量不大于/mm	0.06	0.15	
6	风叶跳动量不大于/mm		2	
7	风叶与风筒间隙/mm	2～5	1～7	
8	振动值不大于/（mm/s）		4.5	

3.3.3 冷却塔（LQT-004）的维检与装调

1. 基本技术要求

① 复合冷却器水路管道不许有泄漏，连接螺栓不许有松动、锈蚀。

② 清洗水路过滤器。

③ 进风道外焊接处不得开裂，安装螺栓无松动，胶皮不得破损，连线连接牢固。

④ 加油接头不许有泄漏，油标位置正确。

⑤ 水位观察窗不许有裂损、泄漏。

⑥ 除湿器干燥剂变色不超过三分之一。

⑦ 副油箱管道接头不许有泄漏、锈蚀。

⑧ 副油箱油位观察窗外观不许有油污、泄漏、表面划伤，玻璃管不许有裂纹，刻度清晰。

⑨ 散热器外翅片倒伏面积不超过总面积的 10%，水路、油路不许有泄漏。

⑩ 金属软管不许有磨损、压扁、泄漏。

⑪ 补油到油位显示高于环境温度 10 ℃的位置。

2. 主要设备及工量具、材料

1）主要设备及工量具

主要设备及工量具包括：大功率吸尘器、手锤、尖嘴钳、螺丝刀、毛刷、冷却液冰点检测仪、通风量检测仪。

2）主要材料

主要材料包括：清洁剂、白布。

3. 检查过程

1）清洁

① 清洁前，先检查复合冷却器散热器无油、水污染现象，如有，应查明原因。

② 用吸尘器对冷却器表面存有的灰尘、树叶、昆虫等进行吸尘，使表面无杂物。

③ 用尼龙毛刷对冷却器表面进行刷洗，清除冷却器表面污垢。

④ 用高压水泵和喷嘴垂直对冷却器芯体的空气翅片进行清水冲洗，喷嘴距冷却器上表面 30～40 mm，直至冷却器下表面流出清水为止。

⑤ 清洁复合冷却器其他部位。

2）检查

① 检查并修复散热器倒伏外翅片，外翅片倒伏面积不超过总面积的 10%。

② 检查膨胀水箱无泄漏、表面损伤、变形，水位表玻璃管无裂纹和损伤。

③ 检查水位开关的“警告”“报警”功能正常。

④ 检查副油箱、水泵、油水管路及法兰、接头、水阀固定牢靠，无渗漏、锈蚀。

⑤ 检查吸湿器，表面应清洁，观察玻璃无裂损；更新干燥剂。

⑥ 检查油位表无泄漏、表面损伤、变形，油位表玻璃管清洁、无裂纹，刻度清晰，油位正常。

⑦ 检查接线盒接线正确、无变形，接线板及接线连接紧固，无松动、过热、烧损、断线。

⑧ 测量风机、水泵绝缘值。用 500 V 兆欧表测量接线板接线柱间及对地绝缘电阻不小于 10 MΩ。检查水泵外观，用 500 V 兆欧表测量对地绝缘电阻，其值应不小于 10 MΩ。

⑨ 检查冷却塔内部接地线、冷却塔与车体之间连接良好。

⑩ 对散热器进行气密性试验。

⑪ 清洗水过滤器，检查过滤器及滤芯无损坏。

⑫ 更新损坏的密封件、紧固件，更新水箱进水金属软管、逆变器进水金属软管。

⑬ 更换冷却液。

⑭ 机车通电试验时，检查水泵运行正常，各油水管路及接头、法兰无渗漏；检测散热器风速应不小于 10 m/s。

做一做

<table>
<tr><td colspan="3">任务清单</td><td colspan="5">任务 3.3　HX$_{D}$1C 型电力机车通风系统的维检与装调</td></tr>
<tr><td>姓　名</td><td colspan="2"></td><td>班　级</td><td></td><td colspan="2">学　号</td><td></td></tr>
<tr><td colspan="2">工具名称</td><td colspan="2">工具数量</td><td colspan="2">工具规格</td><td colspan="2">工具要求</td></tr>
<tr><td colspan="2"></td><td colspan="2"></td><td colspan="2"></td><td colspan="2"></td></tr>
<tr><td colspan="2"></td><td colspan="2"></td><td colspan="2"></td><td colspan="2"></td></tr>
<tr><td colspan="2"></td><td colspan="2"></td><td colspan="2"></td><td colspan="2"></td></tr>
<tr><td colspan="4">安全要求</td><td colspan="4">操作注意事项</td></tr>
<tr><td colspan="4"></td><td colspan="4"></td></tr>
<tr><td colspan="8">工序流程</td></tr>
<tr><td colspan="2">工序名称</td><td colspan="5">作业过程</td><td>工种</td></tr>
<tr><td colspan="2"></td><td colspan="5"></td><td></td></tr>
<tr><td colspan="2"></td><td colspan="5"></td><td></td></tr>
<tr><td colspan="2"></td><td colspan="5"></td><td></td></tr>
<tr><td colspan="2"></td><td colspan="5"></td><td></td></tr>
<tr><td colspan="2"></td><td colspan="5"></td><td></td></tr>
</table>

任务评价

任务评价表		模块名称	通风系统与空气管路系统		
		任务名	HX$_{D}$1C 型电力机车通风系统的维检与装调		
姓　名		班　级		学　号	
评分内容		标准分值	自我评分（20%）	小组评分（30%）	教师评分（50%）
任务准备	认真完成在线课程的学习	5			
	根据任务要求主动查找资料	5			
	完成通风系统的维检与装调工艺卡	10			
任务实施	能清楚地领会任务内容及要求	5			
	劳保用品穿戴齐备，错扣 2 分 防护措施是否到位，错扣 2 分 工具准备是否到位，错扣 2 分	10			
	作业顺序出现差错扣 5 分 弹簧或卡簧飞出扣 5 分 拆卸时伤及铜件扣 5 分 分解时损伤密封件扣 5 分 工具选择不合理扣 5 分	20			
	在规定时间内完成任务	5			
	具有团队合作意识	5			
任务总结	完成任务要求	5			
	任务完成质量： 零部件齐全，错漏扣 2 分/个； 各零部件未分类放置，扣 2 分/个； 未按规定程序进行作业扣 2 分	15			
	任务展示情况： 工具、仪表、设备等摆放不整齐，扣 2 分/个； 作业完成后未整理工具、清洁现场扣 2 分； 没有穿戴安全防护用品，作业防护项目不齐全，扣 2 分/处	15			
总　　分		100			

任务 3.4 电力机车空气管路系统总体认知

任务目标

知识目标	熟悉电力机车空气管路的组成和特点
	熟悉风源系统的组成和特点
	熟悉控制管路系统的组成和特点
能力目标	能简述电力机车空气管路的组成和特点
	能简述风源系统的组成和特点
	能简述控制管路系统的组成和特点
素质目标	激发对电力机车空气管路系统的探索兴趣
	培养严谨认真、一丝不苟的科学态度
	树立为保障铁路运输安全贡献力量的信念

任务实施

想一想

（1）什么是空气管路系统？空气管路系统由哪些组成？

（2）风源系统的作用是什么？

（3）控制管路系统的作用是什么？

微课视频

空气管路系统结构原理认知

学一学

3.4.1 空气管路系统组成

空气管路系统又称风力系统，是电力机车的重要组成部分，直接关系到机车的运行安全。按照原理和功能，空气管路系统可划分为风源系统、控制管路系统、辅助管路系统和制动机系统四大部分，其中制动机系统是机车压缩空气用量最大、结构原理较为复杂的一个系统，本书中不予介绍。

3.4.2 风源系统总体认知

1. 风源系统的作用

目前国内机车车辆制动系统均采用压缩空气作为动力源，而且机车上高压电器设备、辅助设备均需要压缩空气作为动力。风源系统的作用就是为列车空气制动系统生产压缩空气。为了满足机车和车辆用风设备对压缩空气高质量、稳定性和安全性的要求，需要通过一组设备来实现这些功能，完成这些功能的设备组合在一起就称为风源系统。

电力机车的风源系统主要负责生产并提供全车气动器械及机车、列车制动机所需的高质量、洁净、干燥和稳定的压缩空气。机车风源系统的工作流程一般可分为4个环节，即压缩空气的生产、压缩空气的净化、压缩空气的储存和压缩空气的压力控制。

1）压缩空气的生产

压缩空气的生产是由空气压缩机组吸收、压缩标准大气压下的空气来完成的。

2）压缩空气的净化

压缩空气的净化主要是为了使全列车得到高质量的、洁净的压缩空气，通过空气干燥器和各种类型的过滤器及排污、排水装置来实现。

3）压缩空气的储存

为了保证压缩空气在使用过程中保持相对稳定，在机车上设置总风缸来储存经过干燥净化的压缩空气。

4）压缩空气的压力控制

为了使总风缸的压力变化在一定的范围内，设置压力控制器来控制总风缸压力。当总风缸压力低于一定值时启动空气压缩机组，当总风缸压力高于一定值时停止空气压缩机组工作。为了保证压缩空气管路系统的安全可靠，通过高压安全阀喷风报警来提醒司机主动停止空气压缩机组工作。

2. 风源系统的组成

风源系统通常由主空气压缩机组、总风缸、空气压力控制器、空气干燥器、无负载启动电空阀、止回阀等部件组成。

1）主空气压缩机组

主空气压缩机组包括主空气压缩机及其驱动电机，用于生产具有较高压力的压缩空气，供全车空气管路系统使用。

2）总风缸

总风缸主要用于储存压力空气，经总风缸管向空气管路系统供风。

3）空气压力控制器

空气压力控制器可以根据总风缸的压力变化，自动控制空气压缩机的工作，保持总风缸压力空气的压力在一定范围内。

4）空气干燥器

空气干燥器主要用于去除主空气压缩机组生产出的压力空气中的油、水、尘及机械杂质。

5）无负载启动电空阀

无负载启动电空阀主要用于减小主空气压缩机组在启动过程中的启动负载，保证主空气压缩机组顺利启动。

6）止回阀

止回阀主要用于限制压力空气的流向。

3.4.3 控制管路系统总体认知

电力机车控制管路系统提供受电弓、主断路器及高压柜内转换开关、电空接触器等机车气动电器在不同工况下所需的压缩空气，保证机车的安全和正常使用。

① 受电弓的升起和保持状态，需要压缩空气来完成。

② 主断路器的分合闸动作由压缩空气控制。

③ 高压电器柜：给转换开关、电空接触器等提供压缩空气，以实现正常转换。

④ 门联锁阀（钥匙开关箱）：在受电弓升起时，依靠压缩空气将门联锁阀把带有高压电的机械间门插住，防止乘务人员误进入。

传统的控制管路系统采用两个换向阀在不同工况下自动转换风源。换向阀受质量和本身结构及管路中安装位置的影响，极易造成“顶牛”故障，影响控制管路系统的正常使用，而且控制风缸前膜板塞门是橡胶密封塞门，也容易损坏。

3.4.4 辅助管路系统总体认知

机车辅助管路系统由风喇叭、刮雨器、撒砂装置等辅助设备和相应控制部件所组成，主要用于改善机车运行条件，确保行车安全。

做一做

任务清单			任务 3.4　电力机车空气管路系统总体认知		
姓　名		班　级		学　号	

【头脑风暴】结合所学知识，用思维导图绘制出空气管路系统的组成及其功能，并利用 AI 工具优化思维导图。

【原理分析】试分析空气管路系统是如何给下列电器设备提供压缩空气的。

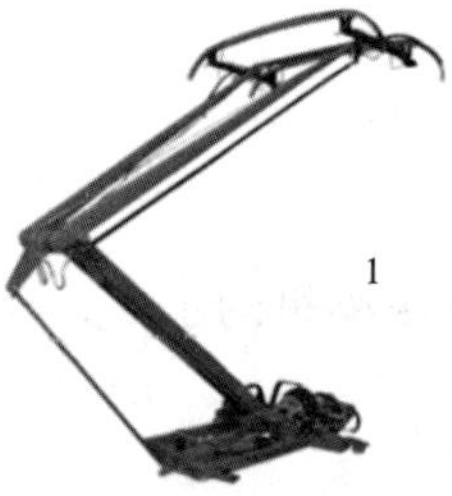

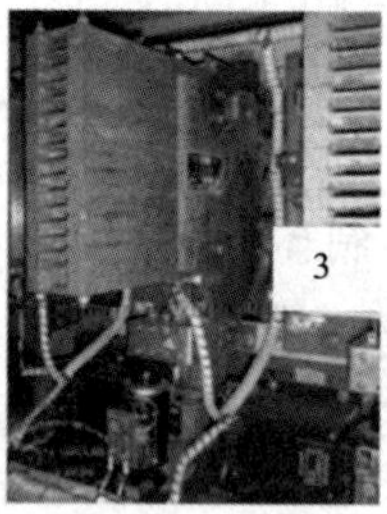

序号	电器名称	分析
1		
2		
3		
4		

任务评价

任务评价表		模块名称	通风系统与空气管路系统		
		任务名	电力机车空气管路系统总体认知		
姓　名		班　级		学　号	
评分内容		标准分值	自我评分（20%）	小组评分（30%）	教师评分（50%）
任务准备	认真完成在线课程的学习	10			
	根据任务要求主动查找资料	10			
任务实施	能清楚地领会任务内容及要求	5			
	能借助 AI 工具优化任务	10			
	能准确分析空气管路系统的组成及特点	15			
	能准确分析空气管路系统提供洁净压缩空气的原理	15			
	在规定时间内完成任务	5			
	具有团队合作意识	5			
任务总结	完成任务要求	5			
	任务完成质量	10			
	任务展示情况	10			
总　　分		100			

任务 3.5　典型电力机车空气管路系统总体认知

任务目标

知识目标	熟悉 CR200J 动力车、$HX_{D}1C$、SS_4 改型电力机车空气管路系统的组成
	熟悉 CR200J 动力车、$HX_{D}1C$、SS_4 改型电力机车空气管路系统的特点
	熟悉 CR200J 动力车、$HX_{D}1C$、SS_4 改型电力机车的气路走向
能力目标	能简述 CR200J 动力车、$HX_{D}1C$、SS_4 改型电力机车空气管路系统的组成
	能简述 CR200J 动力车、$HX_{D}1C$、SS_4 改型电力机车空气管路系统的特点
	能区分 CR200J 动力车、$HX_{D}1C$、SS_4 改型电力机车空气管路系统的优劣
素质目标	激发对不同型号电力机车空气管路系统技术差异的探索热情
	培养严谨细致、实事求是的科学态度
	树立为铁路技术发展贡献力量的使命感

任务实施

想一想

（1）CR200J 动力车、HX_D1C、SS_4改型电力机车的空气管路系统分别由什么组成？

（2）CR200J 动力车、HX_D1C、SS_4改型电力机车空气管路系统的主要特点分别是什么？

（3）CR200J 动力车、HX_D1C、SS_4改型电力机车空气管路系统的气路走向分别是怎样的？

学一学

微课视频

CR200J 动力车风源系统

3.5.1 CR200J 动力车风源系统

CR200J 动力车风源系统是制动及供风系统的基础，它为动力与车辆制动控制系统及全列车气动辅助装置提供稳定洁净的压缩空气。

动力车风源系统分为两个相对独立的部分：一部分为主压缩机、空气干燥器、总风缸等组成的主风源系统；另一部分为辅助压缩机组（包括辅助空气干燥系统）、升弓风缸及连接管路等组成的辅助风源系统。

1. 主风源系统

主风源系统可分为压缩空气的生产、压力控制、净化处理、储存、风源保护等环节，其原理如图 3-5-1 所示。

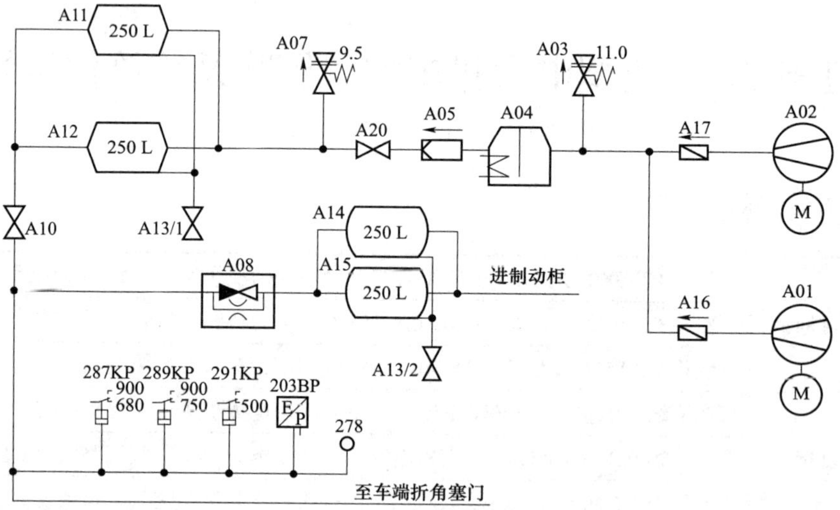

A01/A02—主压缩机；A17/A16—逆流止回阀；A03—高压安全阀（11 bar）；A04—空气干燥器；A05—微油过滤器；278—总风压力测试口；A07—高压安全阀（9.5 bar）；A08—止回阀；A10—截断塞门；A11/A12—第一总风缸；A13/1、A13/2—总风缸排水阀；A14/A15—第二总风缸；A20—截断塞门；287KP、289KP、291KP—压力开关；203BP—压力传感器

图 3-5-1　CR200J 动力车主风源系统原理图

1）主压缩机

每台动力车装有两台容量为 1 600 L/min 的螺杆式空气压缩机。生产的压缩空气进入制动系统总风缸前，需经过干燥装置处理。图 3–5–2 为 CR200J 动力车主压缩机示意图。

图 3–5–2　CR200J 动力车主压缩机示意图

主压缩机启停控制如下：当总风压力低于（750 ±20）kPa 且大于（680 ±20）kPa 时，仅靠近司机室端的压缩机启动打风；当总风压力低于（680 ±20）kPa 时，整车的 2 台压缩机启动打风。当总风压力达到（900 ±20）kPa 时，压缩机进入连续运转模式，连续运转 5 min 后，压缩机停机。压缩机连续运转时，空气干燥器不投入工作。

2）空气干燥器

压缩空气进入总风缸前，采用双塔式干燥器对压缩空气进行干燥及净化处理。采用干燥器可防止动力车、车辆制动控制系统出现锈蚀、堵塞、凝结水、结冰等现象。干燥器通过干燥器安装架垂直安装在空气压缩机组旁边的车体侧墙上。CR200J 动力车干燥器主要技术参数见表 3–5–1。图 3–5–3 为 CR200J 动力车干燥器示意图。

表 3–5–1　CR200J 动力车干燥器主要技术参数

型号	TAD–4.8–H	DHTWG3–5
处理空气量	4.8 m^3/min	5.0 m^3/min
吸附剂	分子筛	活性氧化铝+分子筛
再生方式	无热、常压	无热、常压
再生耗气率	（15±3）%	（15±3）%
出气口相对湿度	ISO 85732	ISO 85732
总质量	115 kg	95 kg

图 3-5-3　CR200J 动力车干燥器示意图

（1）基本原理。

通过电控器、电空阀对进气阀、排气阀的控制，使 2 个干燥塔定时在干燥、再生 2 种状态下进行周期性的转换，保证处理后的空气达到相应指标，满足动力车、车辆的用风要求。

（2）结构及接口。

动力车采用的两款空气干燥器是一种 2 室吸附式双塔干燥器，由 2 个干燥塔、进气阀、排气阀、出气止回阀、电控器、离心式油水分离器及安装架等组成。

这两款干燥器机械安装、气路接口及电路接口均相同。

3）总风缸

每台动力车总风缸总容积为 1 000 L，动力车上安装有 4 个 250 L 的总风缸。

2. 辅助风源系统

动力车辅助风源系统负责在动力车库停时间较长、总风缸中压缩空气压力不够的情况下，给动力车电器系统用风设备供风。辅助风源系统的工作过程同样可分为压缩空气的产生、压力控制、干燥净化处理、储存等环节。

CR200J 动力车辅助风源系统（DK-2）原理图如图 3-5-4 所示。

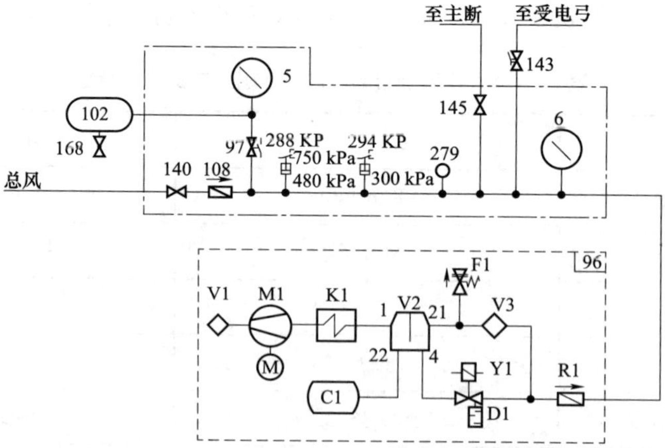

140—总风塞门；108—总风止回阀；97—升弓风缸塞门；288KP—压力开关；279—测试口；145—主断隔离总风塞门；5、6—压力表；102—升弓风缸；96—辅助压缩机组；143—安全联锁箱；294KP—压力开关

图 3-5-4　CR200J 动力车辅助风源系统（DK-2）原理图

CR200J 动力车辅助风源系统（CAB）原理图如图 3-5-5 所示。

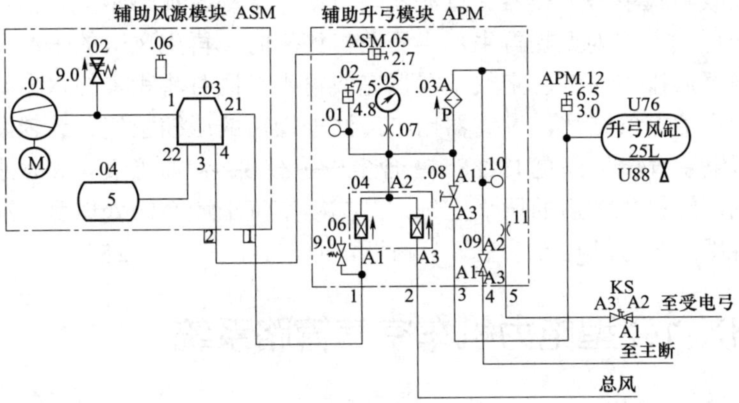

APM.01—测试口；APM.02—压力控制器；APM.03—过滤器；APM.04—止回阀；APM.05—压力表；APM.06—高压安全阀；APM.07—缩孔；APM.08、APM.09—塞门；APM.10—测试口；APM.11—缩孔；Ks—钥匙箱；APM.12—压力控制器

图 3-5-5　CR200J 动力车辅助风源系统（CAB）原理图

1）基本原理

当升弓风压不足时，动力车控制系统在接收到升弓命令后，自动启动辅助空气压缩机组；当升弓风压达到 750 kPa 时，辅助空气压缩机组停止工作。辅助空气压缩机组启、停压力整定值分别为 480 kPa 和 750 kPa。

2）辅助压缩机组

动力车设有一台直流辅助空气压缩机组（包括辅助空气干燥系统），工作电源为 DC 110 V，安装在制动柜上。CR200J 动力车辅助压缩机组主要技术参数见表 3-5-2。

表 3-5-2　CR200J 动力车辅助压缩机组主要技术参数

压缩机类型	无油双活塞式压缩机
额定功率	0.88 kW
额定电流	8 A
额定排气量	≥70 L/min（0.5 MPa 压力时，在 0.1 MPa 和 25 ℃环境条件下）
溢流阀工作压力	0.6 MPa
质量	62.0 kg
安全阀工作压力	0.8 MPa
工作电压	DC 110 V（−30%～+25%）
工作循环	当环境温度≤40 ℃时，100%极限工作循环； 当环境温度≤70 ℃时，10 min 工作循环
干燥器	单塔吸附式干燥器，无热再生
输出空气湿度	在任何情况下相对湿度应小于 35%
输出空气含油量	≤2 mg/m^3
输出空气颗粒尺寸	≤5 μm
工作环境温度	−40～+70 ℃
工作海拔	≤2 500 m

辅助压缩机组设置有一套辅助空气干燥系统，用于净化辅助风源。辅助空气干燥系统主要包括吸附式单塔干燥器、过滤器、自动排水阀、加热装置、消声器等。吸附式单塔干燥器再生方式为无热再生，当压缩机停机时，再生风缸的干燥压缩空气经过干燥筒和消声器后排入大气，空气干燥器完成再生，同时将积累的水自动排出。加热装置用来防止压缩空气结冰，过滤器用来清洁干燥后的压缩空气。经辅助空气干燥系统处理后的压缩空气质量满足 ISO 8573 含尘埃等级 3、含油等级 4 和含水等级 3 的标准要求。辅助压缩机压缩后的压缩空气，经辅助空气干燥系统处理后，通过止回阀送入升弓风缸备用，升弓风缸位于空气管路柜背面，容积不小于 25 L。

3.5.2 HX_D1C 型电力机车空气管路系统

HX_D1C 型电力机车有一个完整的压缩空气供应系统，由两台主压缩机、两台空气干燥器及压力控制器、总风缸、止回阀、安全阀和主空气管路重联等组成。

空气供应系统产生压缩空气供给空气制动系统和气动辅助设备。总风缸（MR）和列车管（BP）保证列车压缩空气的供应。所有被拖曳车辆的非直接制动、自动空气制动都连接到列车管上。空气供应系统装有一个低压保护装置，当总风缸压力低于 600 kPa 时，低压保护装置经 MMI 显示屏发送一个信号给司机，同时也发送一个信号切断牵引电源并投入常用制动。

1. 主风源系统

HX_D1C 型电力机车主风源系统主要包括：主空气压缩机、主空气干燥器、主风缸、辅助空气压缩机等。HX_D1C 型电力机车主风源系统原理图如图 3-5-6 所示。

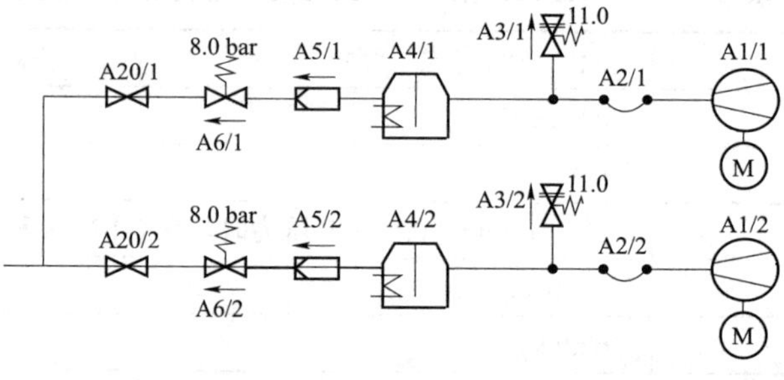

A1—压缩机；A2—软管；A3—高压安全阀；A4—干燥器；
A5—滤油器；A6—出气止回阀；A20—球阀

图 3-5-6　HX_D1C 型电力机车主风源系统原理图

1）主空气压缩机

主空气压缩机由两台螺杆式空气压缩机（TSA-230AD 型螺杆空气压缩机）组成，它们由独立电源装置供电。空气压力调节器的开断电路压力值为（900 ±20）kPa，闭合电路压力值为（750 ±20）kPa，安全阀动作压力值为（950 ±20）kPa。

主压缩机的启动顺序为：当总风压力低于（680 ±20）kPa 时，启动两台压缩机打风，总风压力达到（900 ±20）kPa 停止打风；当总风压力低于（750 ±20）kPa 但不低于（680 ±20）kPa 时，启动非操纵端压缩机，总风压力达到（900 ±20）kPa 停止打风。

图 3-5-7 为 HX_D1C 型电力机车主空气压缩机示意图。

图 3-5-7　HX_D1C 型电力机车主空气压缩机示意图

（1）TSA-230AD 型螺杆空气压缩机主要技术参数。

TSA-230AD 型螺杆空气压缩机是专为铁路机车车辆设计的电动空气压缩设备，主要作用是为车辆制动系统提供压缩空气，其技术参数见表 3-5-3。

表 3-5-3　TSA-230AD 型螺杆空气压缩机技术参数

压缩方式	连续，单级
额定排气压力	1 000 kPa
冷却方式	风冷
润滑油量	约 5.5 kg
旋转方向	从电机轴伸出端看为逆时针
额定转速	3 540 r/min
电机功率（最大）	30 kW
公称容积流量	Q=3.0 m^3/min
工作质量	约 450 kg（包括电机、底座及润滑油）
允许工作循环（ED=t_1/t×100%，其中 t_1 为每循环中的工作时间，t 为每循环的全部时间）	ED_{max}=100% ED_{min}=30%
启动频率	不大于 30 次/h
环境温度上限	40 ℃
环境温度下限	−40 ℃
空气压缩机停机温度	油气筒内温度 t=105 ℃
耗油量	排气含油量小于 5 ppm（相当于 6 mg/m^3）
噪声（SWL）	≤102 dB（A）
质量	450 kg
最大尺寸（长×宽×高）	1 350 mm×700 mm×920 mm

（2）TSA-230AD 型螺杆空气压缩机结构组成。

TSA-230AD 型螺杆空气压缩机组由四大主要部件构成：驱动装置、空气压缩机体、风冷却装置和底座。这四大部件用螺栓连接在一起组成一个紧凑单元，并采用弹性减振器平稳地固定在钢制共用底座上。

驱动装置是法兰式三相交流电动机。

空气压缩机机体装在油气筒中，螺杆机头和油气筒一体的组合方式使其在结构空间上较紧凑。油气筒组成上还装有油分离、过滤、控制元件等。

风冷却装置由一对联轴器分别装配在驱动电机和主机伸出轴上，电机、中托架、蜗壳、风机后盖在轴向组成了一个刚性很好的自支承结构。蜗壳中容纳了装在联轴器上的离心式通风机。冷却器毗连蜗壳，既作为空气冷却器，又作为油冷器，将压缩产生的热与离心式通风机带来的冷空气交换。

图 3-5-8 为 TSA-230AD 型螺杆空气压缩机结构。

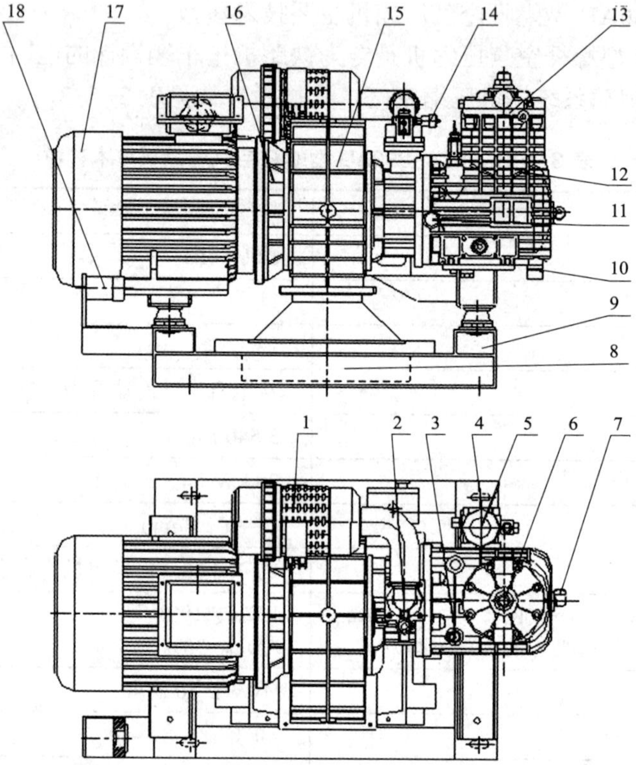

1—空气滤清器；2—进气阀；3—安全阀；4—温控阀；5—油过滤器；6—压力维持阀；7—温度开关；8—冷却器；9—底座；10—泄油阀；11—铭牌；12—油气筒；13—油分盖；14—真空指示器；15—蜗壳；16—中托架；17—电机；18—输气接口

图 3-5-8　TSA-230AD 型螺杆空气压缩机结构

（3）TSA-230AD 型螺杆空气压缩机工作原理。

螺杆压缩机为双轴旋转排放式结构，其工作原理是强迫送风。压缩机螺杆组由两个相互啮合的螺旋状槽形转子构成，转子外形为不对称的啮合形状，并在灰色的铸铁壳体内旋转。空气是从径向进入，空气出口是从轴向通往压缩机螺杆组外壳内特别形状的通道。图 3-5-9 为 TSA-230AD 型螺杆空气压缩机机头工作原理。

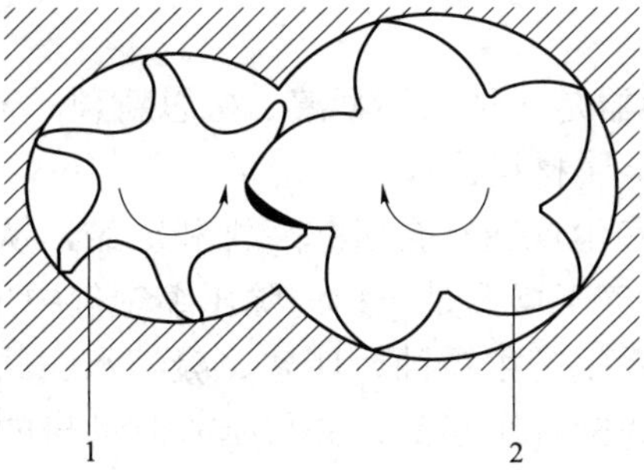

1—阴螺杆；2—阳螺杆

图 3-5-9　TSA-230AD 型螺杆空气压缩机机头工作原理

转子旋转时，其叶片之间的空气量不断变化，进气口打开，开始吸气，转子将两个风口闭合后，空气开始压缩并排向出风口。转子继续旋转，其后打开出风口，压缩空气将以最终压力排出。另外，需要注入油将转子叶片在它们的啮合点和它们与压缩机壳体的接触点密封起来，这些油可以带走压缩过程中产生的绝大部分热量。

TSA-230AD 型螺杆空气压缩机的工作流程如同 3-5-10 所示。外界空气由空气滤清器（5）滤去尘埃后，经由进气阀（6）到机头吸气口进入机体（1）压缩室，压缩机内的一对转子由电机带动旋转，润滑油因压力差喷入，此时油与气混合，油气混合物被压缩后从排气口到油气筒（7）进行一次分离。由于在较大的油气筒中油气混合物突降流速，被筒内挡流板折挡后改变气体运动方向，与空气混合的油分较重，凝聚成液相油沉降在油气筒底部，这时油气混合的压缩气体仅含有少量未被分离的油。经油气分离器（8）再次分离气体中的油后，纯净的压缩空气经压力维持阀（9）被送至后冷却器（10），冷却后的压缩空气送入系统中。

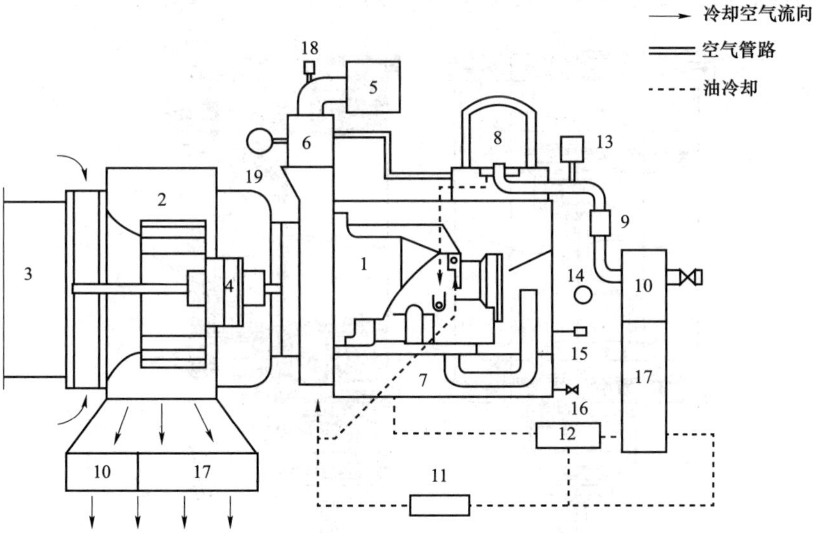

1—机体；2—离心式通风机；3—电机；4—联轴器；5—空气滤清器；6—进气阀；7—油气筒；8—油气分离器；9—压力维持阀；10—后冷却器；11—油过滤器；12—温控阀；13—安全阀；14—温度开关；15—视油镜；16—泄油阀；17—油冷却器；18—真空指示器；19—压力开关

图 3-5-10　TSA-230AD 型螺杆空气压缩机的工作流程

2）主空气干燥器

TAD–H 系列空气干燥器是一种结构紧凑、构思新颖、无锈源、无油漆的新型干燥器，由不锈钢及合金铝等金属材料构成。

压缩空气系统的水分和尘埃通常会引起腐蚀和冻结，从而造成故障，使气动设备加速磨损。TAD–H 系列空气干燥器是一种清除压缩空气中水、油、尘等杂质的装置，可防止铁道机车车辆制动系统产生锈蚀、堵塞、凝结水、结冰等现象，可避免由上述现象引起的制动失灵而造成的行车事故，并可延长制动机的检修周期。该装置的使用环境温度为–40 ～+50 ℃。表 3–5–4 为 TAD–H 系列空气干燥器的主要技术参数。

表 3–5–4　TAD–H 系列空气干燥器主要技术参数

处理空气	3～6 m^3/min
工作压力	1 000 kPa
吸附剂	ϕ3～ϕ5 mm
再生耗气率	（15±3）%
出气口相对湿度	≤35%
含油率	不超过 5 ppm（螺杆压缩机）、10 ppm（活塞压缩机）
含尘埃的颗粒度	不大于 20 μm
干燥塔转换周期	80 s
外形尺寸（长×宽×高）	520 mm×462 mm×880（985）mm
总质量	≤95（120）kg

TAD–H 系列空气干燥器由干燥塔、进气阀、排气阀、出气止回阀、电控器、离心式油水分离器、消声器等组成（见图 3–5–11）。

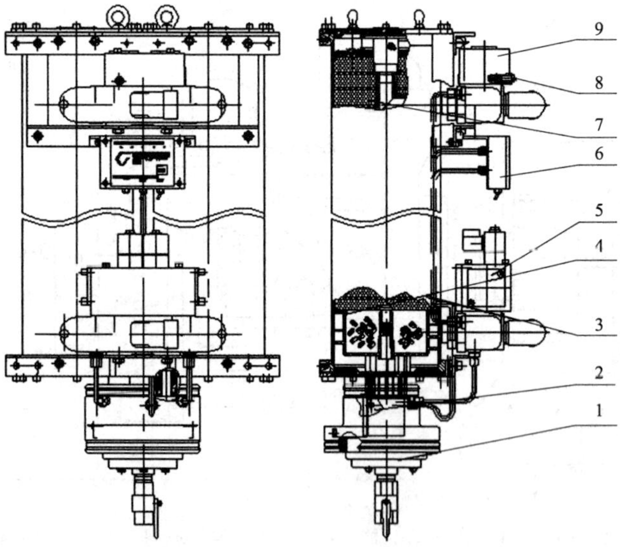

1—消声器；2—排气阀；3—干燥塔；4—油水分离器；5—进气阀；6—电控器；

7—干燥剂；8—再生孔；9—出气止回阀

图 3–5–11　TAD–H 系列空气干燥器结构

① 干燥塔。干燥塔左右对称配置，主要由离心式油水分离器、干燥吸附剂层组成。干燥塔是完成压缩空气干燥净化的核心部件。

② 进气阀：控制干燥塔进气、换气的机构，安装在干燥塔的进气连接体上。

③ 排气阀：安装于干燥塔的下部，阀口根据电器控制的两个电磁阀所发出的压缩空气指令来控制开闭。

④ 出气止回阀：防止总风缸压力空气向干燥塔倒流，且左、右进风口有一小孔相连以使干燥空气进入再生干燥塔进行再生。

⑤ 电控器：机车空气压缩机的工况是随机变化的，当这些工况以电信号（通电、断电）的形式由控制线（VK）输入电控器后，经过电控器的逻辑处理，将变成有规律的“指令”输出，并通过电控阀来操纵干燥器上的机械动作，构成“电气–机械”控制系统，使两塔按一定的程序交替工作，并由左右指示灯分别显示。

TAD–H 系列干燥器加热元件采用新型半导体材料制作的板式加热元件。该加热元件与电源直接相连，用手动开关控制，当加热板满功率加热时，电流为 0.8～1 A，当加热体达到 45 ℃时，该加热材料维持电流小于 0.03 A，维持恒功率工作。当环境温度高于 5 ℃时，春、夏、秋三季应关断加热电源开关（或拔出加热电源插头）。

TAD–H 系列空气干燥器是由两个干燥塔交替工作的无热再生式除湿净化装置，其工作原理如图 3–5–12 所示。当电空阀 Ad 处于失电状态而电空阀 Bd 处于得电状态时，进气阀左移，排气阀 BP 开启，AP 关闭，此时 B 塔进入再生状态，A 塔进入吸附状态，饱和湿空气由空气压缩机进入进气阀座，湿空气经开放的进气阀 A 进入左边干燥塔，沿着箭头的流向，经过干燥器下部的高效离心式油水分离器时，除去较大的水滴、油滴及灰尘，然后通过吸附剂，经干燥后的干燥空气借助压力打开出气止回阀，干燥空气送向总风缸，出气止回阀的左右进气室有一小孔相连，经干燥塔 A 处理的净化空气

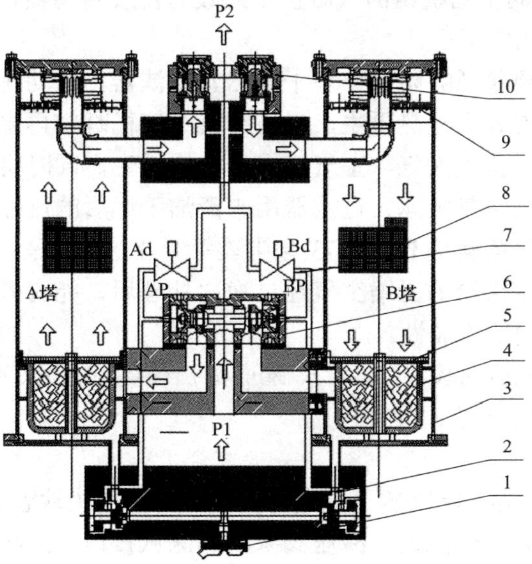

1—消声器；2—排泄阀；3—干燥塔；4—油水分离器；5—下滤网组成；6—进气阀；7—电磁阀；8—干燥剂；9—上滤网组成；10—出气止回阀

图 3–5–12　TAD–H 系列空气干燥器工作原理图

有一部分经过小孔流向干燥塔 B，从 B 塔上部流向吸附剂，吸收吸附剂内的水分（再生），并带着离心式油水分离器下部的水滴、油滴及尘埃由排气阀排出。

当 B 塔再生状态到设定时间时，电控器停止对电空阀 Bd 供电，这时两电空阀（Ad，Bd）均处于失电状态，两排气阀亦处于关闭状态，故 A 塔继续吸附而 B 塔却停止再生。A 塔的干燥空气仍源源不断地充入 B 塔，因为 B 塔无排出使压力逐渐上升，B 塔在这段时间处于“充气状态”，也就是柔性转换，然后电控器开始向 Ad 供电，A 塔、B 塔再生吸附相互转换，完成转换周期，如此每转换周期改变左右干燥塔的干燥与再生。这样，左、右干燥塔反复进行干燥和再生。

2. 辅助风源系统

辅助风源系统负责在机车库停时间较长、总风缸中压缩空气压力不够的情况下，给机车电气系统各用风设备供风。HX_D1C 型机车辅助风源系统同样可分为压缩空气的生产、压力控制、干燥净化处理、存储等环节。其主要部件有辅助压缩机组、辅助空气干燥器、止回阀、高压安全阀、压力控制器、风缸、排水阀、各型塞门等。

HX_D1C 型辅助风源系统与以往机车辅助风源系统相比，增设了辅助空气干燥系统，并将辅助压缩机组、辅助干燥系统布置在一个结构紧凑的柜体内，形成辅助风源系统模块。辅助压缩机组压缩后的压缩空气，经辅助空气干燥系统处理后，通过止回阀送入储风缸备用。辅助风源系统还设有安全阀，用于控制辅助风源系统压力不超过最大限定值。

辅助压缩机组采用无油活塞压缩机组，便于运用与维护。辅助压缩机组启停受机车控制电路控制，机车控制电路根据压力开关检测结果发出相应指令控制压缩机组启动或停止，当压力开关检测到的压力低于辅助压缩机组启动压力时，辅助压缩机组启动打风，当检测到的压力高于设定的开断压力时，切断辅助压缩机组电源，辅助压缩机组停止打风。辅助压缩机组的气缸盖上还设有温度传感器，用于控制辅助压缩机组在规定温度范围内正常运行。

辅助干燥系统主要包括吸附式单塔干燥器、过滤器、自动排水阀、消声器等。吸附式单塔干燥器再生方式为无热再生，当压缩机组停机时，再生风缸的干燥压缩空气经过干燥筒和消声器后排入大气，空气干燥器完成再生，同时将积累的水自动排出。加热装置用来防止压缩空气结冰，过滤器用来清洁干燥后的压缩空气。经辅助干燥系统处理后的压缩空气质量满足 ISO 8573 含尘埃等级 3、含油等级 4 和含水等级 3 的标准要求。辅助风源系统供给的压缩空气经过净化处理后，能有效防止冬季结冰，从而提高控制管路系统运用的可靠性。

辅助风源系统包括升弓模块（U43）、踏面清扫模块（B50）、弹簧停车模块（B40）、撒砂模块（F41）、警惕装置（Z10）。

1）升弓模块

升弓模块（U43）为主断路器、受电弓提供风源。此模块包括双逆止阀、安全阀、压力开关、机械压力表、过滤器、减压阀塞门和测试接口。此模块与辅助风缸、干燥器、升弓风缸和升弓电磁阀共同工作。

图 3-5-13 为 HX_D1C 型电力机车升弓模块。

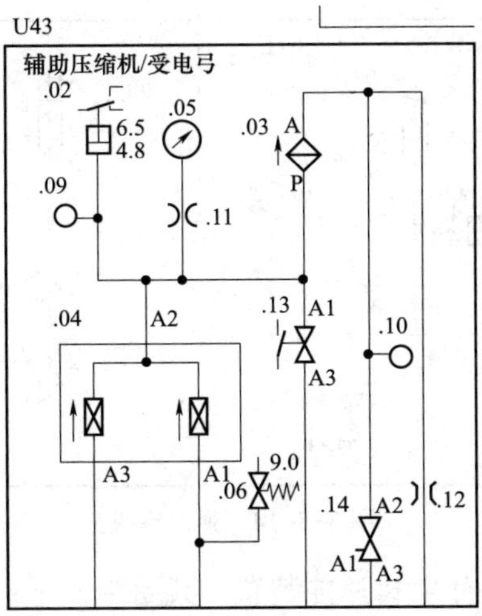

图 3-5-13　HX_D1C 型电力机车升弓模块

① 库停后使用辅助空气压缩机供风升弓通路如下：

辅助空气压缩机干燥器→右侧逆止阀
- 控制风缸
- 过滤器
  - 升弓塞门(U98)→升弓电磁→升弓阀
  - 减压阀→主断路器

当风压达到 735 kPa 时，电磁阀动作切断辅助空气压缩机电源，同时干燥风缸中的压缩空气，将干燥器中的水分、油污排出。

② 正常运行时总风供给通路如下：

总风缸→干燥器→左侧逆止阀
- 升弓风缸
- 过滤器
  - 升弓塞门→升弓电磁阀→升弓阀
  - 减压阀→主断路器

退乘之前，应将升弓风缸充风至 900 kPa 后关闭 U77 塞门。

2）踏面清扫模块（B50）

此模块为机车走行部踏面风缸提供风压：清扫踏面杂物及油污，确保踏面干净，增加机车黏着系数。

3）弹簧停车模块（B40）

此模块接收司机控制指令，从而控制走行部弹簧停车（简称弹停）装置制动缸压力，当此缸中压力达到 480 kPa 时，弹停缓解，允许动车，停车后，将弹停风缸压力排空，装置动作，进行制动防滑。弹停模块线路如图 3-5-14 所示。

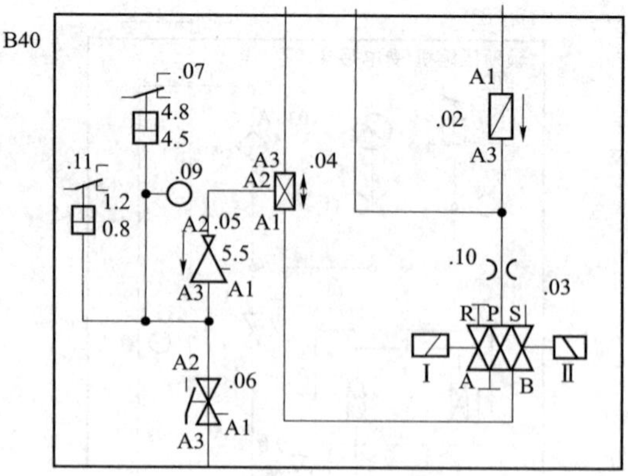

图 3-5-14　弹停模块

在机车一、六轴上共装有 4 套弹停装置，其通路如下：司机操作司机室墙壁旋钮，脉冲电磁阀（.03）中的作用阀得电，将弹停风缸中压力排出；若动车，操纵旋钮，使脉冲电磁阀（.03）中的缓解阀得电，总风通过以下通路进入弹停风缸。

总风→逆止阀（.02）→脉冲电磁阀（.03）→双向止回阀（.04）→减压阀（.05）→弹停塞门→走行部弹停风缸

4）撒砂模块（F41）

撒砂模块有两种控制方式：自动撒砂和人为撒砂。当机车制动机因某种情况发生紧急制动时，开始自动撒砂，以避免车轮滑行而擦伤轮箍踏面。机车起车时为增大黏着牵引力或机车运行中遇不良天气钢轨面上有霜露层，为预防轮对空转进行的撒砂为人为撒砂。撒砂模块如图 3-5-15 所示。

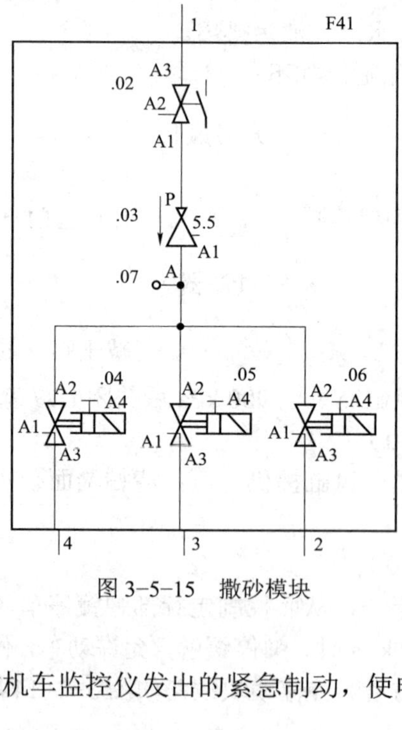

图 3-5-15　撒砂模块

5）警惕装置

警惕装置（Z10）接收机车监控仪发出的紧急制动，使电磁阀动作，产生紧急制动

（22 为制动缸塞门）。HX_D1C 型电力机车紧急电磁阀线路图如图 3-5-16 所示。

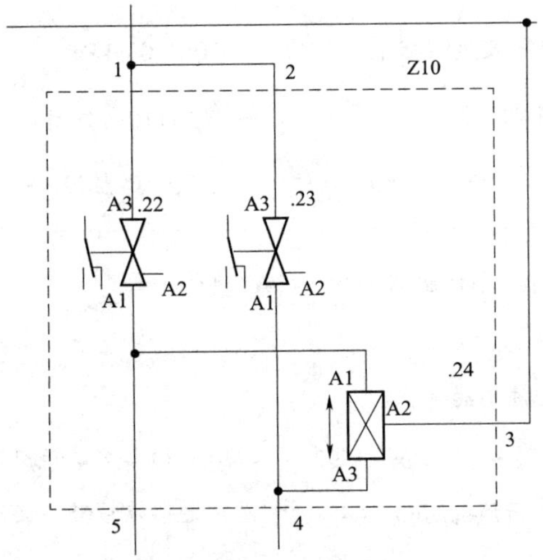

图 3-5-16　HX_D1C 型电力机车紧急电磁阀线路图

3.5.3　SS_4 改型电力机车空气管路系统

SS_4 改型电力机车由两节完全相同的机车组成，每节机车的空气管路系统是完全相同的，可以单独运用，也可通过重联环节实现两节或多台机车空气管路系统的重联。SS_4 改型电力机车空气管路系统就其功能分为风源系统、控制管路系统和辅助管路系统。

1. 风源系统

SS_4 改型电力机车风源系统主要由空气压缩机组、高压安全阀、空载启动电空阀、止回阀、空气干燥器、压力控制器、总风缸、逆流止回阀、压力控制器、塞门和排水阀等组成，如图 3-5-17 所示。

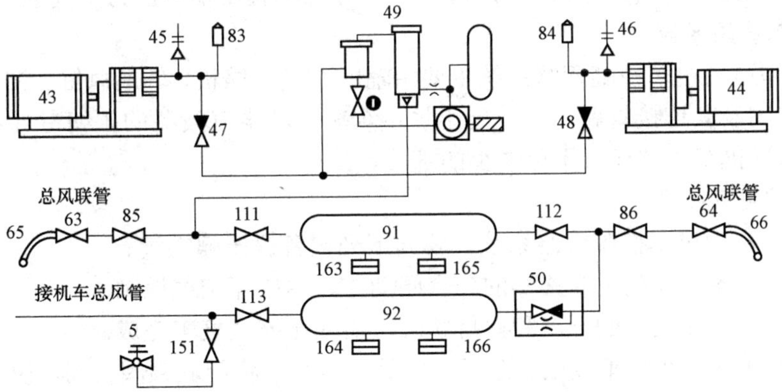

43、44—空气压缩机；45、46—高压安全阀；47、48—逆止阀；49—空气干燥器；50—逆流止回阀；63、64—总风折角塞门；65、66—总风软管连接器；83—启动电空阀；85、86—防撞塞门；91—第一总风缸；92—第二总风缸；111、112、113、151—塞门；163～166—排水阀

图 3-5-17　SS_4 改型电力机车风源系统

风源系统的作用是为机车与车辆制动系统及全车气动器械提供稳定和洁净的压缩空气。SS_4改型电力机车风源系统整车工作时通路如下：

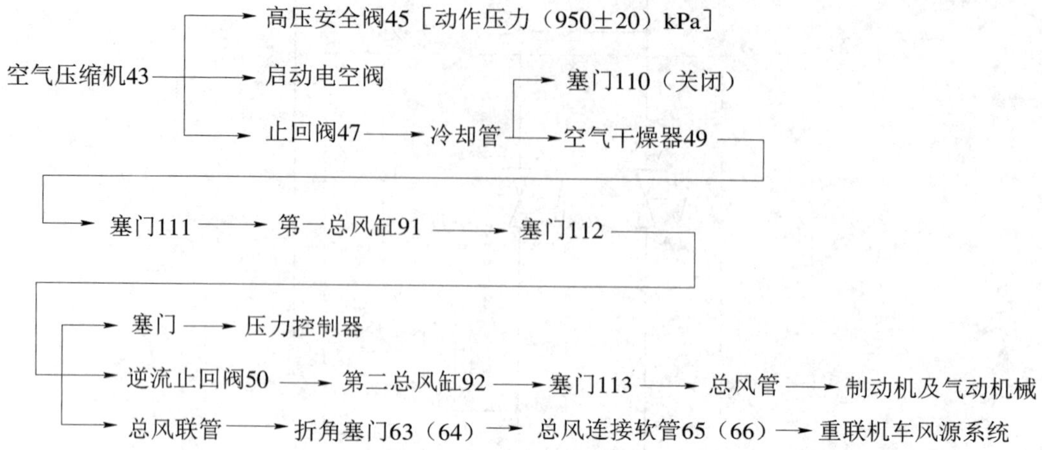

1）压缩空气的制备

每节SS_4改型电力机车的压缩空气，由一台VF3/0型空气压缩机来制备。该压缩机为4缸V形排列两级压缩活塞式压缩机，由一台功率为37 kW的三相交流电机驱动。在运行中，如果压缩机出现故障，另一节机车上的压缩机组可继续维持运行。

2）压缩空气的净化和储存

压缩空气在储存前必须经过净化处理，将压缩空气中的油水、杂质、尘埃去掉。SS_4改型电力机车采用具有再生作用的空气干燥器来完成上述过程。经干燥净化处理后的压缩空气送入两个串联的总风缸内储存。

3）空气的压力调整干燥器

为了保证安全和将具有稳定压力的压缩空气供给各个系统工作使用，必须使总风缸的压力空气保持在一个规定的范围内。风源系统由压力控制器来自动控制空气压缩电动机电路的闭合和断开，通过控制空气压缩机的工作来调节总风缸空气压力，使其保持在一定范围内。SS_4改型电力机车由YWK-50-C型压力控制器对压力空气进行调整。

2. 控制管路系统

SS_4改型电力机车控制管路系统主要由辅助空气压缩机、辅助风缸、控制风缸、止回阀、联锁阀及其连接管路组成，用于提供全车气动电气设备的压缩空气及安全保护措施，是保证机车正常运行不可缺少的部分。

1）受控电气设备

SS_4改型电力机车控制管路系统主要向下列设备提压缩空气。

① 主断路器：控制主断路器的分合闸动作，由压缩空气控制。

② 受电弓：受电弓的开启和保持状态，需要压缩空气来完成。

③ 门联锁阀：在机车接电状态下，依靠压缩空气将门联锁阀关闭，使带有高压电的门联锁住，以防乘务人员误进入而危及人身安全。

④ 高压电气柜：向高压柜中的转换开关、电空接触器等提供压缩空气，以实现转换。

2）控制管路系统的工作原理

SS_4改型电力机车控制管路系统原理如图3-5-18所示，下面分3种工作状况加以说明。

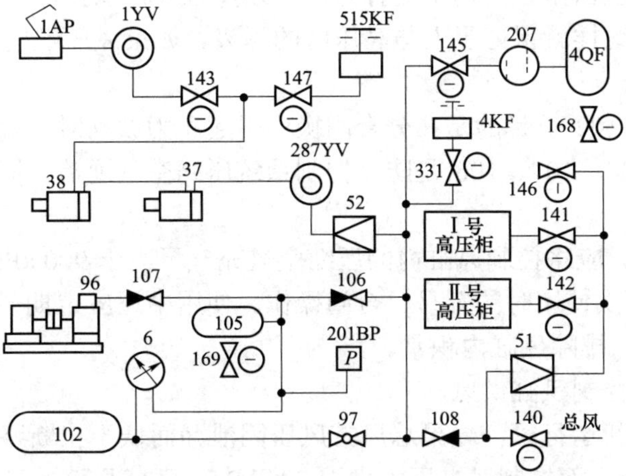

图3-5-18　SS_4改型电力机车控制管路系统原理

（1）正常运用时的总风缸供风。

机车正常运用时，由总风缸向控制管路系统供风，工作通路为：

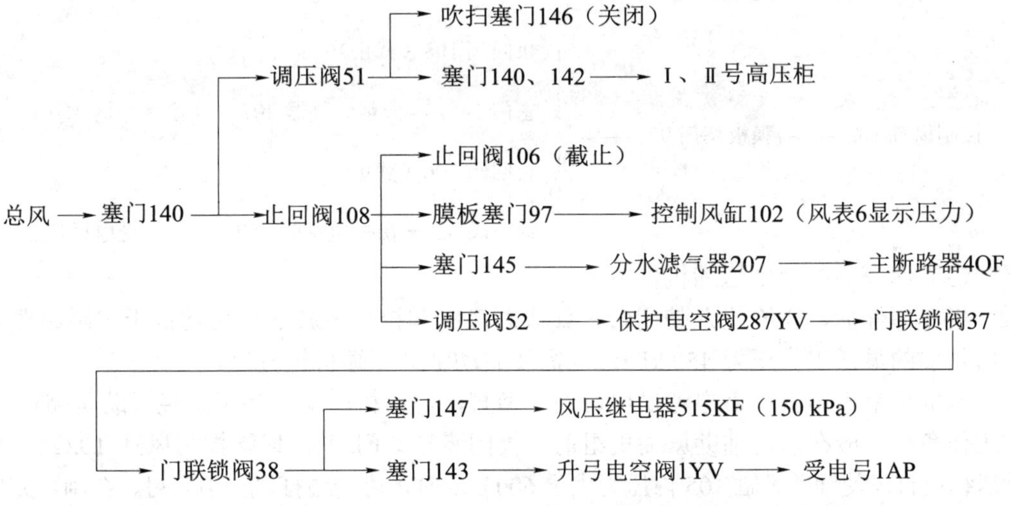

机车总风缸压缩空气经塞门140后，经调压阀51将总风压力调至500 kPa后，经塞门141、142供给Ⅰ、Ⅱ号高压柜，并经塞门146供给机车吹扫用；另一路压缩空气经止回阀108分为4路：第一路经止回阀106截止；第二路经膜板塞门97进入控制风缸102内储存；第三路经塞门145后，经分水滤气器207再次净化后向主断路器4QF风缸供风；第四路经调压阀52调整至500 kPa，经保护电空阀287V和门联锁阀37、38后，再经塞门143进入升弓电空阀1YV，在升弓电空阀得电后，进入受电弓气缸，受电弓升起。

若在升弓时，任一高压室或变压器室门没有关好，则门联锁阀37、38不能开放升弓通路，压缩空气不能进入受电弓。同时若非操纵节门没有关好，由于压缩空气不能进入，安装在门联锁阀 38 后的风压继电器 515KF 将切断本务机车的升弓控制电路。当受电弓升起后，保护电空阀 287YV 将保持得电，门联锁阀 37、38 内压缩空气不能排出，高压室及变压器室各门均不能打开，必须降弓并使保护电空网 287YV 失电后，才能打开这些门，这样就保证了人与高压区的隔离。如果风压继电器 515KF 故障，可通过塞门 147 切除。

设置控制风缸 102 的目的是在分合闸操作引起压力波动时，稳定控制系统管路内的风压。止回阀 108、107、106 是防止控制系统压缩空气逆流，同时替代换向阀实现风源转换而设置的。

在机车停放前，应将控制风缸内的压缩空气充气至大于 900 kPa，然后关闭膜板塞门 97，以备机车再次使用时的升弓、合闸操作。使用中还应定期开放主断路器风缸下方的排水塞门 168，排除风缸内积水。

（2）库停后的控制风缸供风。

机车停放后重新运行时，如果总风缸风压因泄漏而低于主断路器分合闸所需的最低工作压力 450 kPa，而控制风缸压力大于 700 kPa，可打开膜板塞门 97，用控制风缸内储存的压缩空气进行升弓及合闸操作。

但此时高压柜内没有压缩空气，升弓合闸后，应立即启动压缩机组打风，尽快恢复正常运用工况，由总风缸供风。

控制风缸供风时的工作通路为：

控制风缸 102 → 膜板塞门 97 →
- 止回阀 108（截止）
- 塞门 145 → 分水滤气器 207 → 主断路器 4QF
- 止回阀 106（截止）
- 调压阀 52 → 保护电空阀 287YV → 受电弓1AP

（3）库停后的辅助压缩机供风。

机车库停后，再次投入使用时，如果总风缸和控制风缸的风压均低于主断路器合闸所需要的最低工作压力 450 kPa，则需要启动辅助压缩机组打风。

辅助压缩机由机车蓄电池供电，由小型直流电动机驱动。为了减轻辅助压缩机 96 的工作负担，应在启动辅助压缩机组前，关闭膜板塞门 97，切除控制风缸 102。当辅助压缩机打风使辅助风缸 105 内压力大于 600 kPa 时，可一边打风一边升弓、合闸。完毕后，应立即启动主压缩机组打风，在总风缸压力大于 450 kPa 后，停止辅助压缩机工作。

辅助压缩机供风时的工作通路为：

辅助压缩机96 → 止回阀107 →
- 风表6
- 辅助风缸105
- 止回阀106 →
  - 止回阀108（截止）
  - 塞门145 → 主断路器4QF
  - 膜板塞门97（关闭）
  - 调压阀52 → 保护电空阀287YV → … → 受电弓1AP
- 传感器201BP

为方便乘务人员操纵辅助压缩机，机车上设置了 2 个并联的辅助压缩机按钮，一个在管路柜上，借助双针风表进行操纵，另一个在司机室副台上，借助辅助风缸电测压力表和压力传感器进行操纵。在操作中应注意关闭辅助压缩机的时机，当主压缩机组打风、总风缸压力低于 450 kPa 时，不可停止辅助压缩机工作，否则将使已经升起的受电弓降下，主断路器跳闸。另外，由于两节机车辅助压缩机技术指标的差异，并且管路的泄漏量不同，使用中打风速度应不一致。在运用中应注意时刻观察，以防其中一节机车辅助风缸压力超高。

3. 辅助管路系统

SS_4 改型电力机车辅助管路系统主要由撒砂器、风喇叭、刮雨器、轮喷装置及其连接附件、管路等组成，是确保机车安全运行及改善性能的必备装置。

图 3-5-19 为 SS_4 改型电力机车辅助管路系统原理图。

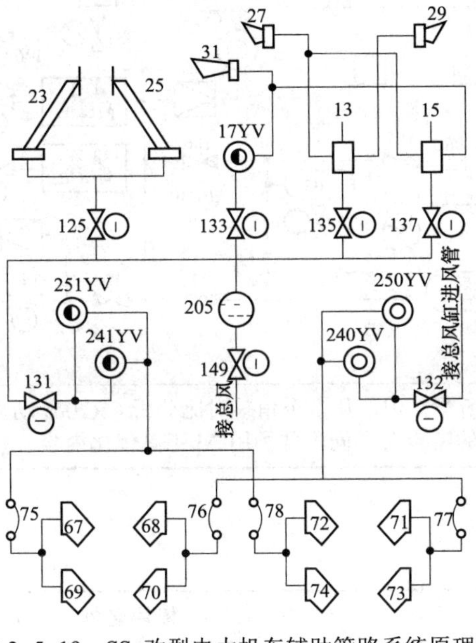

图 3-5-19 SS_4 改型电力机车辅助管路系统原理图

1）风喇叭

风喇叭是机车运行中利用压缩空气产生鸣响、发出警告和进行联络的必备设施。SS_4 改型电力机车单节机车共设置了 3 个风喇叭：一个为向前高音喇叭 27，一个为向后高音喇叭 29，一个为前低音喇叭 31。

2）刮雨器

刮雨器是为了除去司机室前窗玻璃上的雨雪、水珠，便于司机瞭望而设置的。在司机室两侧前窗各装有一套风动双杆刮雨器（23、25）。

3）撒砂装置

撒砂装置是为增加轮轨间的黏着力，改善机车牵引和制动性能而设置的。SS_4 改型电力机车每个转向架前、后轮对侧装有 8 个砂箱和 8 个撒砂器（67～74）。撒砂装置不仅能受司机的控制，也能与制动机防空转滑行及断钩保护装置配合作用。当司机按下脚踏开关 35SA 或空转滑行、断钩保护及大闸紧急制动时，通过相关电路，使撒砂电空阀 251YV、241YV 或撒砂电空阀 250YV、240YV 得电，总风缸内压缩空气通过电空阀下阀口到达与机车运行方向一致的撒砂器，将砂子吹撒到轨面。

做一做

任务清单			任务 3.5　典型电力机车空气管路系统总体认知		
姓　名		班　级		学　号	

【控制管路原理】试用三种不同颜色的笔画出控制管路系统 3 种状况下的气路走向。

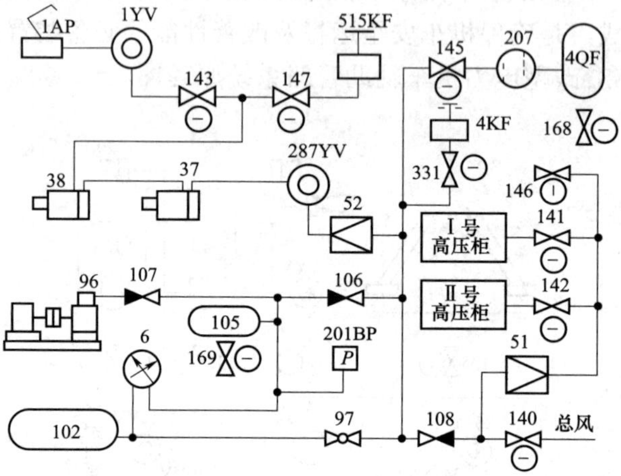

【风源系统比较】请结合所学知识，从多个角度对比分析 CR200J 动力车、HX_D1C 型电力机车、SS_4 改型电力机车风源系统的特点及异同，并利用 AI 工具优化内容。

任务评价

任务评价表		模块名称	通风系统与空气管路系统		
		任务名	典型电力机车空气管路系统总体认知		
姓　名		班　级		学　号	
评分内容		标准分值	自我评分（20%）	小组评分（30%）	教师评分（50%）
任务准备	认真完成在线课程的学习	10			
	根据任务要求主动查找资料	10			
任务实施	能清楚地领会任务内容及要求	5			
	能借助 AI 工具优化任务	10			
	能准确地描述典型电力机车空气管路系统的原理及气路	15			

续表

评分内容		标准分值	自我评分（20%）	小组评分（30%）	教师评分（50%）
任务实施	能完整分析三代典型电力机车空气管路系统的特点及异同	15			
	在规定时间内完成任务	5			
	具有团队合作意识	5			
任务总结	完成任务要求	5			
	任务完成质量	10			
	任务展示情况	10			
总　分		100			

任务 3.6　HX_D1C 型电力机车空气管路系统的维检与装调

任务目标

知识目标	熟悉 HX_D1C 型电力机车空气管路系统维检与装调的准备工作
	熟悉 HX_D1C 型电力机车空气管路系统维检与装调的注意事项
	熟悉 HX_D1C 型电力机车空气管路系统维检与装调的操作流程
能力目标	能编制 HX_D1C 型电力机车空气管路系统维检与装调的工艺卡
	能按照工艺要求完成 HX_D1C 型电力机车空气管路系统的维检与装调
	能结合实际优化改进 HX_D1C 型电力机车空气管路系统维检与装调工艺卡
素质目标	培养对铁路交通行业的关注度和认同感
	培养严谨认真、一丝不苟的科学态度
	培养精益求精的工匠精神

任务实施

想一想

（1）HX_D1C 型电力机车空气管路系统的维检与装调需要准备哪些工具？

（2）对 HX_D1C 型电力机车空气管路系统维检与装调时有哪些要求？

（3）一般由哪些工种完成 HX_D1C 型电力机车空气管路系统的维检与装调？他们具体是怎么操作的？

学一学

1. 基本要求

和谐型机车上的风管、风缸及风管接头较多，本节所指风管路是这些风管、风缸、风管接头及终端附件的总称，包括风缸、撒砂阀、风笛、轮喷装置、刮雨器、管路阀件及微孔油过滤器、软管、气管控制板、后视镜等，其质量及密封性能的好坏将直接影响机车的运行安全，所以在检修过程中应予以高度重视，精检细修，确保安全。

2. 基本技术参数

基本技术参数如下：

列车管管径：35 mm；

压缩机出风管管径：28 mm；

总风管管径：28 mm；

制动缸管径：22 mm；

撒砂管管径：10 mm；

作用管管径：10 mm；

均衡管管径：12 mm；

控制气路管径：10 mm。

3. 基本技术要求

① 各风管无腐蚀、裂纹及漏泄，各卡子齐全，安装牢固。

② 各风缸无裂纹及严重锈蚀，铭牌齐全、清晰、正确。

③ 各接头无松动及漏泄。

4. 主要材料及工具

1）主要材料

主要材料包括：生胶带、螺帽、白布、泄漏测试液或肥皂液、毛刷等。

2）工具

工具包括：开口扳手、管钳子、螺丝刀、数字压力表。

3）设备

设备包括：风、水压试验台。

5. 工艺过程

1）风管路的维检与装调

① 各接头应安装紧固，接头无松动、无漏风。

② 风管路中间断裂时，不允许对焊；管路丝扣部分不允许焊修；用内六角扳手拆卸连接支板，用开口扳手松开上连接铜管螺母。

③ 各折角塞门泄漏或作用不良时应拆下修理或更换。

④ 当风压为 900 kPa 时，总风缸管路 5 min 泄漏量不得大于 20 kPa，均衡风缸及列车管在定压时，每 5 min 泄漏量不得大于 10 kPa。

⑤ 启动辅助压缩机，升弓后关闭扳钮，测定控制风管路泄漏量，每分钟不得大于

20 kPa。

⑥ 列车管折角塞门不得有漏风现象。

2）风缸的维检与装调

① 外观检查风管路接头紧固状态良好，无漏泄。

② 风缸排水塞门动作灵活，安装紧固，无漏泄。

③ 风缸压力表下车进行校验，安装紧固，无漏泄。

④ 风缸管路节流阀、止回阀安装紧固，无漏泄。

3）微油过滤器的维检与装调

微油过滤器更换滤芯和密封圈，安装紧固，无漏泄。

4）高压安全阀的维检与装调

安全阀动作值符合技术要求，安装紧固，无漏泄。

5）低压维持阀的维检与装调

低压维持阀安装紧固，无漏泄，动作灵活。

6）双管供风装置的维检与装调

① 外观检查风管路接头紧固，漆封良好，风管固定座安装紧固。

② 截断塞门安装紧固，无漏风，塞门动作灵活。

③ 调压阀安装紧固，整定值符合供风要求，调压阀盖帽紧固。

④ 更换调压阀膜板，更新密封件，调压阀压力表下车校验。

⑤ 逆止阀安装牢固，无漏风，作用良好。

⑥ 压力传感器安装紧固，接线良好。

7）升弓控制模块的维检与装调

① 升弓塞门安装紧固，无漏泄，作用良好。

② 检查升弓电磁阀、调压阀、油水分离器安装紧固，无漏泄，电磁阀接线紧固，无过热、烧损。

③ 压力表下车校验。

8）高低音风笛的维检与装调

① 外观检查各风笛固定可靠，无破损，管路及接头无破损、变形及漏风现象。

② 电磁阀、塞门安装牢固，无破损、泄漏；电磁阀接线紧固，无过热、烧损。

③ 性能试验：当风压为 500 kPa 以上时，音色正常，无沙哑现象。

9）轮缘润滑装置的维检与装调

（1）清除各部件污垢

外观检查电磁阀、塞门安装牢固，无破损、泄漏；电磁阀接线紧固，无过热、烧损；管路及接头无破损、变形及漏风现象。

（2）轮缘喷油器

① 解体清洗。拆装过程中禁止摔碰，防止喷嘴、接口、喷头体变形。

② 外观检查各组件螺纹丝扣无损伤，管路畅通无阻塞；喷嘴无变形，弹簧无锈蚀，喷头体无裂损。

③ 更新密封垫。按解体相反程序进行组装并试验，检查无漏油、漏风现象。

图 3-6-1 为 HB-3 型喷头组装示意图。

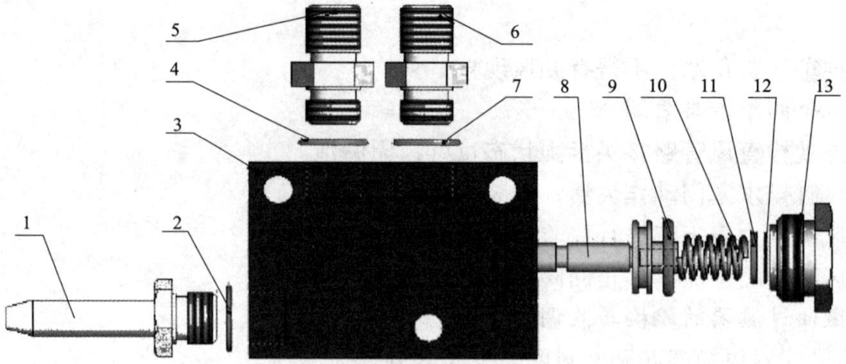

1—喷嘴；2、11—垫片；3—喷头体；4—组合垫；5—进脂口接头；6—进气口接头；7—组合垫；
8—柱塞；9—O 形密封圈；10—弹簧；12—铜丝网；13—堵头

图 3-6-1　HB-3 型喷头组装示意图

10）撒砂装置的维检与装调

① 解体撒砂阀，吹扫并检查阀体无裂纹、变形、锈蚀，各风道畅通，锁孔畅通，更新橡胶件。

② 外观检查各管路、节流阀及接头无裂损、变形，丝扣完好。

③ 撒砂阀安装后应紧固、密贴，无泄漏；管路节流阀作用良好。

④ 风量和砂量调整到位，试验撒砂阀在 500～600 kPa 压力空气作用下每分钟撒砂量为 0.3～0.7 L。

11）后视镜的维检与装调

检查镜片无破损，安装牢固，动作灵活，风管路无漏风。

12）各型软管的维检与装调

① 外观检查各撒砂、轮喷及制动软管无裂损、变形、龟裂。

② 对平均软管、总风软管及列车软管下车进行风、水压试验检查，无裂损、变形、泄漏，丝扣良好；平均软管、总风软管及列车软管防尘座配装齐全。

③ 检查各金属软管无磨损、变形、泄漏及锈蚀。

④ 检查各塞门及球阀清洁，无破损、卡滞、泄漏、锈蚀，动作灵活可靠；折角塞门角度符合要求。

13）刮雨器的维检与装调

① 外观检查刮雨器安装牢靠，功能良好，刷杆、刷片及刮臂无变形、折损、老化、破损；安装螺栓防雨罩完整齐全。

② 检查刮雨器外部密封良好，无漏水，喷淋系统作用良好，水管无破损、老化，管卡齐全紧固。

③ 检查刮雨器水箱无破损、漏泄。

④ 检查刮雨器水泵安装牢固，接线紧固，无松动、过热、烧损及脱落，试验作用良好。

⑤ 检查传动装置。

a. 风动式：检查电机及控制阀件安装牢固，传感器接线紧固无松动、过热，试验功能正常，无卡滞。

b. 电动式：更换电机，检查电机安装牢固，接线无松动、过热，试验功能正常，无卡滞。

c. 清洁检查电控盒安装牢固，无破损、烧损，各插头完整，插接良好，保险无烧损。

d. 控制按钮作用良好，下部接线无松动、过热、脱落。

做一做

<table>
<tr><td colspan="2">任务清单</td><td colspan="4">任务 3.6　HX$_{D}$1C 型电力机车空气管路系统的维检与装调</td></tr>
<tr><td>姓　名</td><td></td><td>班　级</td><td></td><td>学　号</td><td></td></tr>
</table>

工具名称	工具数量	工具规格	工具要求

安全要求	操作注意事项

工序流程

工序名称	作业过程	工种

任务评价

<table>
<tr><td colspan="2" rowspan="2">任务评价表</td><td colspan="2">模块名称</td><td colspan="3">通风系统与空气管路系统</td></tr>
<tr><td colspan="2">任务名</td><td colspan="3">HX_D1C 型电力机车空气管路系统的维检与装调</td></tr>
<tr><td>姓　名</td><td></td><td>班　级</td><td colspan="2"></td><td>学　号</td><td></td></tr>
<tr><td colspan="2">评分内容</td><td>标准分值</td><td>自我评分（20%）</td><td>小组评分（30%）</td><td colspan="2">教师评分（50%）</td></tr>
<tr><td rowspan="3">任务准备</td><td>认真完成在线课程的学习</td><td>5</td><td></td><td></td><td colspan="2"></td></tr>
<tr><td>根据任务要求主动查找资料</td><td>5</td><td></td><td></td><td colspan="2"></td></tr>
<tr><td>完成空气管路系统维检与装调工艺卡</td><td>10</td><td></td><td></td><td colspan="2"></td></tr>
<tr><td rowspan="5">任务实施</td><td>能清楚地领会任务内容及要求</td><td>5</td><td></td><td></td><td colspan="2"></td></tr>
<tr><td>劳保用品穿戴齐备，错扣 2 分
防护措施到位，错扣 2 分
工具准备到位，错扣 2 分</td><td>10</td><td></td><td></td><td colspan="2"></td></tr>
<tr><td>作业顺序出现差错扣 5 分
弹簧或卡簧飞出扣 5 分
拆卸时伤及铜件扣 5 分
分解时损伤密封件扣 5 分
工具选择不合理扣 5 分</td><td>20</td><td></td><td></td><td colspan="2"></td></tr>
<tr><td>在规定时间内完成任务</td><td>5</td><td></td><td></td><td colspan="2"></td></tr>
<tr><td>具有团队合作意识</td><td>5</td><td></td><td></td><td colspan="2"></td></tr>
<tr><td rowspan="3">任务总结</td><td>完成任务要求</td><td>5</td><td></td><td></td><td colspan="2"></td></tr>
<tr><td>任务完成质量：
零部件齐全，错漏扣 2 分/个；
各零部件未分类放置，扣 2 分/个；
未按规定程序进行作业扣 2 分</td><td>15</td><td></td><td></td><td colspan="2"></td></tr>
<tr><td>任务展示情况：
工具、仪表、设备等摆放不整齐，扣 2 分/个；
作业完成后未整理工具、清洁现场扣 2 分；
没有穿戴安全防护用品，作业防护项目不齐全，扣 2 分/处</td><td>15</td><td></td><td></td><td colspan="2"></td></tr>
<tr><td colspan="2">总　　分</td><td>100</td><td colspan="4"></td></tr>
</table>

双语拓学

1. 专业词汇双语对照表

通风系统与空气管路系统专业词汇中英对照表

英文	中文	英文	中文
ventilation system	通风系统	filter	过滤器，滤尘网
centrifugal blower	离心式通风机	axial flow fan	轴流式通风机
air duct	风道	air inlet	进气口
air outlet	出气口	air filter	空气滤清器
cooling air	冷却空气	forced ventilation	强制通风
natural ventilation	自然通风	ventilation ducting	通风管道
air compressor	空气压缩机	air reservoir	储气罐
air dryer	空气干燥器	pressure regulator	压力调节器
radiator	散热器；暖气片	thermal converter	热变换器
compressor	压缩机	brake cylinder	制动缸
sand pipe	撒砂管	equalizing pipe	均衡管
control airway pipe	控制气路	pneumatic system	气动系统
braking air circuit	制动空气回路	control air circuit	控制空气回路

2. AI+双语小视频制作

试在本模块中选择一个任务或者知识点，制一个双语动画视频，可以是微课、科普讲堂等，可充分借助生成式 AI 工具（如 DeepSeek、豆包）进行双语翻译、数字人（如闪剪）生成、PPT（如 kimi）生成及视频（如剪映）转换。

模块 4

转 向 架

思政领学 ↓

事故案例

德国高铁事故

德国艾雪德列车出轨事故

1998 年 6 月 3 日，德国下萨克森州策勒县艾雪德村附近发生了一起极其严重的铁路事故——艾雪德列车出轨事故。此次事故后果惨痛，共造成 100 人死亡，88 人受伤，其中重伤者达 60 余人。

肇事列车编号为 401551。德国时间上午 11 时 10 分，当列车行驶至策勒县艾雪德村以南约 6 km 处时，悲剧悄然降临。第 2 节车厢第 3 条车轴上的一个车轮，其外钢圈突然发生爆裂，钢条碎片瞬间插进车厢内部。而当列车继续前行经过转辙器时，爆裂的车轮外钢圈将转辙器上的引导轨向上扬起，同时碎片插入车厢走道，甚至冲破了车厢顶。在这一系列连锁反应之下，车头与第 2 节车厢之后的车体分离，最终酿成了这场惨烈的事故。

经过深入调查分析，此次事故的原因是多方面的。

1. 轮箍设计缺陷

涉事的 ICE-1 列车，其车轮构造较为特殊，外层包裹着一层 20 mm 厚的橡胶，橡胶之外套着相对较薄的金属车轮。这种车轮原本主要应用于普速列车，并未针对高速运行进行专门测试，在高速行驶的情况下，其安全性难以保障。

2. 刹车系统失效

车轮爆裂后，列车未能及时刹停，这成为引发后续一系列严重事件的主要原因。

3. 维修保养漏洞

双层金属车轮的表面，因金属疲劳产生的微细裂缝很难被清晰察觉。事发前，检修人员仅采用标准型闪灯对车轮进行检查，而未使用能够探测金属疲劳的专业仪器，使得潜在的安全隐患未能被及时发现。

4. 其他关联因素

事故中倒塌的行车天桥，其设计也在一定程度上间接导致了事故的恶化。这座天桥两端采用薄桥墩支撑，而非实心拱形设计，在列车撞击时无法提供足够的支撑力。此外，转向架内的焊接未能完全缝合，这也削弱了转向架的整体强度和稳定性，在列车运行过程中，可能因承受不住压力而出现故障，进而影响列车的正常行驶。

双语助学

The Development History of Bogie

The bogie, a crucial component of railway vehicles, has a long and remarkable development history.

In the early days of railway development, the bogies were relatively simple. They mainly consisted of basic wheel-axle assemblies and simple frames. These early-stage bogies were designed to meet the basic needs of vehicle movement on tracks, but their functions were limited. They had relatively poor shock-absorption capabilities, which led to a bumpy ride for passengers and put more stress on the vehicle structure.

As technology advanced, significant improvements were made. The introduction of leaf springs and later coil springs in the suspension system greatly enhanced the shock-absorption performance. This not only improved the riding comfort but also reduced the wear and tear on the vehicle and tracks. During this period, the design of the bogie frame also became more sophisticated, with better-distributed stress and increased strength.

With the rise of high-speed rail, bogies faced new challenges and underwent revolutionary changes. High-speed bogies were developed with features such as optimized aerodynamics, lightweight materials, and advanced braking systems. For example, the use of aluminum alloy materials in the bogie frame reduced the overall weight while maintaining high strength. The braking systems evolved from simple mechanical brakes to more efficient electro-pneumatic brakes, ensuring safe and reliable braking at high speeds.

In recent years, with the development of intelligent transportation, bogies are moving towards intelligence. Sensors are installed on bogies to monitor their running status in real-time, such as temperature, vibration, and wear. This allows for timely maintenance and fault prediction, further improving the safety and reliability of railway transportation.

In conclusion, the development of bogies has been driven by the continuous pursuit of better performance, safety, and efficiency in railway transportation. From the simple structures in the past to the highly-sophisticated and intelligent ones today, bogies have come a long way and will continue to evolve with the progress of technology.

转向架的发展历史

转向架是铁路车辆的关键部件，有着悠久且非凡的发展历史。

在铁路发展的早期，转向架相对简单。它们主要由基本的轮轴组件和简单的构架组成。这些早期的转向架旨在满足车辆在轨道上行驶的基本需求，但其功能有限。

它们的减振能力相对较差，这导致乘客乘坐时颠簸感强烈，并且对车辆结构造成了更大的压力。

随着技术的进步，转向架有了显著的改进。在悬挂系统中引入了板簧，后来又引入了螺旋弹簧，极大地提高了减振性能。这不仅提升了乘坐的舒适性，还减少了车辆和轨道的磨损。在此期间，转向架构架的设计也变得更加精密，应力分布更合理，强度也有所增加。

随着高速铁路的兴起，转向架面临着新的挑战并经历了革命性的变化。高速转向架具有优化的空气动力学性能、轻质材料及先进的制动系统等特点。例如，在转向架构架中使用铝合金材料，在保持高强度的同时减轻了整体重量。制动系统从简单的机械制动发展为更高效的电空制动，确保了在高速行驶时的安全可靠制动。

近年来，随着智能交通的发展，转向架正朝着智能化方向迈进。在转向架上安装了传感器，用于实时监测其运行状态，如温度、振动和磨损情况，以便能够及时进行维护和故障预测，进一步提高了铁路运输的安全性和可靠性。

总之，转向架的发展是由铁路运输领域对更好的性能、安全性和效率的不断追求所推动的。从过去简单的结构到如今高度精密且智能化，转向架已经取得了巨大的进步，并且将随着技术的发展继续演变。

AI 导学

从艾雪德列车出轨事故中，我们清晰看到了转向架焊接问题带来的严重后果。转向架作为列车运行的核心部件，其任何细微的设计、制造和维护缺陷，都可能引发如这般的惨重事故。接下来，让我们结合 AI 知识图谱正式开启转向架的学习之旅。我们将深入探究转向架的构造，了解其各个部件如何协同工作，确保列车稳定运行；剖析其工作原理，明白在不同工况下转向架如何发挥作用；还会研究转向架的设计标准、制造工艺及维护要点，从源头上避免类似艾雪德列车出轨事故的发生。通过对转向架全面且深入的学习，我们能够更好地保障列车运行安全，推动铁路交通事业的稳健发展。

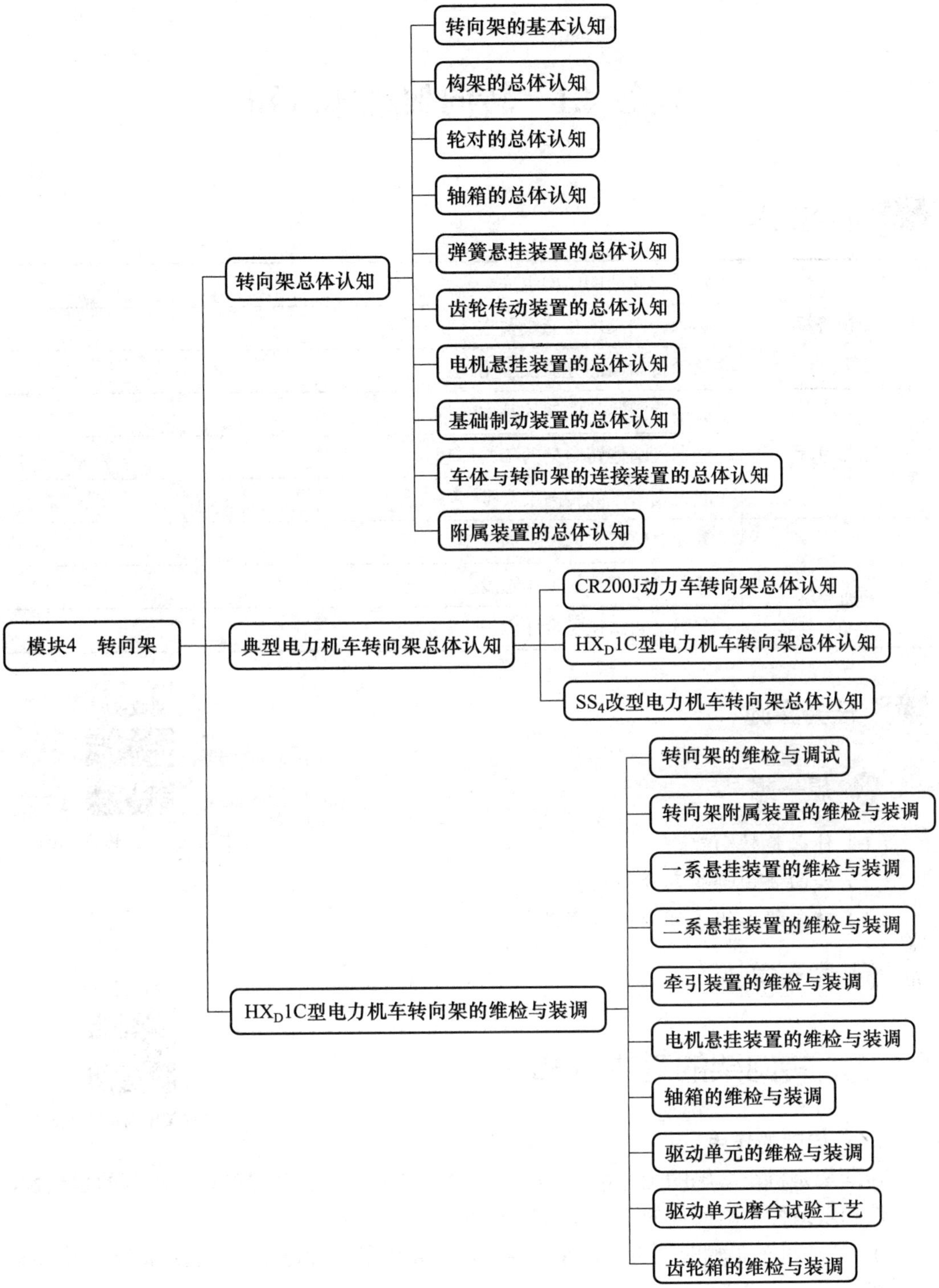
模块4　转向架
转向架总体认知
转向架的基本认知
构架的总体认知
轮对的总体认知
轴箱的总体认知
弹簧悬挂装置的总体认知
齿轮传动装置的总体认知
电机悬挂装置的总体认知
基础制动装置的总体认知
车体与转向架的连接装置的总体认知
附属装置的总体认知
典型电力机车转向架总体认知
CR200J动力车转向架总体认知
HX_D1C型电力机车转向架总体认知
SS_4改型电力机车转向架总体认知
HX_D1C型电力机车转向架的维检与装调
转向架的维检与调试
转向架附属装置的维检与装调
一系悬挂装置的维检与装调
二系悬挂装置的维检与装调
牵引装置的维检与装调
电机悬挂装置的维检与装调
轴箱的维检与装调
驱动单元的维检与装调
驱动单元磨合试验工艺
齿轮箱的维检与装调

任务 4.1　转向架总体认知

任务目标

知识目标	熟悉转向架的结构组成
	熟悉转向架的功能及要求
	熟悉转向架的分类及应用
能力目标	能准确阐述转向架的基本结构
	能准确阐述转向架的工作原理
	能识别常见的转向架类型
素质目标	激发对轨道交通技术的兴趣
	培养严谨细致的工作态度
	增强安全意识和责任意识

任务实施

思政视频

科技强国——齿轮箱中国标准

想一想

（1）什么是转向架？

（2）转向架由哪些部分组成？

（3）转向架各组成部分的作用是什么？

学一学

微课视频

转向架结构功能认知

4.1.1　转向架的基本认知

1. 转向架的作用

转向架是机车车辆的走行部分，性能优异的转向架能有效提升机车车辆的稳定性、安全性和舒适性。转向架的主要作用如下。

① 增加机车车辆的载重、长度与容积，提高列车运行速度，以满足铁路运输发展的需要。

② 支撑车体，承受并传递从车体至车轮之间或从轮轨至车体之间的各种载荷及作用力，并使轴重均匀分配。

③ 保证车辆安全运行，能灵活地沿直线线路运行及顺利地通过曲线。

④ 转向架的结构要便于弹簧减振装置的安装，使之具有良好的减振特性，以缓和车辆和线路之间的相互作用，减小振动和冲击，减小动应力，提高车辆运行平稳性和安全性。

⑤ 充分利用轮轨之间的黏着，传递牵引力和制动力，放大制动缸所产生的制动力，使机车车辆具有良好的制动效果。

2. 转向架的组成和种类

1）转向架的组成

转向架一般由构架、轮对、轴箱、轴箱悬挂装置、牵引电机及其悬挂、齿轮传动、基础制动装置等组成（见图 4-1-1）。

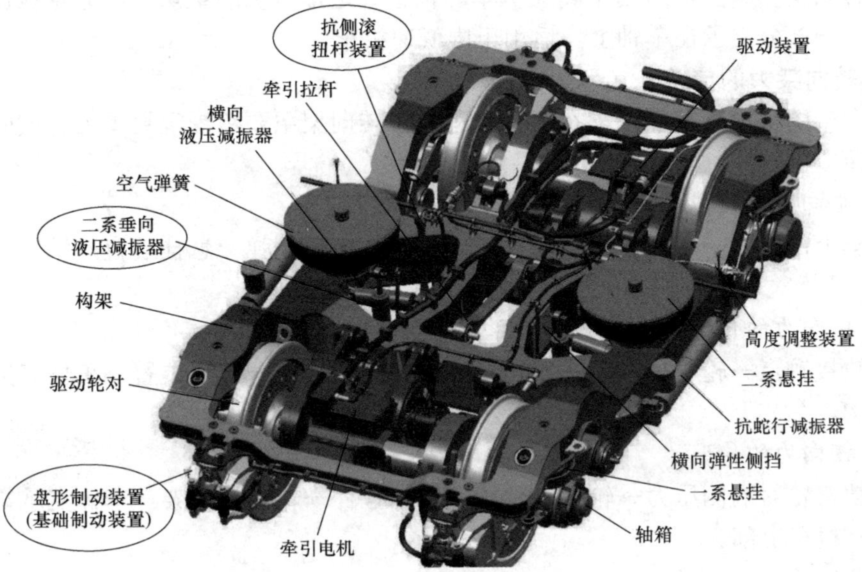

图 4-1-1　转向架结构

① 构架：转向架的骨架，承受和传递垂向力及水平力。

② 轮对：向钢轨传递机车重量，产生牵引制动力，实现机车运行。

③ 轴箱及悬挂装置：保证轮对回转运动，使轮对适应线路条件。

④ 牵引电机及其悬挂：输出功率和转矩。

⑤ 齿轮传动：将牵引电机的功率传递到轮对。

⑥ 基础制动装置：将由制动缸传来力放大后传给闸瓦压向车轮。

2）转向架的分类

按轴数分类，转向架可分为二轴转向架和三轴转向架。二轴转向架固定轴距小，曲线通过性能好，在大功率机车上可采用多个二轴转向架。三轴转向架固定轴距大，平稳性好，高速直线运行时轮轨作用力和磨损小。

按传动方式分类，转向架可分为独立传动转向架和组合传动转向架。独立传动是指转向架上的每个车轴都由一个牵引电机单独传动，组合传动是指一台牵引电机传动多个车轴。独立传动转向架传动装置结构简单，可靠性好，因此应用广泛，尤其是大功率机车。组合传动转向架有利于降低机车重量和制造成本，减小黏着性能，增大电机尺寸，增大机车功率。

按弹簧悬挂方式分类，转向架可分为一系悬挂和两系悬挂。一系悬挂是指转向架构架和轴箱之间的弹簧悬挂，二系悬挂是指转向架构架和车体底架之间的悬挂。一系悬挂一般只用于调车。普通的干线列车或者高速列车是既有一系悬挂又有二系悬挂的两系悬挂，具备垂向刚度小、挠度大、动力性能好等优点。

按轴箱定位方式分类，转向架可分为有导框轴箱定位和无导框轴箱定位。其中，有导框轴箱定位重量大，磨耗严重，比较陈旧，少数国产内燃机车采用。无导框轴箱定位普遍应用，有多种不同的结构形式，其中轴箱式拉杆橡胶关节定位形式常被采用。

按电机悬挂方式分类，转向架可分为架悬式和轴悬式。架悬式是指电机重量全部悬挂在转向架构架上，适用于高速机车。轴悬式是指电机的重量一部分悬挂在转向架构架上，一部分支承在车轴上，适用于中低速机车。

3. 转向架力的传递

转向架的受力十分复杂，在运行过程中，转向架主要承受垂直重力、横向载荷和水平载荷。

1）垂向力的传递

机车上部重量→车体支承装置→转向架构架→轴箱弹簧悬挂装置→轴箱→轮对→钢轨。

2）纵向力的传递

轮轨接触点→轮对→轴箱→轴箱拉杆→转向架构架→牵引装置→车体底架→缓冲器→车钩。

3）横向力的传递

钢轨对轮对的侧压力→轮对→轴箱→轴箱拉杆→转向架构架→车体支承装置→车体底架→机车上部。

4. 转向架相关参数

1）轴重

轴重是指静止状态下每个轮对压在钢轨上的重量。轴重越大，每根轴能发挥的黏着牵引力越大，对线路的影响和破坏越大。

2）单轴功率

单轴功率是指机车每根轮轴所能发挥的功率。同等轴重下，单轴功率越大，列车所能达到的运行速度越高。

3）结构速度

结构速度是指转向架在结构上所允许的机车最大运行速度。

微课视频

转向架构架结构原理认知

4.1.2 构架的总体认知

1. 构架的作用和要求

构架是转向架的骨架，是最关键的零部件之一，也是转向架其他各零部件的安装基础，在机车的牵引运行中起传递牵引力、制动力、横向力及垂向力的作用。

为了确保能承受各类复杂的载荷，同时保证其他零部件的稳固，通常在设计和装配构架时应满足下列要求：

① 全面考虑构架与各零部件的相互位置；

② 各梁应设计成等强度梁；

③ 各梁的布置应尽量对称；

④ 构架和各梁本身应注意减少应力集中；

⑤ 要有足够的强度和刚度。

2. 构架的分类

按设计和制造的工艺，构架可分为焊接构架和铸钢构架。由于铸钢构架质量大、铸造工艺复杂，现在已经很少采用。焊接构架质量轻，各梁为中空箱型结构，用料省，强度、刚度大，因此被广泛采用。焊接构架又分为钢板焊接构架和压型钢板焊接构架。

按构架的结构形式划分，构架可分为封闭式构架和开口式构架，其中封闭式构架有“日”字形、“目”字形，开口式有 H 形。

按轴箱及其定位方式划分，构架可分为有导框式构架和无导框式构架。现代干线列车，尤其是高速列车基本采用的是无导框式构架。

3. 构架的组成

构架一般由左、右两侧梁，一个或几个横梁组成。有的还在两横梁之上焊接一纵向牵引梁用于安装心盘。两端的横梁又称为端梁。具有端梁的呈矩形的构架，称为封闭式构架。只有一个或两个相邻中部横梁而没有端梁的构架，称为开口式或 H 形构架。

侧梁是构架的主要承载梁，是传递垂向力、纵向力和横向力的主要构件。侧梁还用来规定轮对位置。侧梁中部设有空气弹簧的安装座和横向减振器座。抗侧滚扭杆座设置在两个侧梁的下部。侧梁端部的 4 个起吊座可使构架或整个转向架被安全地吊起。横梁和端梁用来保证构架在水平面内的刚度，保持各轴的平行及承托牵引电机。横梁上设有电机吊座、齿轮箱吊座和牵引拉杆座。砂箱一般安装在前后端梁上。

图 4-1-2 为转向架构架的一般组成。

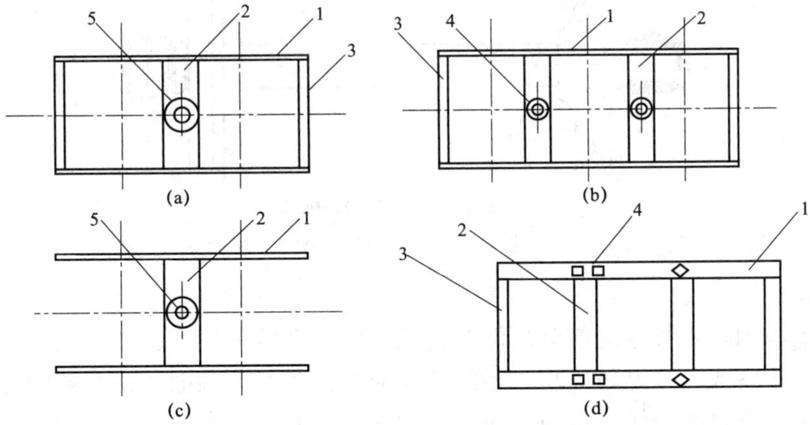

1—侧梁；2—横梁；3—端梁；4—支承座；5—心盘

（a）、（c）为两轴转向架构架；（b）、（d）为三轴转向架构架

图 4-1-2　转向架构架的一般组成

4.1.3 轮对的总体认知

思政视频

科技强国——
高铁车轮有多难？

微课视频

轮对

1. 轮对的作用和要求

1）轮对的作用

轮对的作用是保证机车车辆在钢轨上的运行和转向，承受来自机车车辆的全部静、动载荷，把它们传递给钢轨，并将因线路不平顺产生的载荷传递给机车车辆各零部件。

2）轮对的要求

由于轮对的受力复杂，因此对轮对的设计制造要求也很高。通常轮对需要满足下列要求。

① 具有足够的强度和刚度；在外力作用下不发生永久变形，且弹性变形限制在正常工作允许范围内，不发生脆性折断及疲劳裂纹等类型的破坏。

② 在保证安全的条件下，尽可能地减轻轮对质量，并有一定的弹性，以减小轮轨之间的作用力。

③ 车轴与车轮结合牢固。

④ 具有阻力小和耐磨性好等优点，这样可节省牵引动力。

2. 轮对的组成

轮对是机车车辆上与钢轨相接触的部分，由左、右两个车轮牢固地压装在同一根车轴上。车轮有整体轮和分体轮，分体轮的车轮由轮箍和轮心组装而成，它们之间采用过盈配合，用热套装、冷压装或注油压装的方式装在一起。图 4-1-3 为轮对结构图。

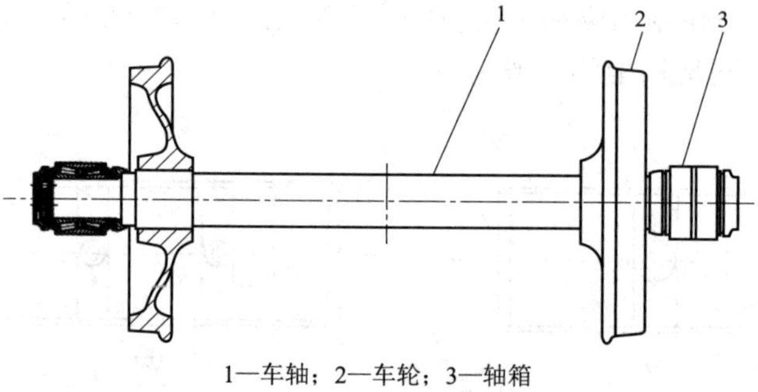

1—车轴；2—车轮；3—轴箱

图 4-1-3　轮对结构图

1）车轮

车轮上与钢轨相接触的部分，即车轮的外圈，在整体轮上称为轮辋，在轮箍轮上称为轮箍。轮辋或轮箍上与钢轨相接触的表面称为踏面，踏面一侧凸起的部分称为轮缘。轮缘位于钢轨的内侧，可防止轮对滚动脱轨，并起导向作用。车轮上与车轴相结合的部分称为轮毂。轮毂与轮辋用轮辐连接。轮辐可以是连续的圆盘，称为辐板；也可以是若干沿半径方向布置的柱体，称为辐条。图 4-1-4 为车轮示意图。

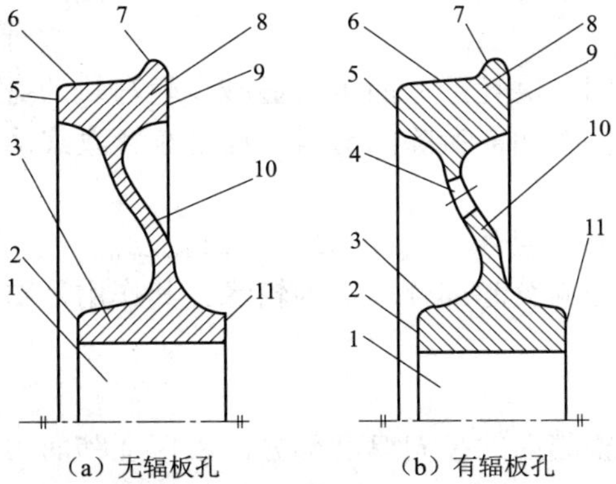

（a）无辐板孔　（b）有辐板孔

1—轮毂孔；2—轮毂外侧面；3—轮毂；4—辐板孔；5—轮辋外侧面；6—踏面；7—轮缘；8—轮辋；9—轮辋内侧面；10—辐板；11—轮毂内侧面

图 4-1-4　车轮示意图

（1）踏面。

微课视频

神奇的踏面

踏面是车轮与钢轨面相接触的外圆周面，具有一定的斜度。踏面与轨面在一定的摩擦力下完成滚动运行。踏面通常以 1:20 及 1:10 两段斜面制成圆锥形，原因如下。

① 便于通过曲线。车辆在曲线上运行时，由于离心力作用，轮对偏向外轨，由于踏面锥形的存在，外轨上滚动的车轮滚动圆直径较大，而沿内轨滚动的车轮滚动圆直径较小，这正好和曲线区间线路外轨长、内轨短相适应，使轮对顺利通过曲线，减少车轮在钢轨上的滑行。

② 在直线线路上运行时轮对能自动调中。车轮在直线线路上运行时，如果车辆中心线与轨道中心线不一致，则轮对在滚动过程中能自动纠正偏离位置。

③ 使磨耗踏面更为均匀。由于踏面与钢轨接触面的滚动直径在不断变化，致使轮轨的接触点也在不断地变换位置，从而使踏面磨耗沿宽度方向比较均匀。

图 4-1-5 为踏面示意图。

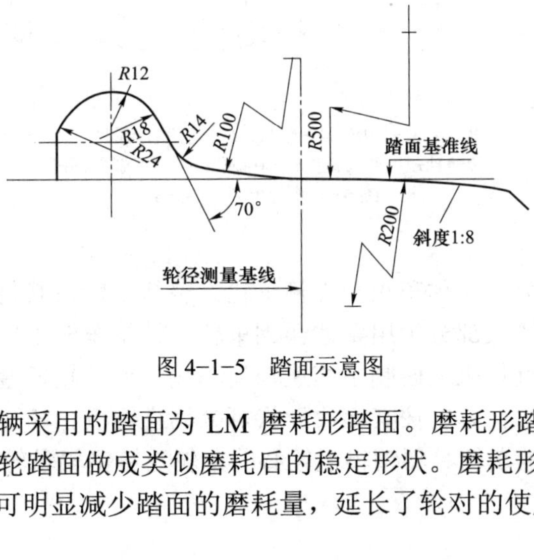

图 4-1-5　踏面示意图

我国铁道机车车辆采用的踏面为 LM 磨耗形踏面。磨耗形踏面是在锥形踏面的基础上，一开始就把车轮踏面做成类似磨耗后的稳定形状。磨耗形踏面相比锥形踏面在相同的行走里程下，可明显减少踏面的磨耗量，延长了轮对的使用寿命，减少了换轮、选轮的工作。同时，磨耗形踏面可减小轮轨接触应力，提高车辆运行的横向稳定性和抗脱轨安全性。

多年的运用检验证明，磨耗形踏面可明显减少轮与轨的磨耗，延长车轮的使用寿命，减少车轮检修时修复踏面需镟除的材料，保证车辆直线运行的横向稳定性，改善列车通过曲线的性能。

（2）轮缘。

车轮内侧面的径向圆周突起部分，称为轮缘。其作用是防止轮对脱轨，保证车辆在直线和曲线上安全运行。

（3）轮辋。

轮辋是车轮具有完整踏面的径向厚度部分，以保证踏面内具有足够的强度，同时也便于加修踏面。

（4）轮毂。

轮毂是车轮中心圆周部分，固定在车轴轮座上，是整个车轮结构的主干与支承。

（5）轮毂孔。

轮毂孔用于车轴的安装，与车轴轮座部分直接固结在一起。

（6）轮辐板。

轮辐板是连接轮辋与轮毂的部分，呈板状者称为辐板。辐板呈曲面状，从而使车轮具有一定弹性，使力在传递时较为缓和。

2）车轴

车轴是轮对的主要配件，它除了与车轮组成轮对外，两端还要与轴箱油润装置配合，以保证列车安全运行。车轴通常由轴颈、防尘座、轮座、抱轴颈和中间部分等组成。其中，轴颈主要用于安放轴承，承受垂直载荷；轮座用于固定车轮，是车轴的最大受力部分；轴身则是车轴中间连接部分。图 4-1-6 为车轴示意图。

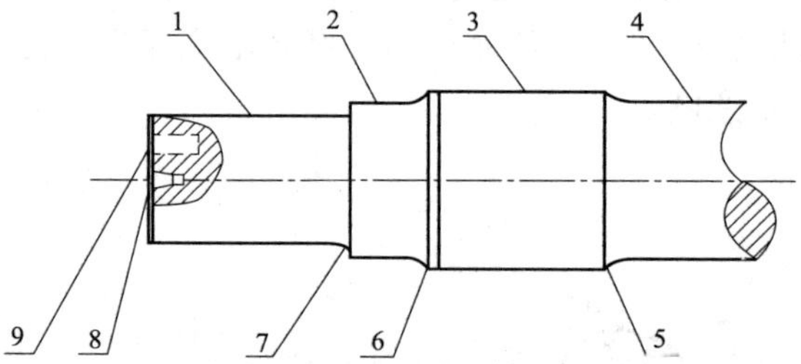

1—轴颈；2—防尘板座；3—轮座；4—轴身；5—轮座后肩圆弧；6—轮座前肩圆弧；
7—轴颈后肩圆弧；8—中心孔；9—轴端螺栓孔

图 4-1-6　车轴示意图

3. 轮对的分类

按车轮的结构可分为整体车轮和带箍车轮。整体车轮按其材质可分为辗钢车轮和铸钢车轮等。我国车辆大部分采用整体辗钢车轮。铸钢车轮主要是国外进口的。为满足高速车辆的要求，近年来又研制了高速轻型车轮，使车轮轻量化，以减少高速运行时轮轨之间的动作用力。车轮按其辐板形状可分为直辐板轮和 S 形辐板轮。带箍车轮可分为铸钢辐板轮心的车轮、辗钢辐板轮心的车轮及铸钢辐条轮心的车轮。

4.1.4　轴箱的总体认知

微课视频

轴箱

1. 轴箱的作用

在铁道机车车辆上，套在轴颈上连接轮对和转向架构架或二轴车车体的部件，称为轴箱。其作用如下。

① 连接轮对与侧架（或构架），保持轴颈与轴承的正常位置。

② 将车体重量和载荷传递给轮对。

③ 润滑高速转动的轴颈，减少摩擦，降低运行阻力，防止热轴。

④ 防止沙尘、雨水等异物进入轴承及轴颈等部分，保证机车车辆安全运行。

2. 轴箱的分类与结构

轴箱装置按所采用的轴承类型，分为滑动轴承轴箱装置和滚动轴承轴箱装置两类。早期的机车车辆采用滑动轴承轴箱装置，20 世纪初开始试用滚动轴承轴箱装置，现已逐渐取代滑动轴承轴箱装置。我国铁路的客车及柴油机车和电力机车已全部采用滚动轴承轴箱装置，货车已部分采用。

1）滑动轴承轴箱

货车的轴箱装在车轮外侧，由轴箱体、轴箱盖、轴瓦、轴瓦垫板、油润装置和防尘板组成。蒸汽机车动轮和导轮上的轴箱装在车轮内侧，用油盒供油润滑轴颈，其他零件与上述零件相同。图 4-1-7 为滑动轴承轴箱装置。

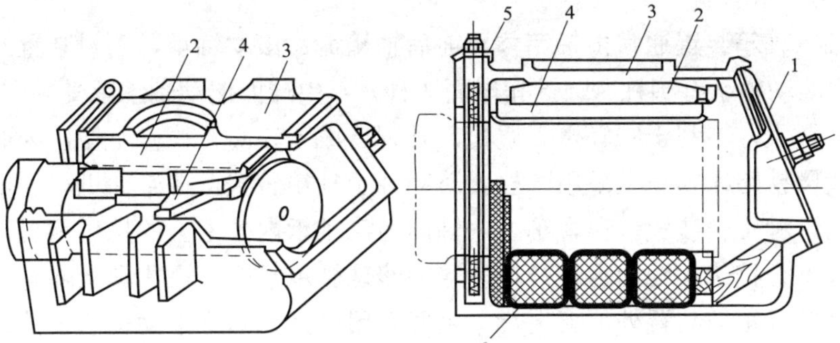

1—轴箱盖；2—轴瓦垫；3—轴箱体；4—轴瓦；5—防尘板；6—润油装置

图 4-1-7　滑动轴承轴箱装置

（1）轴箱体。

轴箱体是承受载荷、储存轴油的部件，用于包容轴颈及其他零件。早期轴箱体用铸铁制造，现在普遍用铸钢制造。轴箱体不仅将来自构架的载荷传递给轴颈，而且在维修更换轴承时还要承受千斤顶从底部把它支起的载荷，因此要有足够的强度。轴箱体同轴箱盖必须严密贴合，以免漏油，并防止雨水和尘土进入。轴箱体有导框式和无导框式两种。

（2）轴瓦。

轴瓦是与轴颈相摩擦并把轴箱体所承受的全部载荷传递给轴颈的部件，由瓦体和它的表面一层减摩合金组成。早期的瓦体用铜合金铸造，以后改用钢背铜衬，我国采用球墨铸铁制造。我国铁路车辆上采用的减摩轴承合金，俗称白合金，是铅锑锡合金。这种合金易于刮研，有良好的抗压、减摩、耐热性能，易于浇铸。近年来，为了防止轴瓦过早报废和避免燃轴，在 50 t 以上货车轴瓦的前端镶装了塑料瓦头。

（3）轴瓦垫

轴瓦垫是装在轴箱体和轴瓦之间起载荷传递作用的零件。它的上表面呈圆弧形，以改善白合金表面的载荷分布。在更换轴瓦时先取下垫板可以减小千斤顶的起车高度。

（4）油润装置

油润装置是向轴瓦和轴颈之间供给轴油以减小摩擦的装置，由油卷、木前枕和后挡板组成，安装于轴箱体内。油卷充满轴油（润滑油），并与轴颈下部相接触。车辆运行时轴颈转动，将轴油带入轴瓦和轴颈之间，形成油膜，使干摩擦变为液体摩擦。早期的油卷多用棉毛线制成，有的则采用油刷。我国铁路车辆近年来改用泡沫塑料外包毛巾套的油卷。木前枕的作用是代替轴颈外端的油卷，并阻止油卷外移。后挡板用于防止轴油由轴颈后端溢出。

（5）防尘板

防尘板的作用与轴箱盖相同，所以又称轴箱后盖，位于轴箱体后壁的夹层内，多属木质的。木质防尘板密封性差，常漏轴油，近年来逐渐改用橡胶防尘板。

2）滚动轴承轴箱

滚动轴承轴箱装置通常由轴箱体、前后轴箱盖、滚动轴承、密封装置及其他零件组成。所用滚动轴承有圆柱、圆锥和球面 3 种，其中球面滚动轴承承受轴向载荷较好，但要求尺寸较大，不利于减轻簧下质量，且制造成本较高，检修不便，因而近年来采用较少。我国铁路在客车上采用圆柱式滚动轴承轴箱装置，在柴油机车和电力机车上主要也采用这种轴箱装置。在客车上，轴向力靠轴承内外圈上的挡边承受，而在机车上轴承一般不带挡边，轴向力靠装在轴端的滚珠轴承承受。在货车上除有一部分采用圆柱式滚动轴承轴箱装置外，新造货车主要采用密封式圆锥滚动轴承轴箱装置。圆锥滚动轴承两端带有密封装置，外圈上面为承载鞍，装在转向架侧架导框内，起载荷传递作用，轴承外面不再有轴箱体，因而这种结构称为无轴箱轴承装置。滚动轴承都采用润滑脂，不需要经常开盖加油或检查。图 4-1-8 为滚动轴承轴箱装置。

与滑动轴承轴箱装置相比，滚动轴承轴箱装置可以使机车车辆运行阻力降低 10%左右，可以使起动阻力降低 80%以上，不仅可以节约动力消耗，提高运行速度，而且还可提高列车牵引重量。这种装置的各部件游动间隙较小，有利于改进机车车辆运行质量。它在运行中故障率较小，可以减少维修的人力和物资消耗，因而虽然滚动轴承轴箱装置的制造成本远高于滑动轴承轴箱装置，但仍得到了日益广泛的采用。

3. 轴箱定位

1）轴箱定位的要求

约束轮对与构架之间相对运动的机构，称为轴箱定位装置。由于轴箱相对于轮对

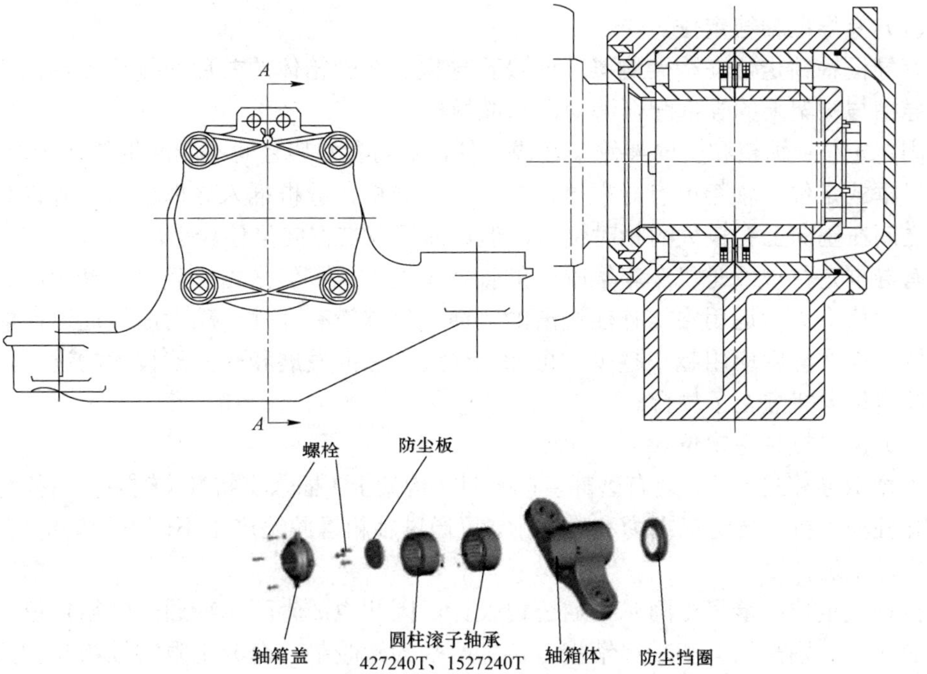

图 4-1-8　滚动轴承轴箱装置

在左右、前后方向的间隙很小，故约束轮对相对运动的装置也称为轴箱定位。对轴箱定位的要求如下。

① 保证轴箱能够相对于转向架在机车运行中做垂向跳动。

② 通过曲线时能相对于转向架构架做小量的横动。

③ 纵向要有较大的刚度，以保证牵引力和制动力的传递。

2）轴箱定位的分类

轴箱定位方式大致可以分为有导框定位和无导框定位，其中有导框定位包括固定定位和导框式定位，无导框定位包括拉杆式定位、干摩擦导柱式定位、转臂式定位及层叠式橡胶弹簧定位等几大类（见图 4-1-9）。

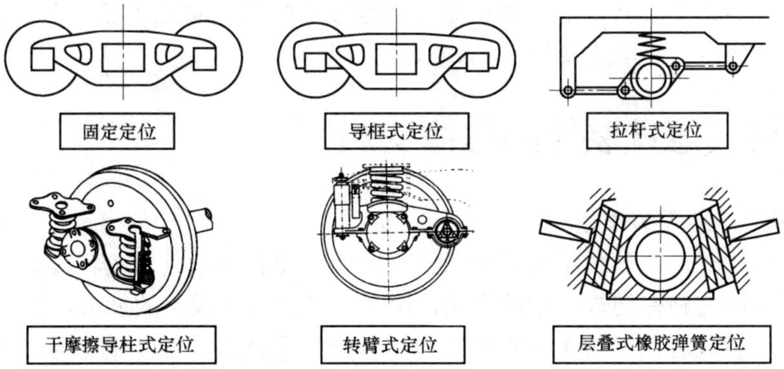

图 4-1-9　轴箱定位方式

（1）有导框轴箱定位。

有导框轴箱定位在构架侧梁下面设置导框，在轴箱体的前后两侧设置导槽，轴箱上的导槽与构架上的导框配合滑动，形成导框定位。

固定定位：轴箱和转向架侧架连成一体，轴箱和构架之间不能产生任何相对运动。

导框式定位：轴箱上有导框槽，侧架上有导框，导框插入导框槽内，容许轴箱与侧架之间在垂向上有较大的相对位移，但在前后左右方向位移较小。

有导框定位曾经是机车车辆唯一的轴箱定位方式，但是由于其存在摩擦面、磨耗严重，检修量大，运用中需补注润滑油，横向位移没有弹性，动力曲线通过性能不好等问题，在实际中应用越来越少。再加上橡胶工艺的发展和转向架技术的进步，无导框轴箱定位方式登上了舞台。

（2）无导框轴箱定位。

干摩擦导柱式定位：装有磨耗套的导柱（构架上）插入支持环（轴箱弹簧托盘上），通过导柱与支持环传递纵向力和横向力，再通过轴箱橡胶垫产生不同方向的剪切变形，实现弹性定位作用。

拉杆式定位：最早由阿尔斯通公司设计，因此也成为阿尔斯通式轴箱定位。轴箱拉杆的两端分别与构架和轴箱销接，拉杆两端的橡胶垫、套分别限制轴箱与构架之间的横向与纵向的相对位移，实现弹性定位，拉杆允许轴箱与构架在上下方向有较大的相对位移。拉杆式轴箱定位没有磨耗件，不需要润滑，保养工作量小；有一定的横向刚度，轮对不能自由横动，有利于改善运行中的蛇行运动，轮缘磨耗小，是目前应用最为广泛的一种无导框轴箱定位方式。

转臂式定位：定位转臂的一端与圆筒形轴箱体固接，另一端以橡胶弹性节点与构架上的安装座相连接，弹性节点允许轴箱与构架在上下方向有较大的位移，弹性节点内的橡胶件设计成使轴箱在纵向和横向满足不同定位刚度的要求。

层叠式橡胶弹簧定位：是在瑞典 RC 系列电力机车上发展起来的。这种轴箱定位方式，每个轴箱的前后侧都安装了一个金属橡胶夹层弹簧，一端与构架固结，另一端与轴箱体固结，起到了承重和传力的作用。可以通过改变夹层钢板形状、数量等来改变弹簧的安装角度，以适应不同刚度、承载和定位的需要。橡胶弹簧的垂向刚度较小，使轴箱相对构架有较大的上下方向位移，而它的纵、横向有适宜的刚度，以实现良好的弹性定位。但是由于其性能不够稳定，受温度影响大，制造工艺复杂，因此只在部分国家得到了应用。我国主要用于 6GL 型电力机车。

微课视频

4.1.5 弹簧悬挂装置的总体认知

弹簧悬挂装置结构原理认知

1. 弹簧悬挂装置的作用

列车在运行时，由于线路的不平顺、钢轨的接缝和道岔，以及轮箍踏面的磨耗不均匀和擦伤等因素的影响，轮对会受到来自线路的冲击，引起列车振动。如果构架和轴箱或者构架与车体直接连接，轮对所受的冲击就会直接通过轴箱经构架传给车体，使构件受力恶化，走行部分紧固件松动，车体内电器设备工作不可靠，对线路产生破坏作用。因此需在列车上安装缓冲装置，即弹簧悬挂装置，包括弹性元件和减振器。

2. 弹簧悬挂装置的分类

弹簧悬挂装置按作用可分为缓冲装置（中央弹簧、轴箱弹簧）、减振装置（垂向、横向、纵向和抗蛇行减振器）和定位装置（轴箱定位、中央定位、抗侧滚扭杆）。

安装在转向架轴箱或均衡梁和构架之间的称为轴箱悬挂装置，又称第一系悬挂装置（简称一系悬挂），主要包括轴箱弹簧、垂向液压减振器和转臂定位橡胶套等；安装在转向架构架和摇枕之间的称为摇枕弹簧装置或中央弹簧装置，又称第二系悬挂装置（简称二系悬挂），主要包括空气弹簧系统、中心牵引销及牵引拉杆、横向弹性止挡、横向和纵向液压减振器（即抗蛇行减振器）和高度调整装置等。仅有第一系或第二系悬挂装置的转向架，称为一系悬挂装置转向架；具有第一系悬挂装置和第二系悬挂装置的转向架称为两系悬挂装置转向架。货车转向架通常采用一系弹簧悬挂装置，客车转向架和柴油机车转向架、电力机车转向架通常采用两系弹簧悬挂装置。

通常把一系悬挂以上的质量称为簧上质量，一系悬挂以下的质量称为簧下质量或者“死质量”（包括轴箱、轮对及轴悬式电机转向架上的部分电机质量）。簧下质量对线路产生较大的作用力，危险较大，因此需设法减轻，尤其是速度快的列车，这也是时速 140 km 以上的列车需采用架悬式电机悬挂方式的主要原因。

3. 弹性元件的基本认知

弹簧悬挂装置上的弹簧元件通常有板弹簧、圆弹簧、橡胶弹簧和空气弹簧 4 种。

1）板弹簧

板弹簧又称为叠板弹簧或弓形弹簧。板弹簧用一片片预先弯成一定弧度的簧片垒叠而成，中间用簧箍束紧，各簧片之间的摩擦力可以衰减振动，所以不需要外加减振器。板弹簧由于制造工艺复杂、维修不便，且摩擦力不稳定，因此在现代机车车辆上已很少使用。

2）圆弹簧

圆弹簧又称为螺旋弹簧，是机车车辆弹簧悬挂装置中使用最广泛的一种弹簧，由圆形截面的弹簧钢棒卷绕而成，多呈圆柱形。为了增大弹簧的刚度，通常将不同外径的圆弹簧套在一起，组成实质上并联的双圈或 3 圈圆弹簧组。凡是采用多圈弹簧的弹簧组，其紧挨的两层簧的螺旋方向必须相反，一个左旋，另一个右旋，以免偏歪时互相卡住，同时避免振动中弹簧组的转动。圆弹簧制造简单、质量轻、成本低，但不具备内摩擦，因此需要外加减振器。一些新型机车和客车转向架在螺旋弹簧两端加橡胶垫，可以增大弹簧轴向和横向的柔性，进而提高机车和客车的走行质量。

3）橡胶弹簧

随着现代橡胶工业和橡胶金属黏结工艺的发展，橡胶弹簧在列车上应用普遍，尤其是在二系悬挂中，橡胶堆旁承的应用很广。橡胶弹簧通常由橡胶片和金属板经硫化黏结而成，多片层叠使用。它的内阻随变形速度的提高而增大，因而有良好的隔音效果，并有吸收冲击和高频振动的能力。橡胶弹簧可以同时承受几个方向的载荷，各个方向的刚度可根据需要设计。它的主要缺点是易老化。

4）空气弹簧

空气弹簧是利用空气的可压缩性实现弹簧作用。空气弹簧通常由弹簧本体、附加空气室和高度控制阀三部分组成。弹簧本体用橡胶制造。空气弹簧的主要优点是：由于高度控制阀的作用，当车体重量缓慢变化时可以保持车体高度和空气弹簧的容积不变；弹簧刚度可以借助附加空气室的容积进行选择；在弹簧本体和附加空气室之间设有节流孔，能起一定的减振作用。空气弹簧的主要缺点是结构比较复杂，制造成本高，目前只在少数客车上使用。

4. 减振器的基本认知

为了吸收振动过程中的能量，通常在弹簧悬挂装置中装有减振器。最常用的减振器有具有摩擦阻尼的摩擦减振器和具有黏滞阻尼的油压减振器两类。

1）摩擦减振器

摩擦减振器是借助摩擦面的相对滑动产生阻尼的减振器（见图 4-1-10），主要用于货车转向架，有时也用于某些机车转向架。摩擦减振器的主要优点是结构简单，成本低，制造维修方便，但是它的阻力随接触表面的状态、磨耗及外界气候条件等因素的变化而改变。摩擦力过大会传递冲击，摩擦力过小则减振效果差，所以这种减振器一般不适用于对振动性能要求较高的客车和机车的转向架。

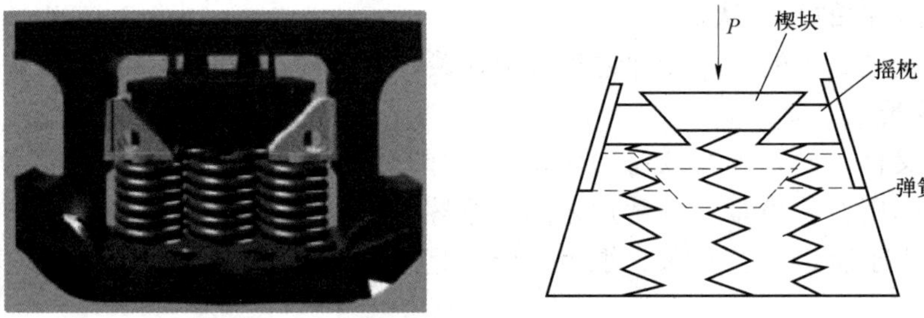

图 4-1-10　摩擦减振器

2）油压减振器

（1）油压减振器的特点。

油压减振器主要是利用液体黏滞阻力所做的负功来吸收振动能量。油压减振器的优点在于它的阻力是振动速度的函数，其特点是振幅的衰减量与幅值的大小有关，振幅大时衰减量也大，反之亦然。油压减振器的缺点是结构复杂，维修比较困难，成本较高及受外界温度影响等。油压减振器只用于对振动性能要求较高的机车和客车上。

（2）油压减振器的分类。

油压减振器按用途可分为与轴箱弹簧并联的轴箱减振器、与中央（摇枕）弹簧（如空气弹簧）并联的中央（摇枕）减振器、摇枕与车体之间的横向减振器、构架与车体之间的抗蛇行减振器和车体之间的耦合减振器等。

（3）油压减振器的工作原理。

油压减振器通过拉伸和压缩的基本动作，能够消减振动，提高车辆运行的平稳性。图 4-1-11 为油压减振器的组成。

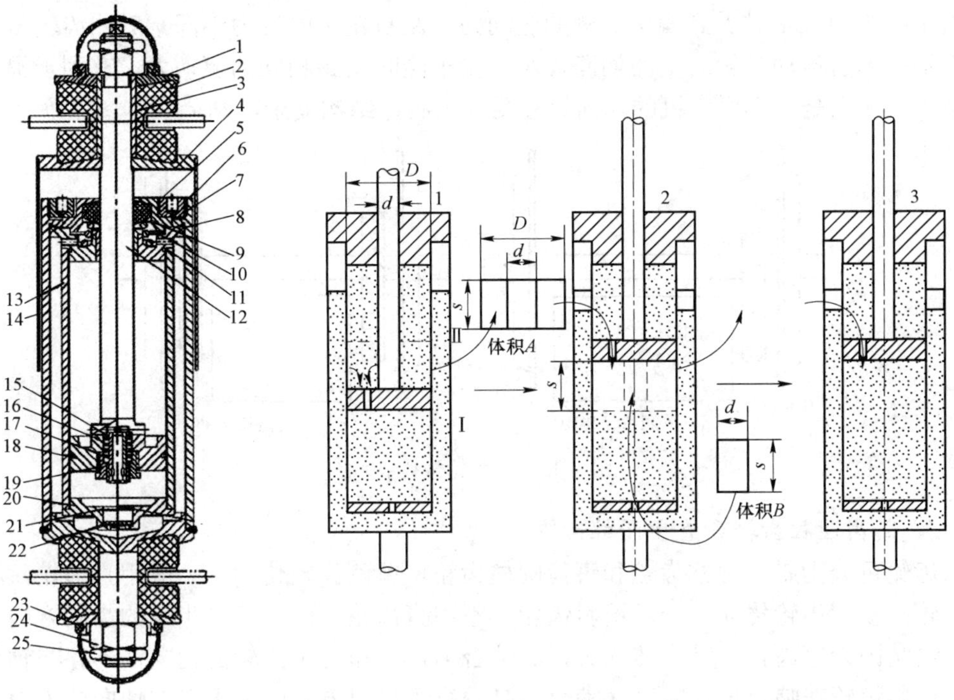

1—压板；2—橡胶垫；3—套；4—防尘罩；5、8—密封圈；6—螺盖；7—密封盖；9—密封圈；10—密封弹簧；
11—缸端盖；12—活塞杆；13—面体；14—油缸回油；15—防锈帽；16—螺母；17—阀座；
18—涨圈；19—阀套；20—进油阀体；21—锁环；22—阀瓣；23—防锈帽；24、25—螺母

图 4-1-11 油压减振器的组成

油压减振器是一个密封的充满油液的油缸，油缸内有一个活塞，活塞把油缸分成上、下两个部分。活塞上有小孔，称为节流孔，由于油缸上部固定在摇枕上，下部固定在弹簧托板上，当摇枕上、下运动时，活塞杆随摇枕运动，于是活塞杆与油缸产生上、下的相对位移。当活塞杆向上（拉伸过程）移动时，油缸上部分体积缩小，下部分体积扩大，因为油缸是完全密封的，所以油缸上部油液的压力增大而下部油液的压力降低，油缸上、下部分形成压力差，导致压力高的部分油液通过节流孔流向油缸下部，以补充活塞移动后产生的真空。油液通过微小的节流孔时产生较大的阻力，阻力的大小与油液的流速、节流孔的孔径有关。油液流速越大，阻力越大。

微课视频

齿轮传动装置

4.1.6 齿轮传动装置的总体认知

1. 齿轮传动装置的作用

牵引电机输出的功率和转矩，必须通过传动装置传递到机车的轮轴上，才能发挥其牵引作用。齿轮传动装置就是实现电机到轮轴功率、传递转矩的装置。

2. 齿轮传动装置的分类

1）单侧齿轮传动和双侧齿轮传动

按齿轮对数，齿轮传动一般可分为单侧齿轮传动和双侧齿轮传动（见图 4-1-12）。单侧齿轮传动的优点是：牵引电机的轴向尺寸可以加大，结构也较简单，制造成本低；

缺点是：传动时轮对受到偏于一侧的驱动力，左右轮子的受力不同。双侧齿轮传动的优点是：牵引传动时轮对受力均衡，左右轮子同时受到相同的驱动力，有利于提高运行品质；缺点是：牵引电机的轴向尺寸受到限制，结构复杂，制造成本增加。

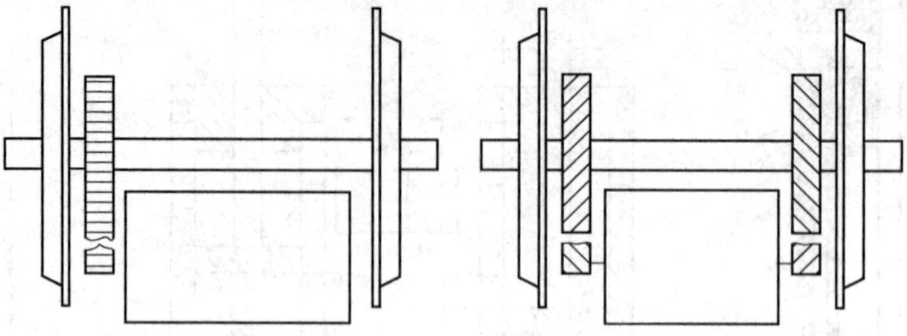

（a）单侧齿轮传动　　（b）双侧齿轮传动

图 4-1-12　齿轮传动示意图

2）斜齿圆柱齿轮和直齿圆柱齿轮

齿轮可分为斜齿圆柱齿轮和直齿圆柱齿轮。单侧齿轮传动，一般用直齿轮，不用斜齿轮；双侧齿轮传动，一般用斜齿轮，不用直齿轮，而且双侧齿轮的齿斜方向要相反。这是因为直齿轮在啮合传动时，其啮合力仅仅作用于齿轮的切向，不存在轴向的分力；斜齿轮在啮合传动时，其啮合力是垂直于齿斜方向的，不仅有切向分力而且有轴向分力。单侧齿轮传动如果采用斜齿轮，其轴向力将可能引起轮对贴靠一侧钢轨运行；双侧齿轮传动如果采用直齿轮，在轮对组装时必须保证桩侧大齿轮齿形对应的精准度，否则必然引起双侧齿轮不能同时进入啮合或桩侧齿轮啮合力不等的问题。采用斜齿轮，而且双侧齿斜方向相反，则轴向力相反，齿轮安装的误差，可由轴向力差值引起的轮对微小横动来纠正，这就保证了双侧齿轮传递转矩的均匀性。

图 4-1-13 为齿轮啮合力示意图。

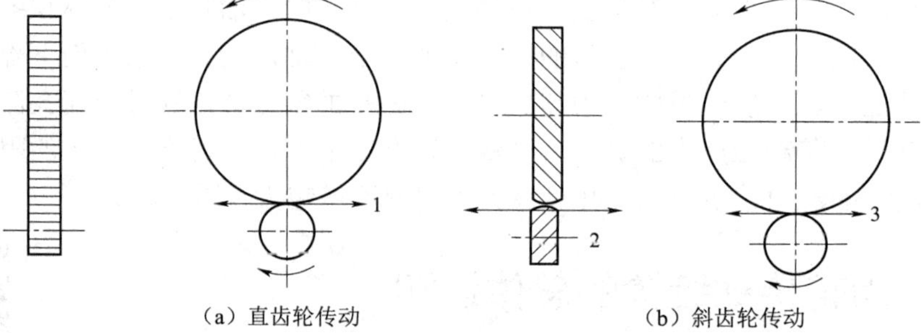

（a）直齿轮传动　　（b）斜齿轮传动

图 4-1-13　齿轮啮合力示意图

3）弹性齿轮传动和刚性齿轮传动

根据大齿轮轮心的结构，齿轮传动可分为弹性齿轮传动和刚性齿轮传动。用弹簧或橡胶将齿轮齿圈与齿轮心组装在一起的称为弹性齿轮；而如果齿轮轮心为刚性结构则称为刚性齿轮。小齿轮一般为刚性齿轮，大齿轮根据需要可用弹性齿轮或刚性齿轮，对应的传动方式称为弹性齿轮传动或刚性齿轮传动。弹性齿轮传动的优点是改善了沿齿宽方向的应力分布，缓和了钢轨的冲击力，啮合力的传递比较柔和，改善了牵引电机的工作条件；其缺点是结构复杂，制造成本高。刚性齿轮传动的优点是结构简单，制造成本低；缺点是啮合条件差，齿轮磨损大，传动冲击大，对牵引电机不利。

3. 传动比

传动比是指从动齿轮齿数与主动齿轮齿数之比。由于牵引电机转动较快，而轮对的转速较低，因此电力机车上通常采用减速齿轮传动，这样既可以保持牵引电机在高速运转的同时加大轮对的转矩，使机车车辆在适宜运行速度下充分发挥其牵引力。为了确保主动齿轮和从动齿轮上所有的轮齿啮合、磨损均匀，传动比一般为无理数。通常高速客运机车传动比取值偏低，货运电力机车传动比取值偏高，如 SS_4 改型为 88/21，SS_9 型为 77/31，HX_D2B 型为 120/23。

思政视频

科技强国——中国自主知识产权直线电机车辆创新之路

微课视频

电机悬挂装置

4.1.7　电机悬挂装置的总体认知

1. 电机悬挂的作用

牵引电机在转向架上安装时，为减小动作用力对电极和线路的破坏，一般采用弹性安装。通常把牵引电机在转向架上的安装，称为电机悬挂。电机悬挂装置是指牵引电机与转向架构架或车体的连接装置。

2. 电机悬挂的分类

根据牵引电机和减速箱在转向架上的安装方式的不同，电机悬挂主要有轴悬式（或称半悬挂式）、架悬式（或称全悬挂式）和体悬式 3 种，而轴悬式又有刚性和弹性之分。

1）刚性轴悬式电机悬挂

刚性轴悬式是指牵引电机的一端经抱轴瓦或滚动轴承刚性地支承在车轴的抱轴颈上——抱轴端，另一端弹性地悬挂在转向架构架横梁上——悬挂端。其优点是：结构简单、检修容易、拆装方便（在不起吊车体的情况下，可将牵引电机在落轮坑内卸下），工作可靠、制造容易、成本低，因此广泛运用于国内外的机车上。其主要缺点有两个：一是簧下质量大，轮轨动载荷大；二是来自线路的冲击直接传至牵引电机，影响电机工作可靠性及使用寿命。这一点在高速列车上表现得极其明显，因此认为机车最大速度超过 140 km/h 时就应该采用全悬挂。

图 4-1-14 为刚性轴悬式电机悬挂示意图。

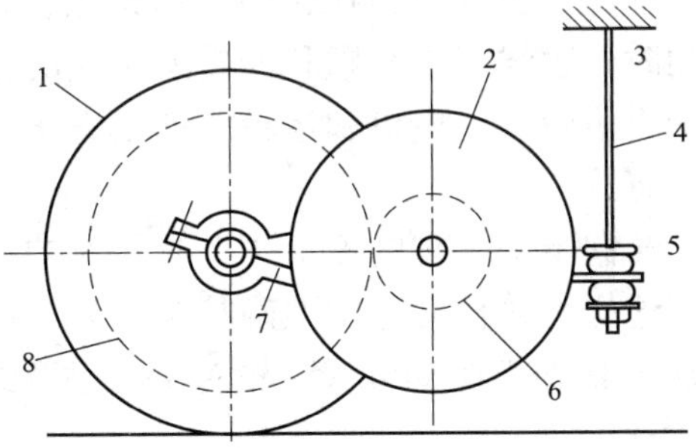

1—车轮；2—电机；3—构架；4—吊杆；5—悬挂端；6—小齿轮；7—抱轴端；8—大齿轮

图 4-1-14　刚性轴悬式电机悬挂示意图

随着机车速度的提升，刚性轴悬式电机悬挂机车的车轮垂向加速度及冲击增大，牵引齿轮及牵引电机工作条件恶化，为改善这种情况，可采取两种措施：采用滚动抱轴承和弹性大齿轮。滚动抱轴承与滑动轴承相比，轴承的径向间隙小，改善了牵引齿轮的啮合条件，延长了齿轮的使用寿命，提高了轴承的工作可靠性，减小了维修工作量和维修成本。把牵引大齿轮改成弹性大齿轮，可以缓和来自线路的冲击，改善牵引齿轮副的接触情况，减小牵引齿轮的磨耗，降低牵引故障率。其缺点是：结构复杂；制造成本高；橡胶弹性元件有一定的使用期限，需定期检查更换。

2）弹性轴悬式电机悬挂

弹性轴悬式电机悬挂与刚性轴悬式电机悬挂结构相似，一端悬挂在转向架构架上，另一端仍通过抱轴承支承，但抱轴承不是直接支承在车轴上，而是支承在车轴外面套装的空心轴上。从动大齿轮也是固装在空心轴的端部，空心轴的两端再通过弹性元件支承在轮心上。牵引电机传至大齿轮的力矩通过空心轴、弹性元件传至轮对。空心轴与轮对一同旋转。由于牵引电机一半质量还是支承在轮对上，但中间经过了弹性元件，因此称为弹性轴悬式。这种悬挂方式的优点是：减轻了动作用力的危害，有利于延长电机寿命和齿轮正常啮合，有利于提高机车的黏着性能。缺点是：电机仍然和空心轴一起跳动，没有从根本上解决质量大的问题，使传动装置结构复杂化，增加了制造、维修的难度。图 4-1-15 为弹性轴悬式电机悬挂示意图。

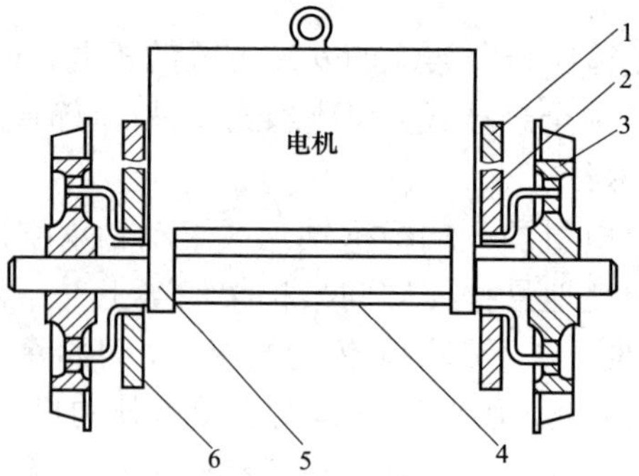

1—小齿轮；2—大齿轮；3—橡胶件；4—空心轴；5—抱轴承；6—驱动件

图 4-1-15　弹性轴悬式电机悬挂示意图

3）架悬式电机悬挂

架悬式电机悬挂的牵引电机全部悬挂在转向架构架上，大大减轻了簧下质量，适应了高速运行的需求。同时，因线路不平顺和冲击所引起的轮对横向、垂向加速度不会直接传到牵引电机和牵引齿轮副，电机和齿轮副的工作条件得到了有效改善，减少了故障率，延长了工作寿命。

由于牵引电机布置在转向架上，它的振动频率与轮对的振动频率不一致，而大齿轮又必须安装在轮轴上，这样齿轮传动无法准确啮合。为解决这个问题，可以采用以下 3 种方式：轮对空心轴一级弹性驱动装置、轮对空心轴两级弹性驱动装置、电机空心轴驱动装置。

（1）电机空心轴驱动装置。

该装置的特点是牵引电机悬挂在转向架构架上，而牵引齿轮箱支承在车轴上。弹性联轴器布置在空心电枢轴与小齿轮之间。电枢轴做成空心，目的是增加扭轴的长度，以适应电机与轮对间各个方向的位移。电机的扭矩经空心电枢轴上的齿形联结器、扭轴、弹性联轴器到小齿轮、大齿轮带动轮对转动。电机空心轴驱动装置具有布置紧凑、尺寸小、质量轻、工作可靠等优点。其缺点是簧下质量较大，特别是齿轮箱也是承载部件，比较重，因而要设计新的具有空心电枢轴的牵引电机。

图 4-1-16 为电机空心轴驱动装置示意图。

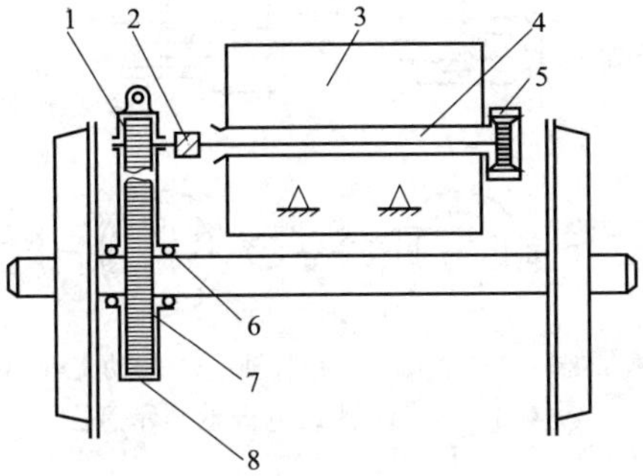

1—小齿轮；2—橡胶联轴节；3—电机空心轴；4—旋转轴；5—内外齿联轴节；6—滚动轴承；7—大齿轮；8—齿轮箱

图 4-1-16　电机空心轴驱动装置示意图

（2）轮对空心轴驱动装置。

该装置的特点是大齿轮由滚动轴承支承在空心轴套上，而空心轴套紧固在电机机体上。在空心轴套内又贯穿一根空心轴，车轴置于空心轴中。空心轴的一端通过连接盘、弹性元件与大齿轮相连，另一端也通过连接盘、弹性元件与轮对相连。电机的扭矩由大齿轮经弹性元件、空心轴，再经另一端的弹性元件传递给轮对。这种驱动机构的型式，称为两级弹性和双空心轴的架悬式驱动装置。

图 4-1-17 为轮对空心轴驱动机构示意图。

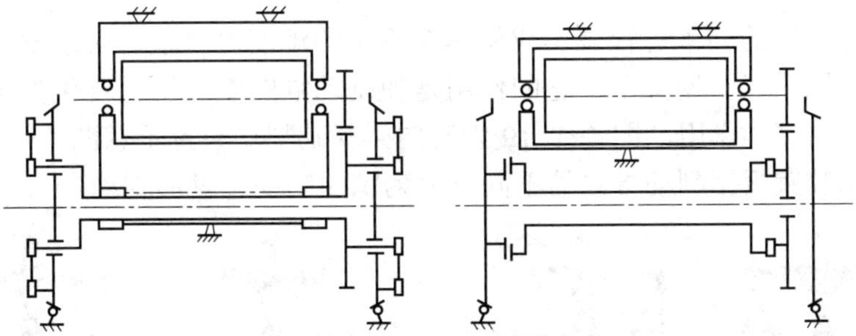

（a）轮对空心轴一级弹性驱动装置　（b）轮对空心轴两级弹性驱动装置

图 4-1-17　轮对空心轴驱动机构示意图

4）体悬式电机悬挂

体悬挂式电机悬挂通常是把牵引电机悬挂在车体的底部，使其成为二系弹簧以上的质量。这样一来，转向架构架的质量及回转惯性矩就大为减小，容易保持转向架高速时的蛇行稳定性，对减轻轮轨的垂向及横向动载荷也有所帮助。

图 4-1-18 为体悬式电机悬挂示意图。

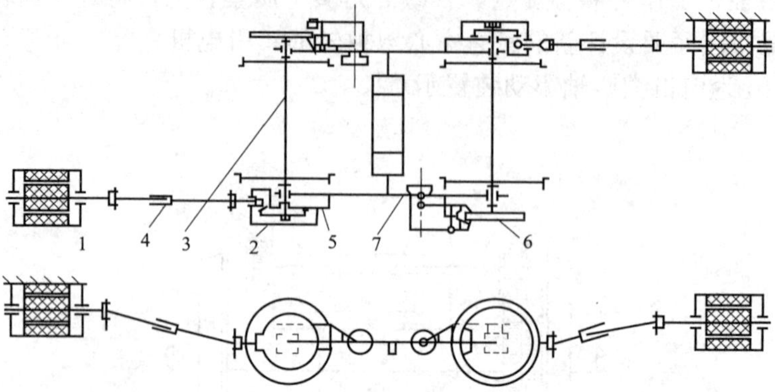

1—牵引电机；2—齿轮传动装置；3—轮轴；4—连杆轴；5—传动支承；6—制动盘；7—制动装置

图 4-1-18　体悬式电机悬挂示意图

各国高速动力车转向架的发展都经历了从架悬到体悬的过程。对于时速超过 200 km 的动力集中型高速动车组，动力车置于列车两端，中间为拖车，要求动力车具有很大的功率，其牵引电机较大，如果采用架悬式，则转向架构架质量增加很多，簧间质量（构架质量位于一二系之间，称为簧间质量）过大，对机车动力学性能，特别是对转向架的蛇行稳定性不利。为此，把牵引电机挂在车体底部，使牵引电机成为二系悬挂以上的簧上质量，称为体悬式，也属于全悬挂。此时，牵引电机电枢轴输出的力矩经减速装置传到轮对上产生牵引力，该驱动装置要适应车体与轮对之间各方向的相对位移，该相对位移比架悬式驱动装置要求的相对位移量要大得多。体悬式牵引电机的驱动机构较复杂，只有必要时才采用体悬式。

4.1.8　基础制动装置的总体认知

为了对运行中的列车进行调速或使其在规定的距离内停车，必须安装制动装置，其基础制动装置吊挂于构架上，它的作用是使制动缸的空气压力转化为闸瓦压向车轮的力，从而产生制动作用。图 4-1-19 为转向架基础制动装置示意图。

基础制动装置根据制动方式的不同可分为踏面制动、盘形制动。

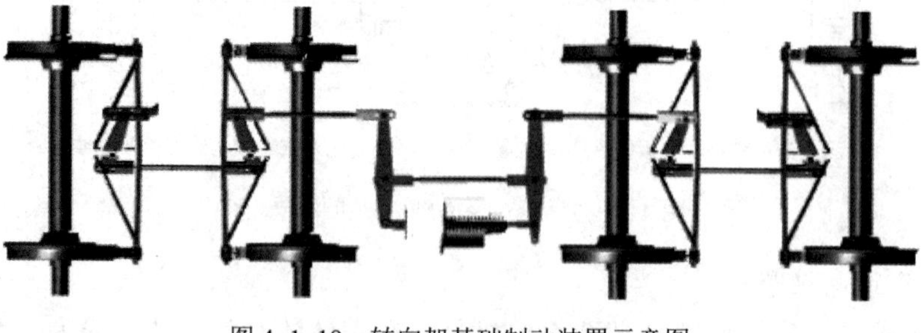

图 4-1-19　转向架基础制动装置示意图

1. 踏面制动

踏面制动是以闸瓦压紧车轮，通过车轮与闸瓦之间的机械摩擦产生制动作用的一种制动方式。踏面制动是目前常速列车采用的主要制动方式，简单可靠，在常速、中低速、速度为零时均有制动力，制动力的大小可以通过改变闸瓦压力来调节。这种制动方式在高速运行时不宜采用，因为高速情况下闸瓦与车轮踏面之间的摩擦系数较小，制动力不够。若增加闸瓦压力以提高制动力，则会造成速度降至某一值时车轮被“抱死”，从而产生滑行，致使制动力反而下降，而且车轮踏面、钢轨都会被擦伤。所以，在高速列车上踏面制动不是主要的制动方式，它只能配合其他制动起到低速制动和停车制动的作用。

图 4-1-20 为踏面制动结构。

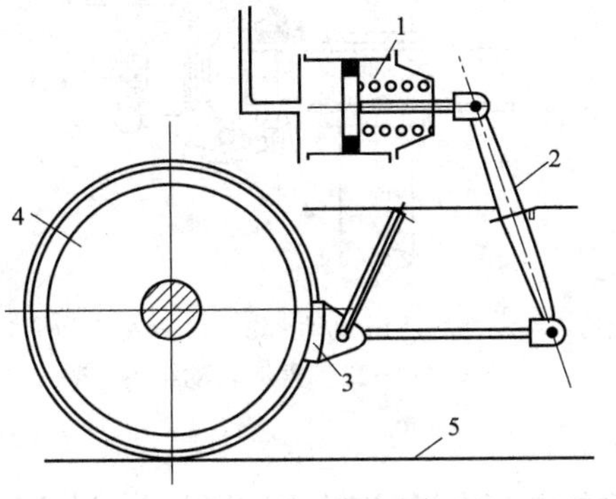

1—制动缸；2—基础制动装置；3—闸瓦；4—车轮；5—钢轨

图 4-1-20　踏面制动结构

2. 盘形制动

盘形制动又分为轴盘式和轮盘式（见图 4-1-21）。盘形制动是以合成材料或粉末冶金材料制成的制动块（又称闸衬）夹紧装在车轴（车轮）上的铸铁或钢制动圆盘，通过制动块与制动圆盘之间的机械摩擦来消耗列车的动能，从而产生制动作用的一种制动方式。与踏面制动相比，盘形制动散热性能较好，并且有较好的高速制动性能。它的不足之处是高速制动时制动块磨损速度明显加快，热载荷大时制动圆盘易产生裂纹，不能确保制动安全，因而其制动功率仍然受到温升的限制。此外，盘形制动与踏面制动一样，制动力要通过车轮来传递，因而受轮轨黏着的限制。

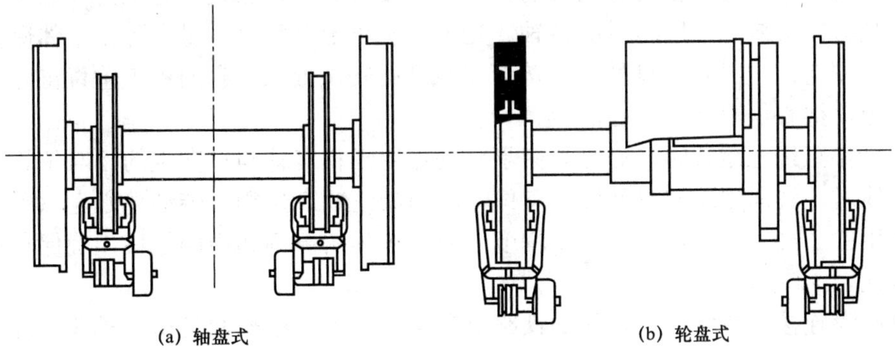

(a) 轴盘式　　(b) 轮盘式

图 4-1-21　盘形制动

图 4-1-22 为盘形制动结构。

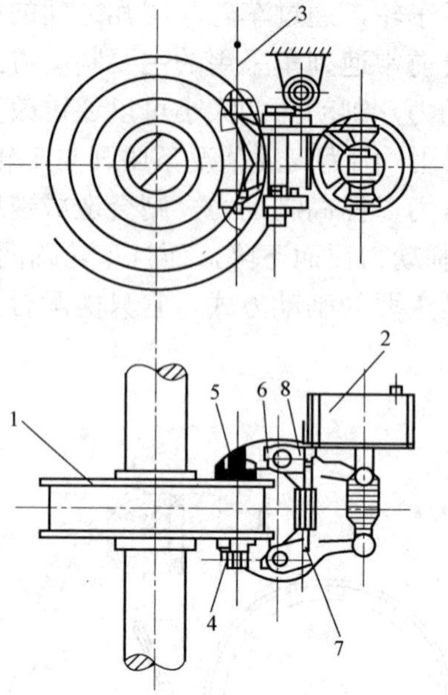

1—轮对；2—单元制动缸；3—吊杆；4—制动夹钳；5—闸瓦托；6、7—杠杆；8—支点拉板

图 4-1-22　盘形制动结构

4.1.9　车体与转向架的连接装置的总体认知

车体与转向架的连接装置（如心盘及旁承）的作用是：保证机车车辆的质量、纵向力（牵引力及制动力）、横向力的正常传递，轴重的均匀分配和车体在转向架上的安定；进出曲线轨道时容许转向架相对于车体进行回转运动。因此，它既是承载装置，又是活动关节。这种连接装置的性能好坏，直接影响机车车辆的动力学性能，特别是横向动力学性能。此外，它还影响机车车辆的黏着质量利用率（即牵引力作用下的轴重转移）。

车体与转向架之间的连接装置主要包括有心盘（或中心销）连接和无心盘连接两大类。

1. 有心盘（或中心销）连接装置

有心盘连接装置是指在转向架的转动中心设置心盘，它是传递重力及水平力的装置，也是转向架绕车体回转时的转轴。为承担机车部分垂直重量，防止车体侧倾，使车体保持安定，一般除心盘外，在转向架两侧还安设旁承。有的机车垂直重量全部由旁承承担，把心盘简化为中心销。

车辆在直线上运行时，心盘和旁承共同作用维持车体与转向架的相对位置；车辆通过曲线时，转向架绕心盘回转，车体与转向架之间产生相对转动，心盘承受并传递由此产生的各种力，旁承则在一定程度上限制车体的侧倾和横向位移，确保车辆运行的稳定性。

有心盘连接装置常用于传统的铁路机车车辆，如一些普通货车、早期的内燃机车等，适用于运行速度相对较低、线路条件较常规的铁路运输场景。

图 4–1–23 为有心盘连接装置示意图。

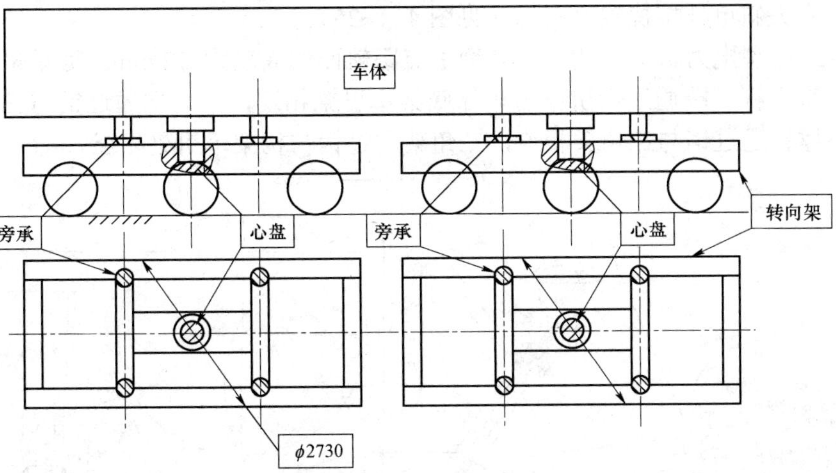

图 4–1–23　有心盘连接装置示意图

2. 无心盘连接装置

无心盘连接装置是指机车车辆转向架与车体之间没有明确的回转中心，只能绕一个假想的回转中心回转，还可以相对车体进行适当的横移。常见的类型有牵引杆装置和摆式连接装置。

1）牵引杆装置

牵引杆装置主要用于传递机车的牵引力和制动力，实现低位牵引，有利于黏着牵引力的发挥。牵引杆装置主要有平行牵引杆、中央斜单杆推挽式牵引杆和中间推挽式牵引杆等几种类型。

（1）平行牵引杆（见图 4–1–24）。

SS_4 型电力机车采用平行牵引杆，其牵引点距轨面的高度为 445 mm，旁承采用全

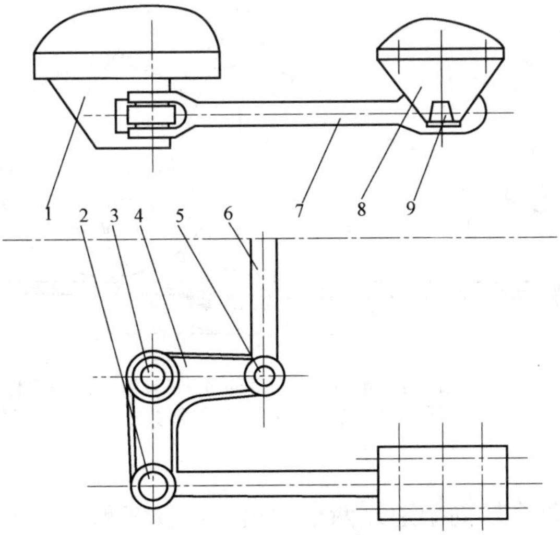

1—牵引座；2—牵引杆销 I；3—拐臂销；4—拐臂组装；5—连接杆销；6—连接杆；
7—牵引杆组装；8—牵引底座；9—牵引杆销 II

图 4–1–24　平行牵引杆

旁承橡胶堆。杆件系统由牵引杆（两根）、拐臂（两个）、连接杆（1 根）组成。

（2）中央斜单杆推挽式牵引杆（见图 4-1-25）。

以 SS_4 改型电力机车为代表，其牵引点距轨面的高度为 12 mm，旁承采用全旁承橡胶堆。牵引杆一端通过牵引座与车体底架牵引梁相连，另一端通过销与三角撑杆相连，三角撑杆通过销与三角架相连，三角架通过销与构架牵引梁相连。

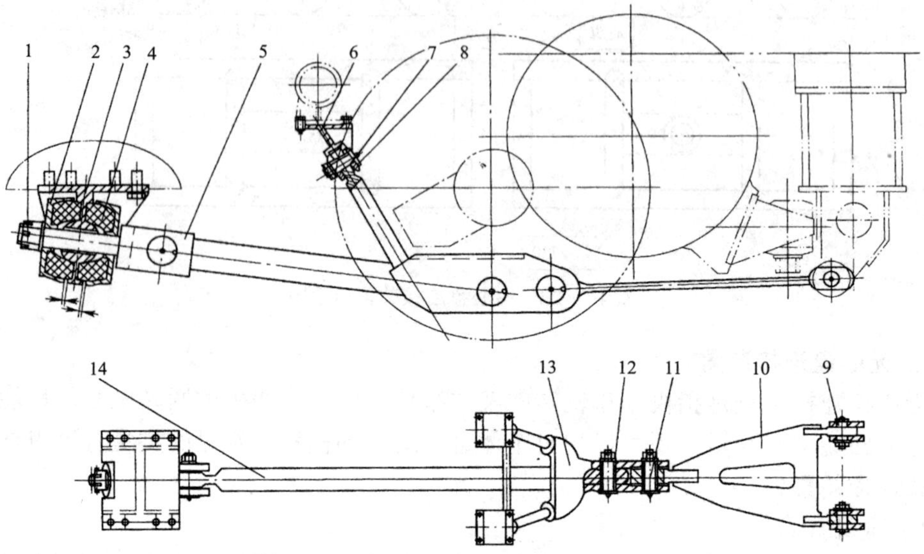

1—六角开槽螺母；2—压盖；3—牵引座；4—牵引橡胶垫；5—牵引叉头；6—三角撑杆座；7—关节轴承；8—销Ⅰ；9—销Ⅱ；10—三角架；11—销Ⅲ；12—关节轴承；13 —三角撑杆；14—牵引杆

图 4-1-25　中央斜单杆推挽式牵引杆

（3）中间推挽式牵引杆（见图 4-1-26）。

SS_8 型电力机车采用此类型，其牵引点距轨面的高度为 220 mm，旁承采用圆弹簧。

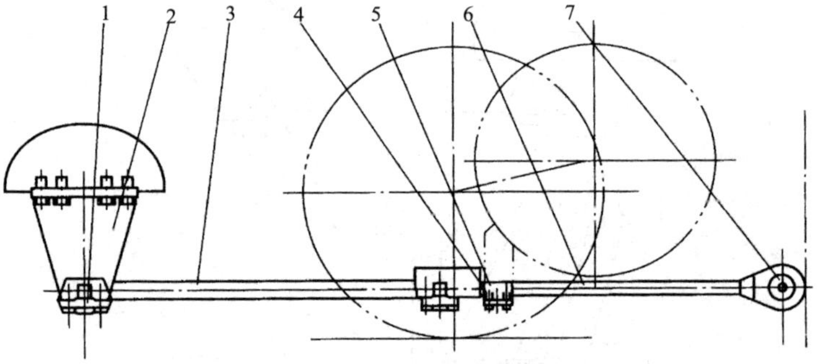

1—托板；2—牵引座；3—牵引杆Ⅰ；4—牵引杆托板；5—磨耗板；6—牵引杆Ⅱ；7—关节轴承

图 4-1-26　间接推挽式牵引杆

2）摆式连接装置

摆式连接装置的每个转向架通过两个中央支承及旁承接受车体传来的重力。中央支承上、下端均为弹性结构，旁承也采用弹性旁承。

图 4-1-27 为摆式连接装置示意图。

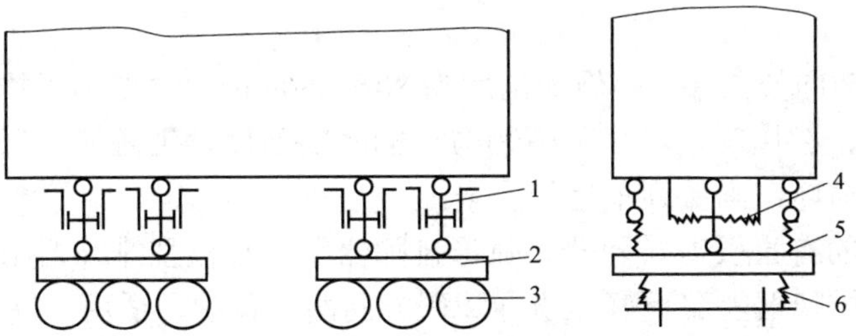

1—中央支承；2—构架；3—轮对；4—复原装置；5—弹簧旁承；6—一系悬挂

图 4-1-27　摆式连接装置示意图

当车辆通过曲线轨道时，车体在离心力等作用下会发生倾斜，摆式连接装置的弹性结构允许车体相对转向架有一定的摆动，使车辆能更好地适应曲线轨道，减少轮轨之间的横向作用力，提高车辆通过曲线轨道的速度和稳定性，同时也能在一定程度上改善车辆的运行平稳性和乘坐舒适性。

与有心盘连接装置相比，无心盘连接装置没有像心盘那样明确的回转中心，而是存在一个假想中心。它允许车体与转向架之间有适当的横向位移，能使车辆在通过曲线轨道或进行横向运动时更加灵活，减少了因固定回转中心带来的约束和作用力，在一定程度上提高了车辆的动力学性能和运行品质。

4.1.10　附属装置的总体认知

转向架附属装置是保证机车车辆安全、运行稳定及提高机车车辆性能的重要部件，以下是一些常见的转向架附属装置。

1. 撒砂装置

作用：在恶劣天气或特殊工况下，通过向轮对踏面和钢轨之间撒下砂子，增加轮对踏面与钢轨间的黏着力，有效抑制轮对打滑和抱死，提高机车牵引和制动的可靠性。

组成：一般由砂箱、撒砂控制箱、撒砂喷口等组成。砂箱用于储存砂子，撒砂控制箱负责控制撒砂的时机和量，撒砂喷口则将砂子喷撒到轮轨接触区域。

2. 轮缘润滑装置

作用：向车轮轮缘与钢轨内侧面之间施加润滑剂，减少轮缘与钢轨的磨损，降低运行噪声，延长车轮和钢轨的使用寿命，提高车辆运行的经济性和安全性。

分类：常见的有油脂润滑装置和固体润滑装置。油脂润滑装置通过油泵和油管将油脂输送到轮缘表面；固体润滑装置一般采用固体润滑剂，如石墨滑块等，安装在转向架上与轮缘接触，在车辆运行时实现润滑。

3. 扫石器

作用：安装在转向架前方，距轨面高度一般在 20 mm 左右，用于清除钢轨上的小障碍物，如石子、杂物等，防止这些障碍物影响车辆运行，避免对轮对、钢轨等部件造成损坏，保障车辆运行安全。

结构：通常由扫石橡胶板、安装支架等组成，扫石橡胶板具有一定的弹性和耐磨性，能够在不损伤钢轨的前提下有效地清扫轨道。

4. 排障器

作用：位于转向架前端，距轨面高度为80～160 mm，主要用于排除轨道上较大的障碍物，如树枝、石块等，防止障碍物与车辆底部部件发生碰撞，保护车辆的走行部和其他设备不受损坏，确保列车运行安全。

类型：常见的有直板型排障器、弧形排障器等。直板型排障器结构简单，适用于低速列车；弧形排障器能够更好地引导障碍物向两侧移动，适用于高速列车。

5. 防穿刺气动除冰装置

作用：主要用于高速列车转向架舱，防止转向架舱内积雪结冰，避免冰层对转向架各部件的正常运动产生干扰，确保高速列车在寒冷地区安全运行。

组成：一般包括转向架舱端板上的除冰装置，除冰装置又包含主板、膨胀体、流体源组件、控制组件等。通过控制组件控制流体源组件向膨胀体内输入或抽出流体，使膨胀体体积发生变化，对积雪冰层施加作用力，实现除冰。

做一做

任务清单		任务4.1　转向架总体认知			
姓　名		班　级		学　号	

【转向架结构】根据给定的转向架结构图，写出各部件的名称并介绍其特点。

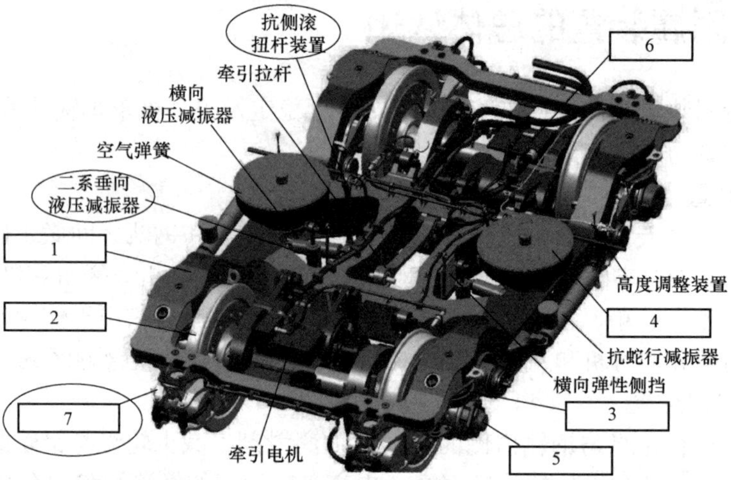

序号	名称	特点
1		
2		
3		
4		
5		
6		
7		

任务评价

任务评价表			模块名称	转向架		
			任务名	转向架总体认知		
姓　名		班　级		学　号		
评分内容			标准分值	自我评分（20%）	小组评分（30%）	教师评分（50%）
任务准备	认真完成在线课程的学习		10			
	根据任务要求主动查找资料		10			
任务实施	能清楚地领会任务内容及要求		5			
	能借助 AI 工具优化任务		10			
	能准确地描述转向架的结构和功能		15			
	能区分不同转向架的特点及应用		15			
	能在规定时间内完成任务		5			
	具有团队合作意识		5			
任务总结	完成任务要求		5			
	任务完成质量		10			
	任务展示情况		10			
总　　分			100			

任务 4.2　典型电力机车转向架总体认知

任务目标

知识目标	熟悉 CR200J 动力车、HX_D1C、SS_4 改型转向架的结构
	熟悉 CR200J 动力车、HX_D1C、SS_4 改型转向架的特点
	熟悉 CR200J 动力车、HX_D1C、SS_4 改型转向架的工作原理
能力目标	能简述 CR200J 动力车、HX_D1C、SS_4 改型电力机车转向架的特点
	能简述 CR200J 动力车、HX_D1C、SS_4 改型电力机车转向架的结构
	能区分 CR200J 动力车、HX_D1C、SS_4 改型电力机车转向架的异同
素质目标	激发对高速铁路和重载铁路技术的兴趣
	培养严谨细致的工作态度
	增强安全意识和责任意识

任务实施

思政视频

科技强国——看看中国高速动车组轮对是怎么生产的

想一想

（1）CR200J 动力车、HX_D1C、SS_4 改型电力机车转向架分别由哪些部分组成？

（2）CR200J 动力车、HX_D1C、SS_4 改型电力机车转向架的特点分别是什么？

（3）未来电力机车转向架的发展趋势是怎样的？

学一学

微课视频

CR200J 动力车转向架

4.2.1 CR200J 动力车转向架总体认知

CR200J 动力车转向架（见图 4–2–1）主要由轮对、驱动单元、构架、一系悬挂、二系悬挂、牵引装置（转向架和车体的连接）、基础制动装置和转向架附属装置等组成。

图 4–2–1　CR200J 动力车转向架

1. 结构特点

CR200J 动力车转向架采用无摇枕、单拉杆、空心轴全悬挂结构，具有以下特点。

① 采用高强度合金钢和铝合金材料，减轻转向架自重，降低轮轨作用力，提高列车运行效率。

② 关键部件采用模块化设计，便于维护和更换，而且能提高转向架的可靠性和使用寿命。

③ 转向架采用 B_0 轴列式，牵引电机的布置采用对置方式。

④ 驱动单元（包括牵引电机、传动装置和电机悬挂横梁等）的悬挂采用弹性架悬方式，有利于改善转向架的横向动力学性能。

⑤ 驱动系统采用单侧斜齿轮+双侧六连杆空心轴驱动方式，齿轮箱为承载式。传动轴承采用齿轮箱润滑油润滑。

⑥ 带端面齿挠性联轴器电机齿轮箱一体式弹性架悬驱动装置。齿轮箱为承载式，齿轮箱垂直分箱为大、小齿轮箱；大齿轮箱为铸铝合金结构，小齿轮箱为铸铁结构；小齿轮箱组成包含小齿轮、小齿轮双端支承轴承、端面齿挠性联轴器、大螺栓等零部件。

⑦ 轴箱轴承采用免维护的双列圆柱滚子轴承单元。

⑧ 采用优化的悬挂系统和减振装置，能有效降低列车运行时的振动和噪声，提高乘坐舒适性。一系悬挂系统采用轴箱转臂定位+螺旋弹簧方式+垂向减振器，二系悬挂系统采用高圆螺旋弹簧+橡胶垫结构，辅以各向减振器。

⑨ 牵引装置采用低位推挽单牵引杆牵引，以提高机车的黏着重量利用率。

⑩ 基础制动采用轮盘制动方式。

⑪ 能够适应不同线路条件和气候环境，可以满足我国铁路复杂多样的运营需求。

2. 主要技术参数

表 4–2–1 为 CR200J 动力车转向架主要技术参数。

表 4–2–1　CR200J 动力车转向架主要技术参数

参数名称	参数值
轴列式	B_0—B_0
最高运行速度	200 km/h
轮对内侧距（未落车状态）	1 353（−1，+0.5）mm
轴重	19.5 t
轴距	2 900 mm
转向架中心距	9 000 mm
轮径（新/全磨耗）	1 250/1 150 mm
踏面形状	JM3
传动方式	双侧六连杆弹性驱动
传动比	102/23
电机悬挂方式	弹性架悬式
转向架启动牵引力	120 kN
牵引方式	推挽式单杆低位牵引
牵引点高度	230 mm
基础制动	轮盘制动
一系静挠度	约 46 mm
二系静挠度	约 125 mm
动力车通过最小曲线半径	125 m（$v \leqslant 5$ km/h）
转向架相对车体最大回转角	3.5°

3. 关键部件及功能

1）构架

构架是转向架各部件的安装基础，采用“日”字形焊接钢结构，由两根侧梁、一根横梁和两根端梁构成，各梁均为薄板焊接成的箱形梁。侧梁采用中间下凹结构，并设置转臂座、各油压减振器座和各止挡座等部件。中间牵引梁下盖板上设置牵引座。端梁中部下凹结构安装扫石器支座和电机悬挂摆杆座。构架端部设置纵向防撞结构，避免转向架在维护车间移动时受到损坏。

图 4-2-2 为 CR200J 动力车转向架构架。

图 4-2-2　CR200J 动力车转向架构架

2）轮对

轮对组装由整体车轮、制动盘及锻造车轴组成。车轮材料采用符合 EN13262 标准的 R9T，车轮踏面采用《机车车辆车轮轮缘踏面外形》（TB/T 449—2016）规定的 JM3 型踏面。新轮踏面滚动圆直径为 1 250 mm，磨耗到限为 1 150 mm。车轴材料采用 35CrMoA，采用ϕ160 mm 轴颈、ϕ80 mm 空心的车轴。

图 4-2-3 为 CR200J 动力车转向架轮对。

图 4-2-3　CR200J 动力车转向架轮对

3）轮缘润滑装置

CR200J 动力车转向架采用带工况识别功能的 HB-FL 型轮缘润滑装置，主要由气动控制单元、常压储脂罐、高速喷头等组成。单个常压储脂罐容积为 4 L，根据实际消耗情况确定补脂周期。

图 4-2-4 为 CR200J 动力车转向架轮缘润滑装置示意图。

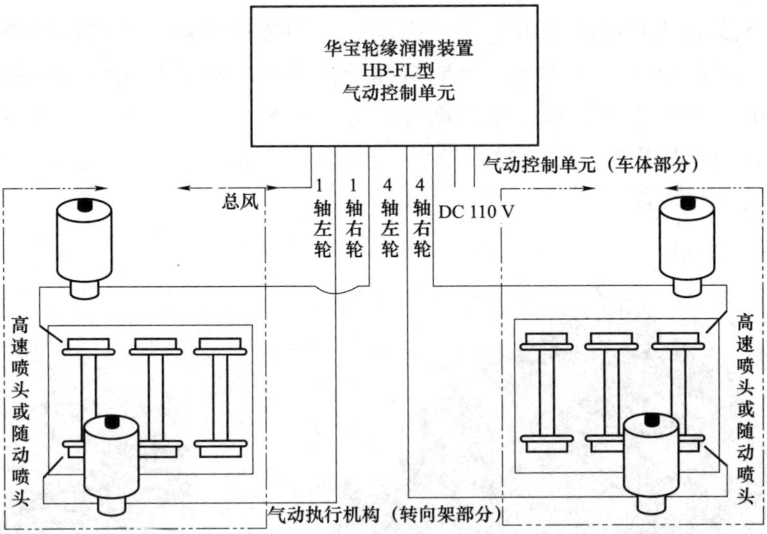

图 4-2-4　CR200J 动力车转向架轮缘润滑装置示意图

4）轴箱

轴箱装置采用双列圆柱滚子轴承单元，轴箱体采用带转臂结构，轴箱横向自由间隙为（0.1～0.7）mm。

图 4-2-5 为 CR200J 动力车转向架轴箱。

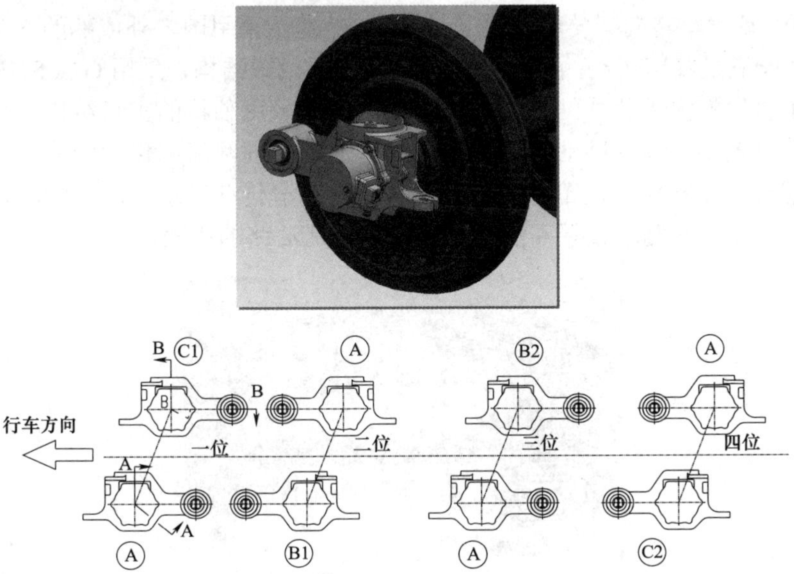

注: A —安装接地装置+防滑速度传感器

B1 B2 —空(预留CTCS-200C速度传感器接口)

C1 C2 —LKJ速度传感器

图 4-2-5　CR200J 动力车转向架轴箱

5）驱动装置

弹性架悬式驱动装置由牵引电机、齿轮空心轴传动装置、电机悬挂横梁组成一个刚性整体通过摆杆和电机悬挂座弹性地悬挂于构架上。电机悬挂装置还备有防电机脱落装置。电机悬挂装置摆杆端还设有耦合减振器和限位止挡。平直道停靠时限位止挡间隙为 10 mm。牵引电机为交流异步电机，额定功率为 1 430 kW。图 4-2-6 为 CR200J 动力车转向架驱动装置。

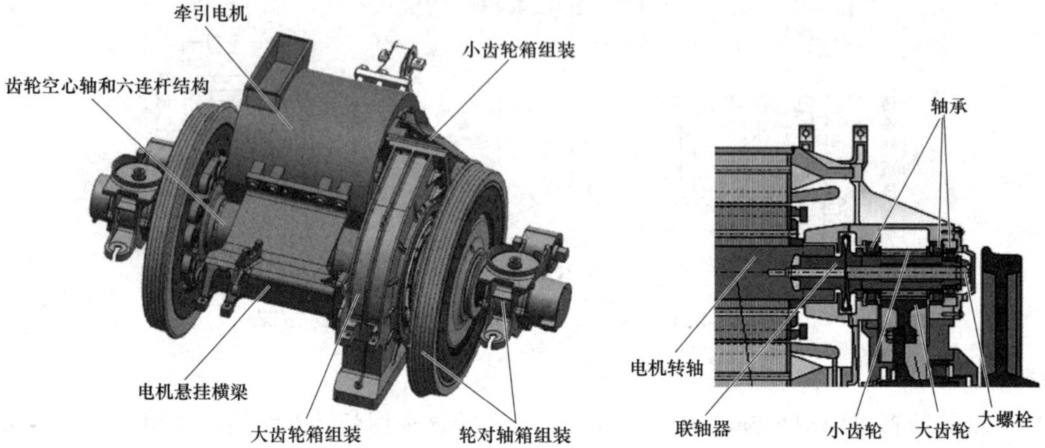

图 4-2-6　CR200J 动力车转向架驱动装置

6）传动装置

CR200J 动力车转向架传动装置（见图 4-2-7），采用国内外成熟的六连杆空心轴传动结构，能满足高速传动的需要。大齿轮箱为承载式结构，采用 G-AlSi7Mgwa 铸造铝合金。小齿轮箱为承载式结构，采用球墨铸铁。采用独特的密封结构，箱体两边的迷宫密封均设置了合理的回油孔，实现了润滑油的合理回流和传动轴承及电机传动端轴承的油润滑。在箱体内及箱体侧面还设有用来润滑传动轴承的润滑管路，为了形成压差，专门在箱体两侧增设了回油腔，能充分保证油路的压差。

图 4-2-7　CR200J 动力车转向架传动装置

7）电机悬挂装置

电机悬挂装置设有防电机脱落装置。电机悬挂装置摆杆端设有耦合减振器和限位止挡。平直道停靠时限位止挡间隙为 10 mm。

图 4-2-8 为 CR200J 动力车转向架电机悬挂装置。

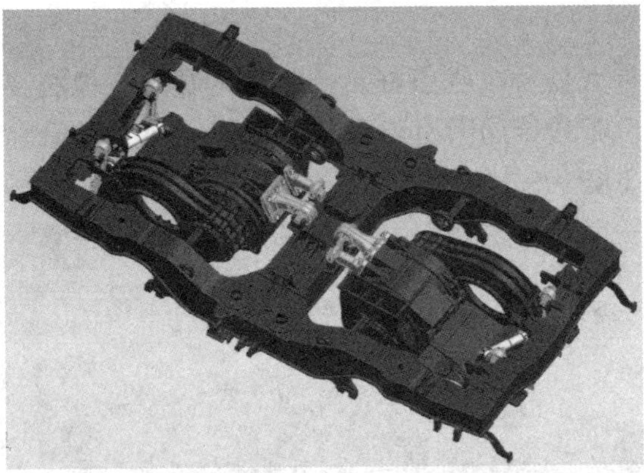

图 4-2-8　CR200J 动力车转向架电机悬挂装置

8）一系悬挂装置

一系悬挂装置由内外圈下端加橡胶垫的螺旋钢弹簧组、一系垂向减振器及转臂橡胶关节组成。转向架构架和轮轴之间经一系弹簧橡胶垫隔开，绝缘良好，从而避免了轴承的电腐蚀。轴箱体与构架之间设有整体起吊连接装置，能实现轮对与转向架整体起吊。

图 4-2-9 为 CR200J 动力车转向架一系悬挂装置。

图 4-2-9　CR200J 动力车转向架一系悬挂装置

9）二系悬挂装置

二系悬挂装置由两端加橡胶垫的高圆弹簧和各向减振器组成。构架每侧设置两组高圆弹簧。垂向减振器居中，左右对称布置，左右抗蛇行减振器斜对称布置。二系横向减振器端梁斜对称布置。

图 4-2-10 为 CR200J 动力车转向架二系悬挂装置。

图 4-2-10　CR200J 动力车转向架二系悬挂装置

10）牵引装置

牵引装置采用推挽式低位单牵引杆。牵引杆两端装有橡胶关节，能适应转向架和车体间的相对运动，可有效传递牵引力和制动力并实现无磨耗。

图 4-2-11 为 CR200J 动力车转向架牵引装置。

图 4-2-11　CR200J 动力车转向架牵引装置

11）制动装置

转向架四角安装单元式制动器，每轴有一个制动器带停放功能，制动盘为铸钢盘，安装在车轮上。

图 4-2-12 为 CR200J 动力车转向架制动装置。

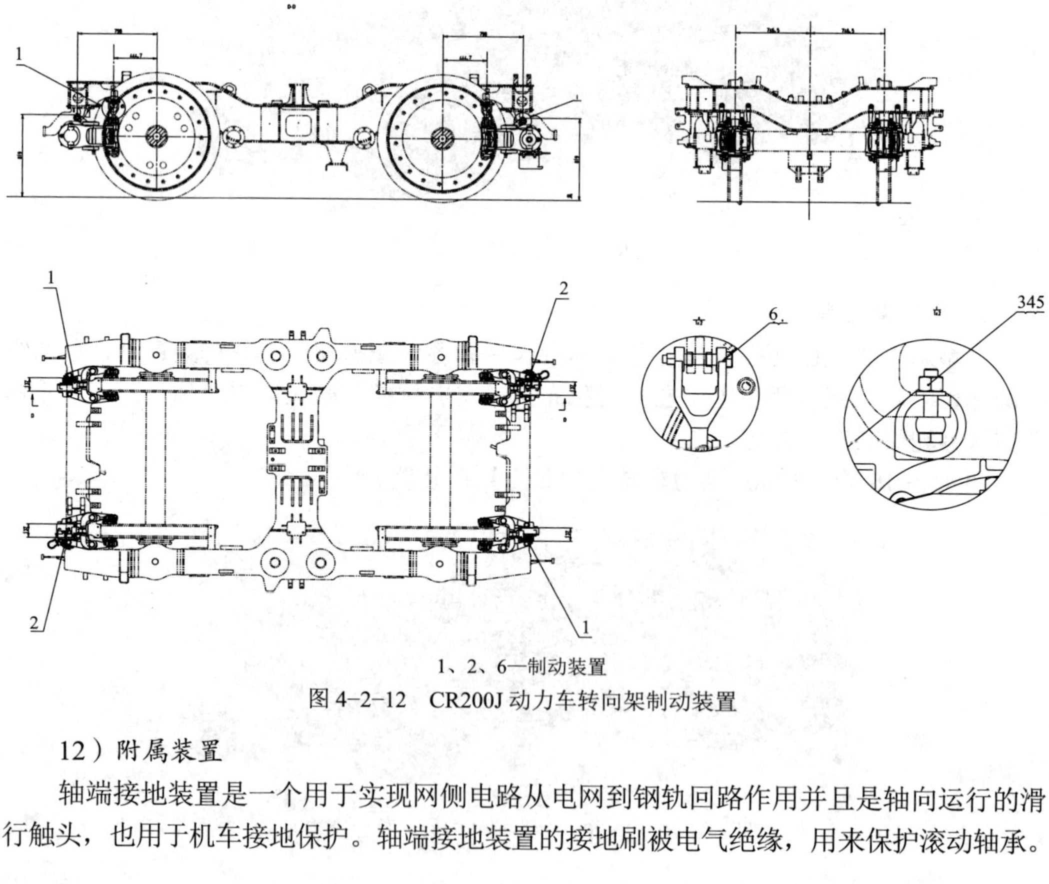

1、2、6—制动装置

图 4-2-12　CR200J 动力车转向架制动装置

12）附属装置

轴端接地装置是一个用于实现网侧电路从电网到钢轨回路作用并且是轴向运行的滑行触头，也用于机车接地保护。轴端接地装置的接地刷被电气绝缘，用来保护滚动轴承。

速度传感器提供 6 个矩形波速度信号，用来测量车轴的转速和转向，为动力车的监控系统提供动力车速度信息。

转向架的前端安装有扫石器，用于清扫轨面，扫石器距轨面高度 30 mm（高度可调）。扫石器装置主要由扫石器支架、排石器橡胶板等组成。扫石器通过弹性套螺栓安装在构架上，位于导向轮（一位轮对）的前缘。

4.2.2　HX_D1C 型电力机车转向架总体认知

1. 结构特点

HX_D1C 型电力机车转向架由构架、轮对、轴箱、一二系弹簧及油压减振器、牵引杆装置、电机悬挂装置、基础动装置等组成。六轴 7 200 kW 机车车体下方安装有两个相同的转向架，前、后转向架可以互换。

① 转向架构架是一个简单、封闭的“目”字形框架。

② 牵引电机采用滚动抱轴悬挂，电机为交流异步电机，额定功率为 1 225 kW。

③ 轴箱组装整体位于机车车轴的轴颈部位，轴承与轴颈过盈配合，轴箱体安装在轴承上。

④ 为了实现机车的均衡轴重及车钩距轨面的合适高度，在转向架一、二系悬挂装置的弹簧组内均设有调整垫。

⑤ 基础制动装置采用盘形制动，并配有电空撒砂装置。

2. 核心部件组成

HX_D1C 型电力机车转向架主要由构架、轮对驱动单元、轴箱、弹性悬挂装置、制动装置和转向架附属装置等组成。

图 4-2-13 为 HX_D1C 型电力机车转向架示意图。

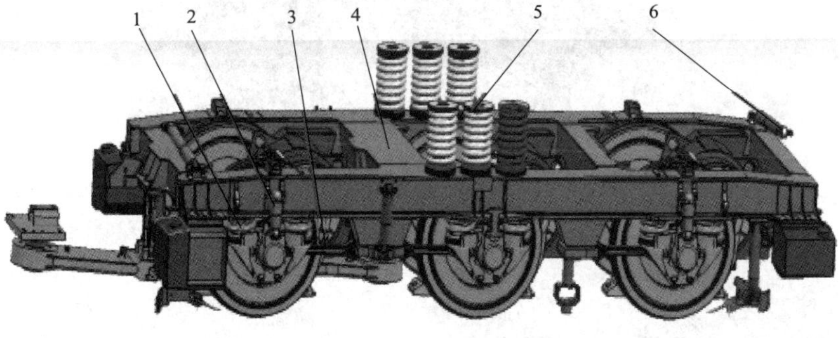

1—一系悬挂；2—一系减振器；3—轴箱拉杆；4—转向架构架；5—二系悬挂；6—二系减振器

图 4-2-13　HX_D1C 型电力机车转向架示意图

1）构架

HX_D1C 型电力机车转向架构架是一个简单、封闭的“目”字形框架，有两根侧梁，通过两根中间横梁和前后端梁连接在一起。横梁和前后端梁由箱形焊接截面制作而成。机加工时，所有连接点及加工面都有固定的公差。因此，转向架具有可互换性，其组合部件或模块也容易更换。其中，牵引力和制动力经过轴箱拉杆从轴箱传递到转向架构架。

侧梁是由钢板焊接成的鱼腹形的箱形断面结构，其上焊接有轴箱拉杆座、减振器座、制动座、一系簧座板、二系簧座板和横向止挡等部件；中间横梁是由钢板焊接成的箱形断面结构，其上焊接有电机悬挂座和制动器吊座等部件；牵引梁是由钢板焊接成的箱形断面结构，其上焊接有电机悬挂座、牵引座和制动器吊座等部件；端梁是由钢板焊接成的箱形断面结构，其上焊接有摇头止挡、电机悬挂座和制动器吊座等部件。此外，安装转向架空气管路装置和附属部件的支架都安装在构架上。

2）驱动装置

采用与 HX_D1 型机车相同的轮对驱动系统结构，牵引电机采用滚动抱轴悬挂，由轮对、轴箱、牵引电机、齿轮箱、抱轴等主要零部件组成。牵引电机为交流异步电机，额定功率为 1 225 kW。

齿轮箱的作用是对齿轮进行润滑，且防止尘土、砂石和污物等将大小齿轮密封在齿轮箱内。齿轮箱分上、下两半部分，分别称为上箱和下箱。在下箱焊有注油嘴，用于加注润滑油，整个齿轮箱由连接座和耳座等通过螺栓固定在牵引电机上，使两者之间不产生横向的相对位移。

图 4-2-14 为轮对驱动装置。

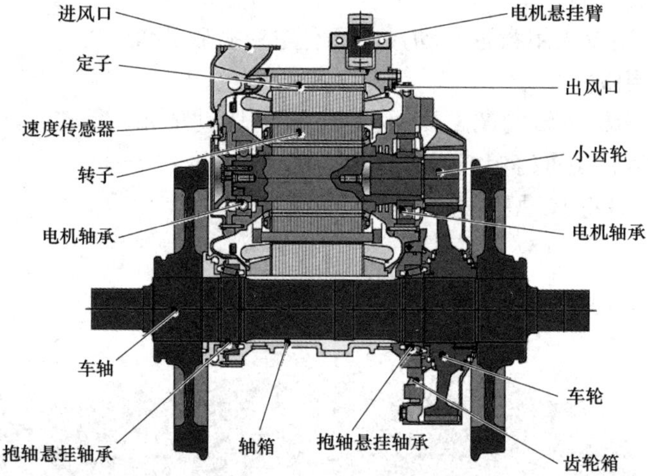

图 4-2-14　轮对驱动装置

3）轮对

轮对包括车轮和车轴。车轮提供滚动踏面，车轴保证固定的轮距。轮对也将静态力和动态力从车体传递到轨道，特别是制动装置的制动力及驱动单元的牵引力。此外，轮对将所有回流电流从车辆传递到钢轨。每个轮对安装有一个制动系统和一个接地系统。每个转向架也有一个速度传感器。轮对采用整体辗钢车轮和锻造高强度合金钢车轴，车轮上装有制动盘。

图 4-2-15 为轮对布置图，图 4-2-16 为轮对接地装置布置图。

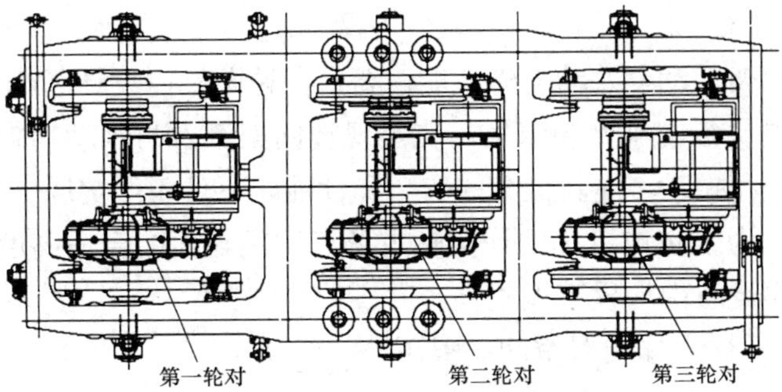

图 4-2-15　轮对布置图

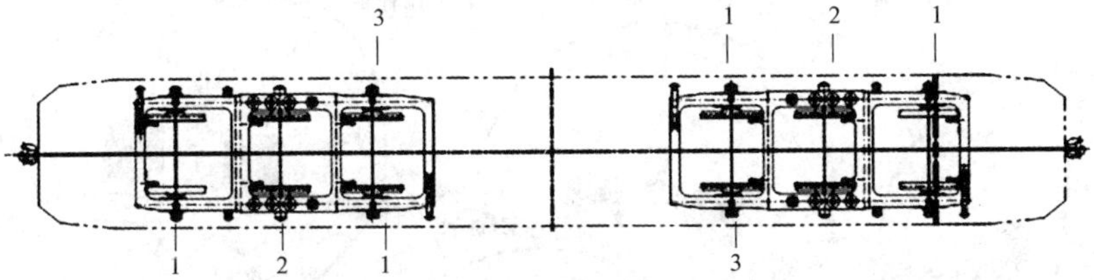

1—端轴接地装置；2—中间轴接地装置；3—监控用速度传感器

图 4-2-16　轮对接地装置布置图

轴端接地装置是一个用于实现网侧电路从电网到钢轨回路且轴向运行的滑行触头，用于机车接地保护。轴端接地装置的接地刷被电气绝缘，用来保护滚动轴承。

速度传感器提供两个相位差为 90° 的矩形波速度信号，用来测量车轴的转速和转向，为机车的监控系统提供机车速度信息。

4）轴箱装置

轴箱装置整体位于机车车轴的轴颈部位，轴承与轴颈过盈配合，轴箱体安装在轴承上。HX_D1C 型电力机车轴箱采用独立弹性定位单拉杆结构，主要由轴圈、内端盖、轴箱体、圆锥滚子轴承、轴承压盖、外端盖、金属密封环、接地装置、速度传感器等零部件组成。一、三位轮对轴箱轴承采用整体式圆锥滚子轴承，中间位轮对轴箱轴承采用整体式圆柱滚子轴承。

图 4-2-17 为轴箱装置示意图。

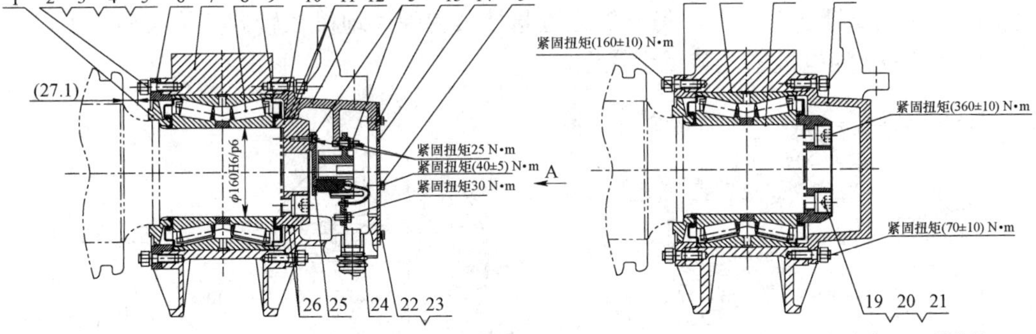

1—轴圈（二）；2—双头螺柱；3—六角螺母；4—锁紧垫圈；5、15、21、24—乐泰胶；6—内端盖；7—轴箱体；8—圆锥滚子轴承；9—O 形密封圈；10—轴承压盖（一）；11—金属密封叠环；12—外端盖（三）；13—O 形密封圈；14—盖板；16—润滑脂；17—润滑剂；18—外端盖（二）；19—内六角螺钉；20—锥形锁紧垫圈；22—六角螺栓；23—锥形弹簧垫圈；25—端轴接地装置；26—美孚高温润滑脂

图 4-2-17　轴箱装置示意图

5）弹性悬挂装置

根据机车转向架运动学、动力学性能需要，在转向架内设计了一、二系悬挂装置。它们能给转向架提供各向刚度和阻尼，在实现转向架牵引与制动功效的同时还能缓和钢轨对机车的冲击和振动，提高机车的安全和性能，而且还可实现一些其他辅助功能，如绝缘、起吊等。为了实现机车的均衡轴重及车钩距轨面的合适高度，在转向架一、二系悬挂装置的弹簧组内均设有调整垫。

图 4-2-18 为弹性悬挂装置空间布置图。

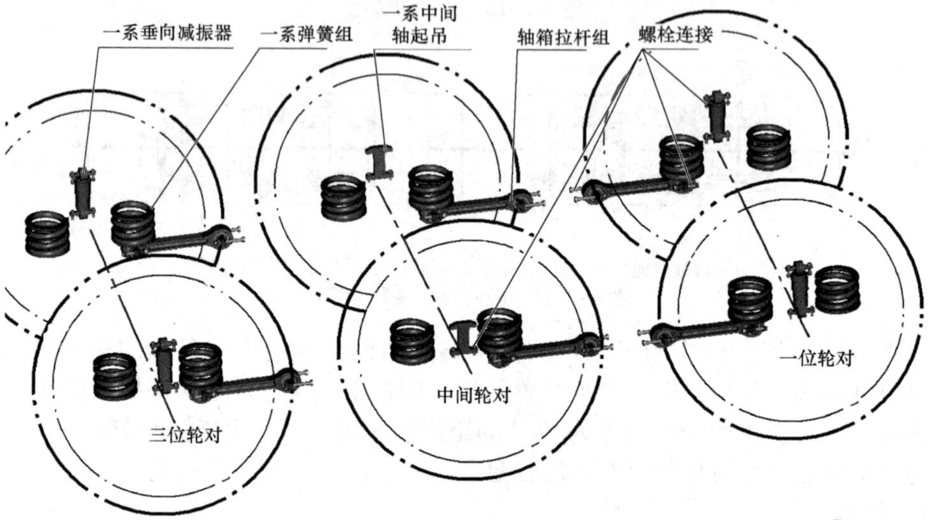

图 4-2-18　弹性悬挂装置空间布置图

HX_D1C 型电力机车一系悬挂装置是关系到机车运行品质和安全的重要部件，决定着转向架的垂向动力学性能。一系悬挂装置由弹簧座、橡胶垫、弹簧和垂向油压减振器等零部件组成。

6）电机悬挂装置

HX_D1C 型电力机车牵引电机采用抱轴式半悬挂装置，即牵引电机的一侧通过滚动抱轴承刚性地支撑在车轴上，另一侧通过悬挂装置弹性地吊在转向架构架横梁上。

图 4-2-19 为电机悬挂装置示意图。

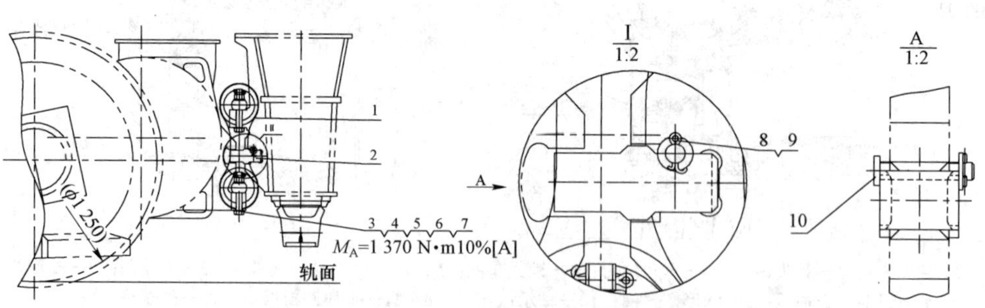

1—吊杆组件；2—防落板；3—六角螺栓；4—六角锁紧螺母；5—高压安全垫；6—乐泰胶；7—开口销（6×60）；8—平垫圈；9—开口销（6.3×63）；10—销轴

图 4-2-19　电机悬挂装置示意图

7）制动装置

HX_D1C 型电力机车基础制动装置采用盘形制动。针对起动困难或为了紧急制动，为 1、3、4 及 6 位轮对提供了一个电空撒砂装置。砂箱 1 安排在 1、3、4 及 6 位轮对旁，每个砂箱的容量为 100 L。

图 4-2-20 为撒砂装置布置图。

1—砂箱；2—喷嘴

图 4-2-20 撒砂装置布置图

如果发生紧急制动或 CCU 出现防空转/防滑行保护，会自动进行撒砂。如果必要，司机可以使用司机室内整体脚踏处的脚踏开或关撒砂。砂面可以通过砂箱加砂口目视检查。

8）牵引装置

牵引装置是高速重载机车牵引力发挥的关键部件，HX_D1C 型电力机车采用了低位推挽式双牵引杆方式，机车黏着利用率高，完全能够满足机车高速重载的需要。

图 4-2-21 为牵引装置示意图。

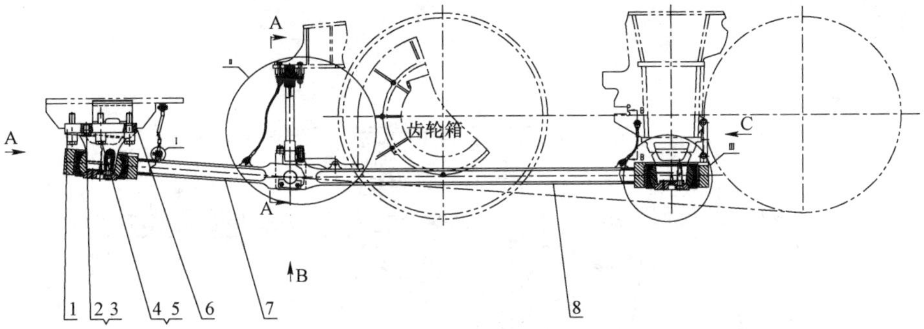

1—法兰组件；2、4—六角螺栓；3—平垫圈；5—弹性套；6—锂基润滑脂；

7—牵引杆（二）；8—牵引杆（一）

图 4-2-21 牵引装置示意图

9）附属装置

为确保机车运行安全，转向架上设有一系垂向止挡、横向止挡，二系垂向止挡、横向止挡，摇头止挡。在转向架 1、3 位轮对上方安装有挡泥板，防止雨雪泥沙、油污等撒在车体底架上。转向架上安装有 4 套砂箱，位于构架端部。扫石器由铝板安装座和橡胶板组成。

图 4-2-22 为附属装置布置图，图 4-2-23 为砂箱位置图。

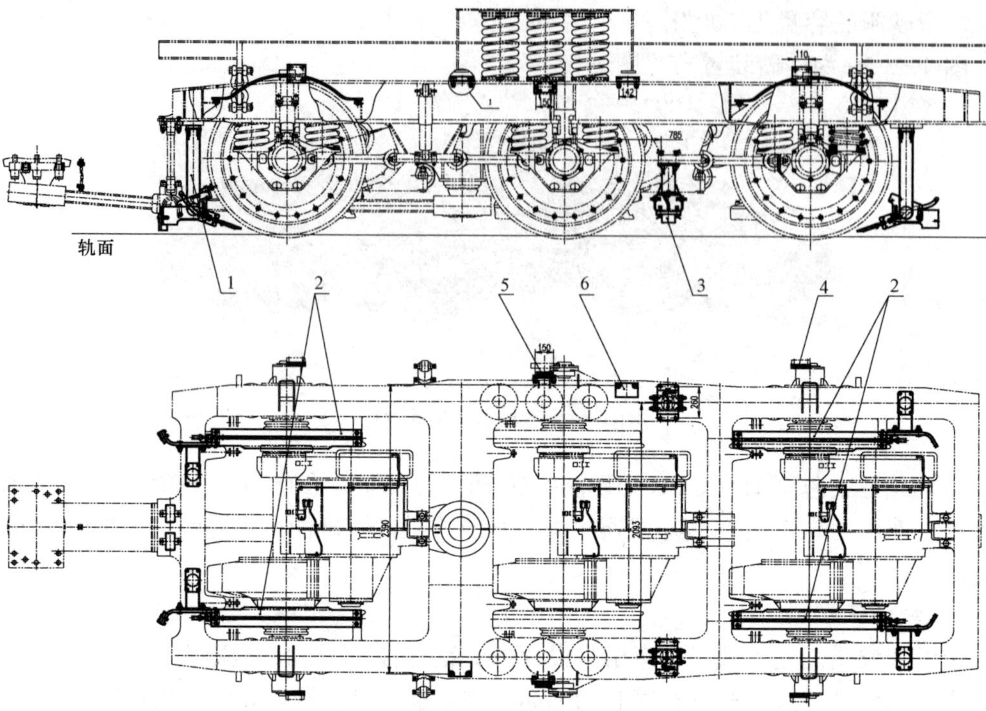

1—扫石器装置；2—保护板装置；3—过分相车载感应器装置；4—摇头止挡；5—横向止挡；6—垂向止挡

图 4-2-22 附属装置布置图

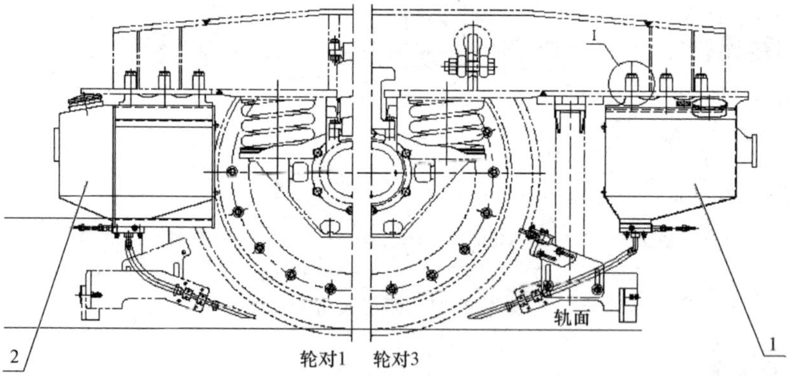

1—砂箱（三）；2—砂箱（四）

图 4-2-23 砂箱位置

4.2.3　SS_4改型电力机车转向架总体认知

1. 结构特点

SS_4改型电力机车转向架，是在SS_4、SS_5和SS_6型电力机车的基础上，吸收了 8K 机车一些先进技术设计的。1993 年 9 月，首台SS_4改型电力机车投入运行。SS_4改型电力机车是大功率 8 轴重联货运电力机车，采用 2（B_0—B_0）转向架，持续功率为 2×3 200 kW。

SS_4改型电力机车的主要特点如下。

① SS_4改型电力机车由 4 台两轴转向架组成，轴列式为 2（B_0—B_0），每台转向架之间相互独立，没有活节相连。

② 每根轴都由独立的牵引电机驱动，牵引电机悬挂装置采用抱轴式半悬挂。

③ 车体支承装置采用橡胶弹簧、摩擦减振器和两个横向油压减振器组成。

④ 牵引点低，只有 150 mm，能减少轴重转移，提高黏着利用率。

⑤ 固定轴距短，有利于曲线通过等。

2. 核心部件结构组成

SS_4改型电力机车转向架由构架、轮对、轴箱、轴箱悬挂装置、支承装置、齿轮传动装置、牵引电机悬挂装置和基础制动装置等组成。每节车有 2 台二轴转向架，全车 4 台。它既有三轴转向架的传统结构，又有自身特点，如固定轴距短，采用低位斜拉杆牵引装置，以减少轴重转移等。图 4-2-24 为SS_4改型电力机车转向架总图。

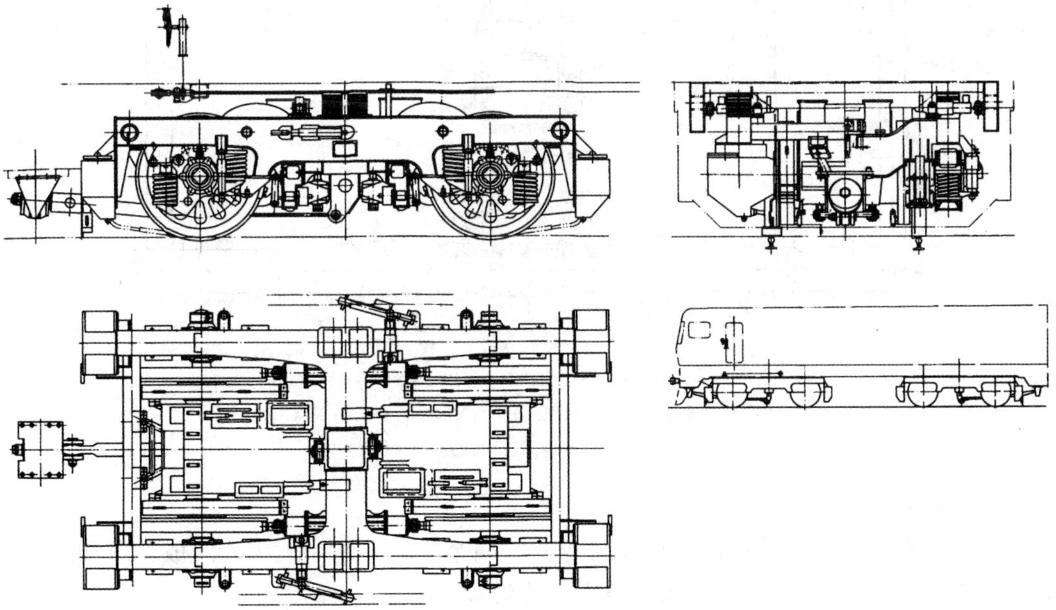

图 4-2-24　SS_4改型电力机车转向架总图

1）构架

SS_4改型电力机车转向架构架由 2 根侧梁、1 根前端梁、1 根后端梁、1 根牵引梁和各种附加支座等组成，各梁焊装后，构架成“日”字形结构。

侧梁是钢板焊接的箱形封闭截面，装有弹簧座、圆弹簧拉杆座、定位块、吊座和端板等零部件。

前端梁上有牵引装置三角形撑杆固定上支座，后端梁为无缝钢管。

牵引梁为蝶形箱式梁体，下部焊装牵引座。

附属部件包括旁承座、横向液压减振器座、纵向摩擦减振器座、垂向减振器座和接地台和铭牌。

砂箱装置容积为 0.1 L。

图 4-2-25 为SS_4改型电力机车构架。

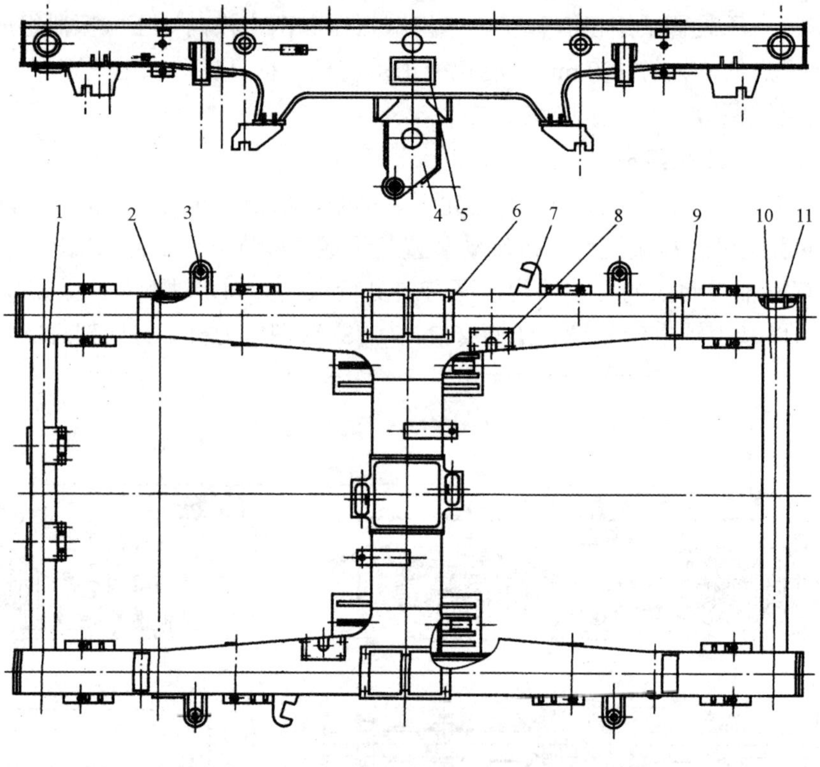

1—前端梁；2—接地台；3—减振器上座；4—牵引梁装配；5—铭牌；6—旁承座；
7—减振器座；8—横向油压减振器座；9—侧梁装配；10—后端梁；11—端盖

图 4-2-25　SS_4改型电力机车构架

2）轮对

SS_4改型电力机车轮对由 1 根车轴、左右两个车轮和两个大齿轮组成。轴加工后，其圆弧部分和相应位置表面均通过滚压强化处理。

图 4-2-26 为SS_4改型电力机车轮对。

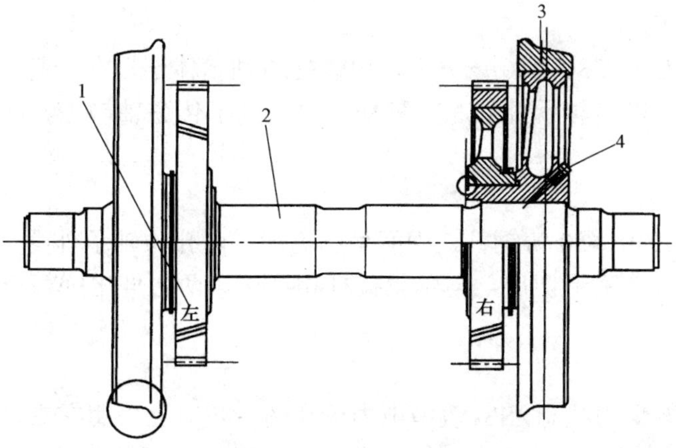

1—大齿轮；2—车轴；3—车轮；4—油堵

图 4-2-26　SS_4 改型电力机车轮对

车轮由轮心和轮箍组成，轮心为箱式辐板结构，材料为 ZG230-450 铸钢，质量为 370 kg。轮箍由轮箍钢轧制而成。

轮对组装时，首先把压装有大齿轮的轮心在冷态情况下压到车轴的轮座上，压力为 785 k～1 275 kN。车轮和车轴装配也可采用注油压装，注油油压应在 98 M～147 MPa 之间。轮箍和轮心的组装通常采用热套装。

3）轴箱

SS_4 改型电力机车主要采用独立悬挂、弹性定位拉杆式结构。图 4-2-27 为 SS_4 改型电力机车轴箱。

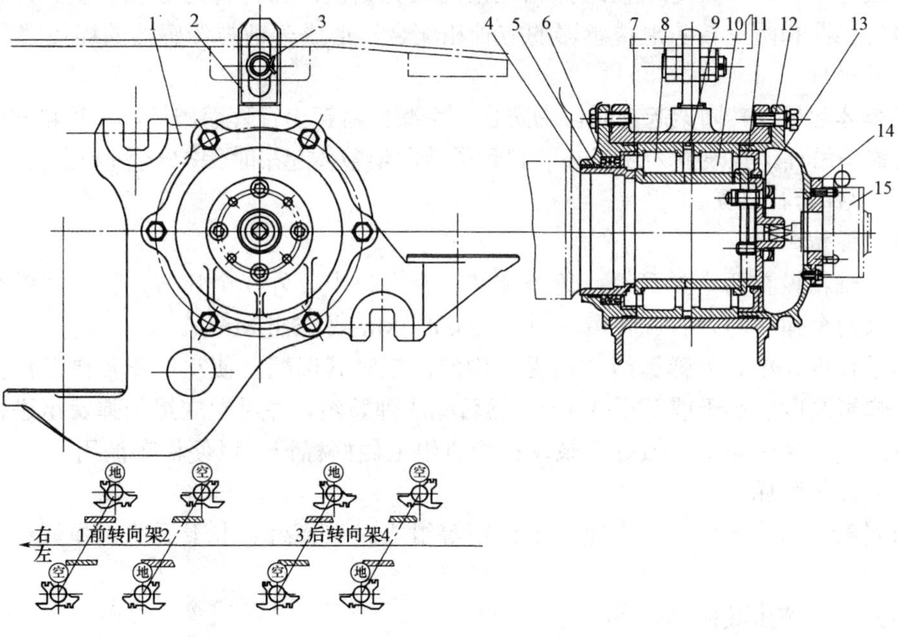

1—轴箱体；2—吊耳；3—销轴；4—轴圈；5—后盖；6—密封环；7—挡圈；8、10—轴承；9—隔环；11—密封环；12—前盖；13—挡板；14—外盖；15—防空转传感器

图 4-2-27　SS_4 改型电力机车轴箱

（1）前、后盖。

前、后盖均为 ZG230–450 铸钢件，用螺栓与轴箱体连接在一起。其突缘紧压短圆柱滚子轴承外圈，以防轴承外圈左右移动，也起到了传递轴向力、防尘和保护轴箱内部零件的作用。

（2）轴箱体。

轴箱体为 ZG230–450 铸钢件，中间呈圆筒形，内孔与轴承外圈为动配合。左上方和右下方设有“八”字形切口，与轴箱拉杆相连接。两边伸出弹簧座，一系弹簧就在弹簧座上。

（3）轴承。

为了改善构架受力状态，SS_4 改型电力机在同一轮对上采用左右轴箱能同时承受轴向力和径向力的单列向心短圆柱滚子轴承。每组轴箱采用两种轴承，其内侧采用 552732QTK 轴承，其外侧采用 752732QTK 轴承，组装后轴箱单边横动量为 0.75 mm。在组装轴箱前，应清洗轴颈、轴承和轴箱配件。轴圈加热温度在 200 ℃以下，轴承内圈加热温度在 150 ℃以下。轴承内应加相当于轴承室总容量 1/3～1/2 的三号锂基脂。

（4）密封环。

为了防止油污、水和灰尘进入轴箱内，在轴箱后盖与挡圈之间设有两个橡胶密封环，其外形尺寸为 210 mm×245 mm×18 mm。

（5）接地棒和接地电刷。

每根车轴的一个轴箱内设有一套接地棒和接地电刷装置，以防轴箱滚动轴承电蚀。

（6）挡板。

挡板有两种：一种是与接地捧相连接的圆孔挡板；另一种是方孔挡板。方孔挡板与测速传感器和防空转防滑传感器的方轴相配合，形成车轴与传感器的连接装置。

（7）吊耳。

当车体起吊或转向架起吊时，为防止一系减振器超出行程而破坏，在轴箱与转向架之间设置了吊耳。其限位为 30 mm，起到了转向架整体起吊时保护一系减振器的作用。

4）弹性悬挂装置

（1）弹簧。

每个轴箱设置两个弹簧组，每个弹簧组有内、中、外 3 个弹簧，除中间弹簧左旋外，其余两个弹簧均为右旋弹簧，材料为 $60Si_2Mn$ 或 $55Si_2Mn$。

为了使内、中、外弹簧组合后受力均匀，应对其选配，使它们在各自工作负荷下的单个弹簧高度差小于或等于 3 mm，然后配成弹簧组，并对配成组的弹簧组进行工作负荷下的工作高度测定，做好记录，在弹簧组上做好标记，以便机车调用。

（2）弹簧附属部件。

附属部件由上下压盖、上座、定位销等组成。弹簧组靠上下压盖、弹簧座定位组装在一起。

（3）垂向液压减振器。

SS_4 改型电力机车转向架轴箱采用独立悬挂方式，因单纯使用螺旋弹簧时，振动太大，会加速机车各零件的磨损和疲劳损坏。所以，每个轴箱悬挂配一个垂向油压减振器，以达到既能衰减振动又能保持弹簧装置正常工作的目的。

5）电机悬挂装置

SS_4 改型电力机车电机悬挂采用抱轴式悬挂。电机悬挂装置一方面承受电机静载荷（约为电机质量的一半），另一方面承受电机工作时产生的反力，同时在电机工作过程中，它可随电机纵向和横向自由摆动，并可缓和电机与构架间的振动。电机悬挂装置主要由防落板、销、吊杆、垫板、吊座、橡胶垫、螺母等组成。

图 4-2-28 为 SS_4 改型电力机车电机悬挂装置。

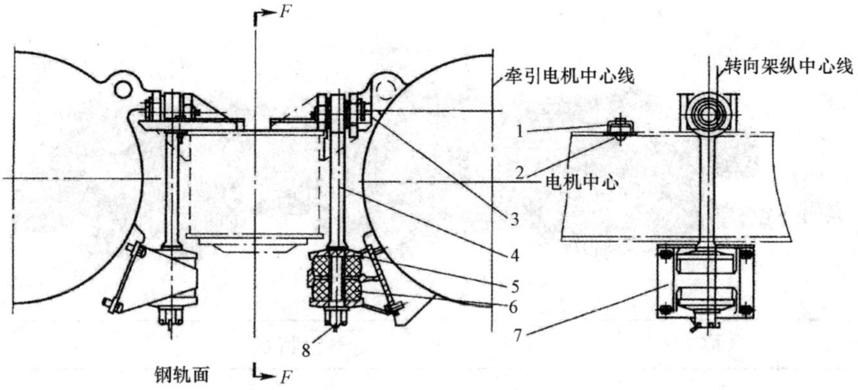

1—防落板；2—销；3—油杯；4—吊杆；5—垫板；6—橡胶垫；7—吊座；8—螺母

图 4-2-28　SS_4 改型电力机车电机悬挂装置

吊座为 ZG230-450 铸钢件，用 5 个 M24 mm×55 mm 的螺栓紧固在牵引电机下方的槽形安装座上。吊座上下圆盘内安放两个橡胶垫，在橡胶垫上下安放垫板，然后插入电机吊杆，在吊杆下部用 M52 mm×3 mm 的花螺母紧固，使橡胶垫有 30 kN 的预压力，然后插入 10 mm×100 mm 的开口销，以防螺母脱落。吊杆上部内装关节球轴承，用销与构架上的电机悬挂吊座相连，为防止销窜动，用卡板固定。

在组装完电机悬挂装置后，在吊杆销套和球轴承间注入润滑油脂，落车后还要检查防落板上平面与牵引电机外壳吊耳下平面的垂向间隙（≥20 mm）、防落板端部与电机外壳间间隙（≥10 mm），且与吊耳的纵向搭接量大于或等于 20 mm。

抱轴箱通过左、右两个抱轴承刚性地支承在车轴两端的抱轴颈上。

抱轴承为剖分式，采用滑动轴承，每个半瓦由铜瓦背和巴氏合金组成（约为 3 mm 厚）。在每副抱轴承下轴瓦及油箱底座开有方孔，集油器毛刷上的毛线可以穿过方孔压在抱轴颈上，以便对轴承进行润滑。油箱内存有润滑油，油箱盖上有油尺，用它检查存油量的多少。润滑油靠毛细管作用被毛线吸上去，润滑轴颈表面。为了保证毛线贴靠车轴轴颈，装设了集油器，利用杠杆机构将其压紧。润滑油在润滑轴颈后，仍然流回油室内。在油箱底部设有排油堵，可定期排出污油，更换新油。

为了保证瓦面有一定量的油膜，不至于产生热轴或烧损巴氏合金，保证齿轮的正常啮合，轴瓦与车轴轴颈间间隙要求在 0.25～0.4 mm 之间。随着机车运行，轴瓦逐渐磨耗，间隙也越来越大，当轴瓦间隙大于 1 mm 时，必须重新换合金或换瓦。

做一做

任务清单			任务 4.2 典型电力机车转向架总体认知		
姓 名		班 级		学 号	

【转向架结构】根据给定的转向架结构图，写出各部件的名称并介绍其特点。

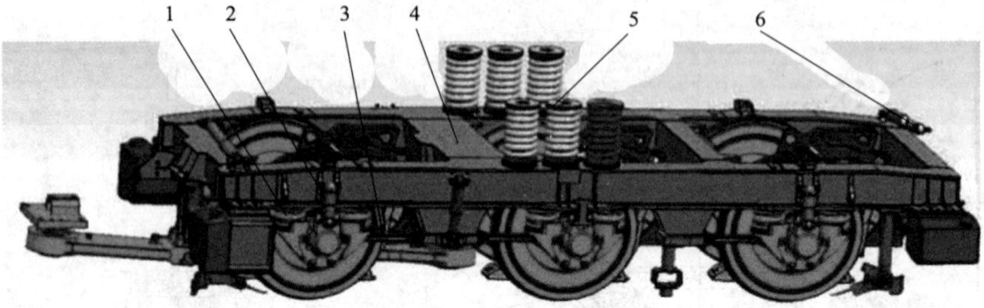

序号	名称	特点
1		
2		
3		
4		
5		
6		

【转向架比较】结合所学知识，从多个角度对比分析 CR200J 动力车、HX_D1C、SS_4 改型电力机车转向架的特点及异同，并利用 AI 工具优化。

任务评价

<table>
<tr><td colspan="3" rowspan="2">任务评价表</td><td>模块名称</td><td colspan="3">转向架</td></tr>
<tr><td>任务名</td><td colspan="3">典型电力机车转向架总体认知</td></tr>
<tr><td>姓 名</td><td></td><td>班 级</td><td>学 号</td><td colspan="3"></td></tr>
<tr><td colspan="2">评分内容</td><td>标准分值</td><td>自我评分（20%）</td><td>小组评分（30%）</td><td>教师评分（50%）</td></tr>
<tr><td rowspan="2">任务准备</td><td>认真完成在线课程的学习</td><td>10</td><td></td><td></td><td></td></tr>
<tr><td>根据任务要求主动查找资料</td><td>10</td><td></td><td></td><td></td></tr>
</table>

续表

评分内容		标准分值	自我评分（20%）	小组评分（30%）	教师评分（50%）
任务实施	能清楚地领会任务内容及要求	5			
	能借助 AI 工具优化任务	10			
	能准确地描述典型电力机车转向架的功能及要求	15			
	能完整分析三代典型电力机车转向架的特点及异同	15			
	能在规定时间内完成任务	5			
	具有团队合作意识	5			
任务总结	完成任务要求	5			
	任务完成质量	10			
	任务展示情况	10			
总　分		100			

任务 4.3　HX_D1C 型电力机车转向架的维检与调试

任务目标

知识目标	熟悉 HX_D1C 型电力机车转向架维检与调试的技术标准
	掌握 HX_D1C 型电力机车转向架维检与调试的工艺流程
	熟悉 HX_D1C 型电力机车转向架维检与调试的关键参数
能力目标	能掌握 HX_D1C 型电力机车转向架维检与调试工具的使用方法
	能按照工艺流程完成 HX_D1C 型电力机车转向架的维检与调试
	能优化、改进 HX_D1C 型电力机车转向架维检与调试的工艺流程
素质目标	培养严谨细致、安全规范的工作态度
	提升团队协作中的沟通与协调能力
	增强工作责任心和职业素养

任务实施

想一想

（1）HX$_{D}$1C 型电力机车转向架维检与调试需要准备哪些工具？
（2）HX$_{D}$1C 型电力机车转向架维检与调试的操作流程有哪些？
（3）HX$_{D}$1C 型电力机车转向架维检与调试的注意事项是什么？

学一学

思政视频

大国工匠——火车头“修脚师”的毫米业务

思政视频

大国工匠——我为“绿巨人”“修脚”

4.3.1 转向架的维检与调试

1. 基本技术要求

转向架解体前，应由专人记录转向架状态和转向架编号，解体中发现损坏的零部件要做好详细记录，报专业技术人员确定是否需要更换。解体后的零部件应分类集中存放。

转向架组装前，所有零部件应清理、清洗干净，所有紧固件螺纹部位应清除残胶及油污。

构架裂纹或焊缝开焊时，允许焊修。构架的硬伤及局部变形无法消除的，应做好记录，必要时须局部探伤并按构架检查图检查各部尺寸。

排石器、扫石器安装牢固，胶皮挡板完好，不得有开焊、裂纹。扫石器铝板下端、扫石器橡胶板距轨面高度符合限度规定。

构架铭牌齐全、完好。

砂箱严密，无破损，安装座不得有裂纹，砂箱盖及卡子齐全，作用良好。砂管畅通，砂管距轨面及踏面距离符合限度规定。

短牵引杆在车体抬起后，应用专用工具将牵引杆与构架（拉杆座）绑好，避免牵引杆扭曲或碰伤变形。

螺栓或螺母上的标记线必须与安装表面平齐。当颜色标记有变化或螺纹连接松动且重新紧固时，应检查紧固力矩，并重新绘制颜色标记。

走行部螺栓装配前应在螺纹表面涂螺栓锁固胶，方法是：在螺纹端部沿圆周方向呈带状涂抹，涂胶区域宽度约为螺栓直径的 1.2 倍（涂胶前必须先将螺栓、螺孔及相关紧固组件清洗干净）。

做好各类部件的防护工作，风管路及接口防尘密封，牵引电机进风口用防尘板密封，橡胶表面不能接触润滑油脂，避免阳光直射。

走行部开口销装配方法：用手或钳子将开口销插入开口销孔（严禁用榔头敲进去），将开口销尾部用螺丝刀将开口销掰开，开口销的打开角度为 60°～120°。开口销打开时，注意使分开部分平直、对称，严禁带“R 形”或上下有空挡。当与周围工件相碰时要将开口销尾部适当卷起。

2. 主要材料、设备及工具、量具

1）材料

主要材料包括：棉丝、油漆、空气管路防尘罩。

2）设备

主要设备包括龙门吊具、天车、手动液压泵、液压升降小车、油管接头、油管。

3）工具、量具

主要工具包括：扭力扳手、套筒扳手（1 套）、梅花扳手（1 套）、呆扳手（1 套）、内六角扳手（1 套）、气动扳手、电动扳手、长接杆、轴箱支撑架、牵引电机专用支架。主要量具包括：塞尺、钢板尺（50 mm、150 mm）、地轨、宽座角尺（450 mm×250 mm）、钢卷尺（2 m）、游标卡尺（150 mm）、内外钳、测温仪。

3. 主要工艺流程

主要工艺流程如下。

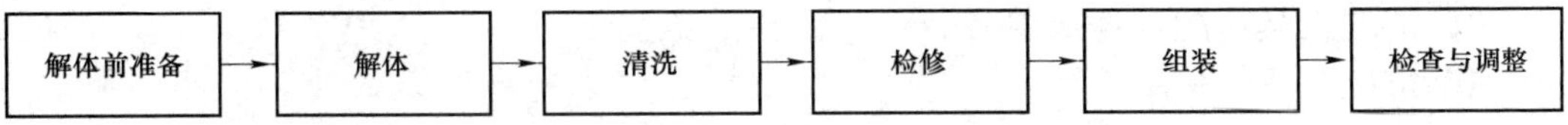

1）解体前准备

① 机车上台前清空砂箱内的砂子。

② 目视检查各构架无裂纹、变形，否则记录裂纹及变形位置。

③ 目视检查各圆弹簧无断裂、变形，否则记录断裂及变形的圆弹簧。

④ 将牵引杆（短）用专用工具与构架绑好，防止调运过程中摔下碰伤。

⑤ 对二系弹簧及调整垫进行定位编号，目的是原位组装。用专用吊具吊下弹簧，并送至指定的检修场地。

⑥ 用专用吊具将转向架吊放在有地沟的工作台位上（中间轴箱起吊架必须安装良好），打好止轮器，所有空气管路接口加防尘罩。

⑦ 对一系弹簧及调整垫进行定位编号。

2）解体

① 拆卸砂管、扫石器。

② 拆卸牵引杆。

③ 拆卸轴箱拉杆。将轴箱拉杆组件连接轴箱、构架的六角螺栓（M24×2×150）、弹簧垫圈、六角螺母（M24×2）、弹性套用气动扳手带套筒、呆扳手拆下，并送至指定检修场地。

④ 拆卸二系油压减振器。用专用扳手拆除二系横向、垂向油压减振器与构架的连接螺栓，取下减振器并送至指定的检修场地。

⑤ 拆卸一系垂向油压减振器。将一系垂向油压减振器与轴箱外端盖连接六角螺栓（M16×60）、与架端连接六角螺栓（M16×80）、高压安全垫用气动扳手带套筒拆下，并送至指定检修场地。

⑥ 用专用扳手拆除中间轴箱起吊架的螺栓，取下起吊架。

⑦ 用专用扳手拆除转向架上左右侧的轮缘喷油器喷嘴。

⑧ 拆卸电机悬挂装置。

⑨ 构架分离：

a. 将轴箱支撑放在轴向一侧，并顶住轴箱防止其转动；

b. 用专用钢丝绳（或专用吊具）吊住构架的 4 个起吊耳，缓慢升起天车，使构架与驱动单元分离（此过程必须注意检查构架与驱动单元的所有连接完全分离）；

c. 将构架吊放在专用的构架支座上。

⑩ 拆卸一系弹簧。将一系弹簧拆下，包括调整垫片，要求按原轴位做好记录，目的是便于组装时原车原装，并送至指定检修场地。

⑪ 拆卸制动夹钳。拆开制动夹钳与构架连接的风管接头，用专用的吊具吊起制动器，再用专用扳手拆下制动夹钳与构架的连接螺栓，并将制动夹钳吊放到指定的检修场地。

⑫ 轴箱解体。

⑬ 驱动单元解体。

⑭ 清理工具，配件摆放整齐。

3）清洗

对构架及附件、零部件进行清洗。

4）检修

（1）构架检修

① 目视检查构架各梁及部件无裂纹、变形等缺陷；检查构架各安装座无硬伤或局部变形，特别是影响走行安全的部件，如牵引座、电机悬挂座、扫石器支架、轴箱拉杆座、砂箱安装座、制动夹钳吊挂座、减振器安装座，如有较小的碰伤、损坏或变形，可采用补焊、火焰加热进行整修，如果构架的硬伤、变形无法整修，应做好记录，由技术人员鉴定，并制定处理方案。

② 对构架牵引梁、横梁、前端梁、后端梁与侧梁等各梁连接焊缝，构架各安装座（包括各减振器安装座、制动器安装座、制动夹钳吊挂座、电机悬挂座、牵引座、扫石器安装座、轴箱拉杆座、砂箱安装座）与构架的连接焊缝，对轴箱拉杆座、二系横向减振器座、制动夹钳吊挂座本身焊缝进行磁粉探伤，如有裂纹或缺陷应进行焊修。

③ 检查制动器安装孔衬套无松动、脱落。

④ 对构架各安装座螺纹孔进行目视检查，螺纹丝扣应完整无缺陷。

⑤ 用通止规检查构架牵引座螺纹孔无缺陷。

⑥ 构架重新涂油漆，应先涂防锈底漆，干燥后涂油漆。

⑦ 构架编号清楚，对于不清晰的构架编号应按原钢印号字体大小进行复原。

（2）构架空气管路检修

① 空气管路及制动软管无变形、锈蚀，管卡齐全，螺丝紧固。

② 吹扫转向架空气管路，更新空气管路的橡胶软管和密封圈。

（3）转向架其他组成检修

如牵引电机、轮对、轴箱、一系悬挂装置、二系悬挂装置、电机悬挂装置、牵引装置、制动夹钳、油压减振器及构架附属装置（砂箱、砂阀、砂管、扫石器、轮喷器、自动过分相等）等部件的检修。

5）构架附件组装

（1）制动夹钳安装。

① 储能制动器安装在左一、三位，右四、六位，其余位置安装不带储能的制动器。

② 制动缸与制动夹钳安装，涂螺栓紧固胶，螺丝为 M24×50（10.9 级），紧固力矩为 400～440 N·m；更新标准紧固件、橡胶件及工程塑料零件。

③ 制动器吊座与构架安装，螺丝为 M16×70（10.9 级），涂润滑油，紧固力矩为 250～280 N·m，紧固标记规范。

④ 制动器安装后，应左右摆动灵活；连接风管接头螺母紧固，更新橡胶软风管。

⑤ 闸瓦安装后，锁铁关闭到位。

（2）砂箱安装。

① 各砂箱外观表面无明显碰伤和变形。

② 砂阀双头螺柱 M12×70 涂乐泰胶 243，紧固力矩为 79 N·m，紧固标记规范。

③ 砂箱顶部与构架安装螺丝（6 条 M24×2×110），砂箱侧面与构架安装螺丝（2 条 M24×2×100），紧固力矩为 640 N·m，紧固标记规范。

（3）一系油压减振器上部安装。

① 一系油压减振器安装时铭牌朝外，更新安装紧固件。

② 上端与构架用螺丝 M16×80（10.9 级）连接，涂乐泰胶 243，紧固力矩为 250 N · m，紧固标记规范。

（4）防护板安装。

① 防护板安装时，有凸缘的一侧朝转向架中心线装配。

② 缓冲垫下部与构架支座安装螺丝 M10×16，缓冲垫上部与保护板安装螺丝 M10×12，均涂乐泰胶 262，紧固力矩为 35 N·m，紧固标记规范；更新缓冲垫。

（5）横向、垂向止挡安装。

① 横向止挡、垂向止挡安装位置正确，分别预加垫 6 mm；更新橡胶弹性止挡。

② 横向止挡安装螺丝 M16×60，垂向止挡安装螺丝 M16×80，涂乐泰胶 243，紧固力矩为 170 N·m，紧固标记规范。

（6）扫石器支架预装。

① 左、右扫石器支架安装位置正确，扫石器下部伸出的支板安装面朝轮缘方向；更新拆卸的紧固件。

② 采用 4 条螺丝（M16×100，带连接套管）与构架连接。

（7）牵引杆摆杆预装。

牵引杆摆杆上部与构架连接：连杆组件与构架前端安装螺丝（2 条 M20×1.5×130），涂乐泰胶 243，紧固力矩为 380 N·m，紧固标记规范；更新拆卸的紧固件。

（8）电机悬挂吊杆预装。

电机悬挂吊杆与构架预装：电机悬挂吊杆与构架用 2 条螺丝（M30×2×200，带高压安全垫）连接。更新拆卸的紧固件。

6）转向架组装

将磨合试验合格的驱动单元逐一用天车调到组装台位上（轴距 2 250/2 000 mm），电机悬挂下部用支承座撑起。

（1）一系弹簧安装。

① 将每个轴箱用支架支住（防止轴箱翻转、弹簧脱落）。

② 在一系弹簧橡胶垫与轴箱体定位座安装面涂抹润滑油，按原位置装好；更新橡胶垫。

③ 安装下调整垫，厚度为 5 mm。

④ 安装一系弹簧，弹簧零点标牌齐全、朝外侧。同一转向架一系弹簧工作高度差不大于 4 mm。需更换一系弹簧时，必须重新确定一系悬挂调整垫。

⑤ 安装上调整垫，厚度为 4 mm。

（2）安装构架及连接。

① 将检修合格的构架用专用吊具连接到转向架构架的 4 个吊钩上，将转向架构架落到 1、2、3 驱动单元上（注：制动器闸瓦间隙不得小于 8 mm）。更新拆卸的管卡、线卡、紧固件及垫圈。

② 一系油压减振器下部与轴箱体安装，螺丝为 M16×60（10.9 级），涂乐泰胶 243，紧固力矩为 250 N·m，紧固标记规范。

③ 中间轴箱起吊架与轴箱体安装，螺丝为 M16×60（10.9 级），涂乐泰胶 243，紧固力矩为 250 N·m，紧固标记规范。

④ 轴箱拉杆与轴箱体安装，螺丝为 M24×2×150（带弹性套连接），涂乐泰胶 243，紧固力矩为 730 N·m，紧固标记规范。

⑤ 轴箱拉杆与构架安装，螺丝为 M24×2×190，涂乐泰胶 243，紧固力矩为 730 N · m，紧固标记规范。

（3）电机悬挂吊杆及防落块连接。

① 用天车吊起电机，电机悬挂吊杆与构架、电机连接，螺丝（M30×2×200）带孔，涂乐泰胶 243，首先用 800 N · m 力矩逐一紧固一次，然后用紧固力矩 1 360～1 380 N · m，紧固标记规范，开口销为 M6×60，开口大于 60°。

② 电机防落块与构架支座安装到位，销轴由内往外穿过，开口销为 M6.3×63，开口大于 60°。

（4）扫石器组装。

① 左、右扫石器支架与构架安装螺丝（M16×100）带套管连接，涂乐泰胶 243，紧固力矩为 197 N·m，紧固标记规范。

② 左、右扫石器铝板分别与左、右扫石器螺丝（M16×60）连接，涂乐泰胶 243，紧固力矩为 170 N·m，紧固标记规范。

③ 扫石器橡胶板安装在转向架前端，螺丝（M10×60）与扫石器铝板连接，涂乐泰胶 243，紧固力矩为 20 N·m，紧固标记规范。

④ 砂管与扫石器铝板安装螺丝 M6×100、垫块、卡箍连接，涂乐泰胶 243，紧固力矩为 10 N·m，紧固标记规范。

（5）牵引装置组装。

① 清洁构架上牵引杆座中心销锥形面及牵引杆锥形孔，在牵引杆锥形孔和牵引杆座中心销锥形面均匀地涂抹一层安装脂，更新牵引装置中的 O 形密封圈及拆卸的紧固件和垫圈，将 O 形橡胶密封圈（198×4）装入牵引座中心销的凹槽。

② 将牵引杆（一）吊装在升降小车上并推入地沟，将牵引杆锥形孔对正牵引座锥形销。

③ 升起升降小车，将牵引杆（一）安装到位。

④ 在牵引杆球胶托盘接触面涂抹一层安装脂，将 O 形橡胶密封圈（200×4）装入凹槽内，并将托盘装入牵引橡胶关节内，拧紧螺栓（在标准力矩下循环紧固 3 次），紧固力矩为 460 N·m。

⑤ 在构架上安装金属安全吊板，用六角螺栓、六角螺母紧固，并装好开口销，在安全板的另一端穿好销轴，装好开口销。

⑥ 将牵引杆摆杆与牵引杆（一）连接，拧紧螺栓（M20×1.5×60），紧固力矩为 380 N·m。

⑦ 降下升降小车，将牵引杆（二）吊放在升降小车上，推入相应位置，对齐牵引销孔。

⑧ 通过工装和气动液压顶加力，将牵引杆销压入牵引杆销安装孔中，在牵引杆销压入过程中，应注意牵引杆销压装后安全托板的安装槽靠牵引杆（二）的端面应低于牵引杆（二）的外表面 1 mm 左右。

⑨ 安装好牵引杆（一）、牵引杆（二）间的吊挂板及安全钢丝绳。

（6）调整轮缘喷油器喷嘴。

轮缘喷油器喷嘴与轮缘根部的距离应符合要求，喷射方向要对准轮缘根部。调整完成后紧固轮缘喷油器喷嘴支架螺栓，紧固力矩为 40～45 N·m。

（7）一系垂向减振器下部与轴箱连接，螺丝为 M16×60（10.9 级），涂乐泰胶 243，紧固力矩为 250 N·m，紧固标记规范。二系垂向减振器与构架连接，螺丝为 M16×70（8.8 级），涂乐泰胶 243，紧固力矩为 170 N·m，紧固标记规范。二系横向减振器与构架连接，螺丝为 M20×120（8.8 级），涂乐泰胶 243，紧固力矩为 433 N·m，紧固标记规范。

（8）组装砂管、扫石器铝板、扫石器橡胶板，限度应符合技术要求。

（9）车载装置各连线、传感器、接线盒、各线束连接牢靠。

（10）转向架组装后检查紧固件防松标记清晰、规范，各铭牌及警示标记齐全、完好，各部尺寸符合限度要求。

（11）更新车体底架与转向架相连的橡胶软管总成。

（12）进行转向架称重调簧试验，结果符合设计要求。

（13）对脱漆部件进行补漆。

（14）转向架组装完毕后，向制动管路内充入 400 ～600 kPa 压力空气，保压 10 min，压力下降不大于 10 kPa 或 20 min 压力降不大于 20 kPa。试验合格后，将所有进风口用专用堵头密封。

4. 限度表

表 4-3-1 为转向架限度表。

表 4-3-1　转向架限度表

序号	名　称	原形	限度
1	扫石器安装板下端面距轨面高度/mm	≥75	≥75

续表

序号	名　称	原形	限度
2	扫石器橡胶板距轨面高度/mm	30～35	30～35
3	一系弹簧压缩高/mm	189±2	189±4
4	砂管距轨面高度/mm	25～30	25～30
5	砂管距踏面距离/mm	15～30	15～30
6	闸片间隙（两侧之和）/mm	—	2～4
7	轮缘喷油器喷头与轮缘根部距离/mm	—	40～50

4.3.2　转向架附属装置的维检与装调

1. 基本技术要求

① 各部件无裂纹和变形，无缺失零件。

② 各部件的连接无松动。

③ 砂箱盖无缺失，且盖密封良好。

④ 紧固件组装时做好防松标记，各紧固件防缓标记清晰完整。

⑤ 各部件安装后符合技术要求。

⑥ 所有的螺栓、螺纹上不应有油漆、油脂，安装时使用螺栓锁固胶。

⑦ 垂向、横向止挡各部件状态良好。

⑧ 走行部螺栓装配前应在螺纹表面涂螺栓锁固胶，方法：在螺纹端部沿圆周方向呈带状涂，涂胶区域宽度约为螺栓直径的 1.2 倍（涂胶前必须先将螺栓、螺孔及相关紧固组件清洗干净）。

⑨ 走行部开口销装配方法：用手或钳子将开口销插入开口销孔（严禁用榔头敲入），将开口销尾部用螺丝刀掰开，开口销的打开角度为 60°～120°。开口销打开时，注意使分开部分平直、对称，严禁带“R 形”或上下有空挡。当与工件相碰时要将开口销尾部适当卷起。

2. 材料、设备及工具、量具

1）材料

主要材料包括：防腐胶、螺栓锁固胶、松动剂、清洗剂。

2）设备

主要设备为天车。

3）工具

主要工具包括：开口扳手、钳子、专用扳手、扭力扳手、套筒扳手（1 套）、梅花扳手（1 套）、呆板手（1 套）、内六角扳手（1 套）、气动扳手、电动扳手。

4）量具

主要量具为塞尺钢板尺。

3. 砂箱维检与装调的工艺过程

1）*砂箱、砂管拆卸*

① 用专用吊具吊起砂箱，排空砂箱内砂子。

② 释放管路内的压缩空气，拆卸撒砂胶管、撒砂铁管支架，将橡胶管路与铁管分离，将砂管与砂箱拆开。

③ 将撒砂软管与砂箱撒砂阀拆开，拆卸撒砂阀。

④ 先用风扳手拆下砂箱上部与构架连接的6个螺栓中的5个螺栓，第六个进行预松，再用风扳手拆下砂箱侧面与构架连接的2个螺栓。

⑤ 拆下砂箱上部最后一个螺栓，用天车吊起砂箱，送至指定的检修场地。

2）*砂箱及撒砂装置检修*

① 砂箱体各部件严密，无破损、磨损、裂纹，安装座无裂损。

② 砂箱盖密封良好，滤网无破损，附件齐全，作用良好。更新砂箱盖密封圈、砂箱与撒砂器间的密封垫、撑管、端管、功能螺母、橡胶连接软管、砂管、撒砂钢管。

③ 撒砂装置功能良好，更新撒砂器内部各密封垫、紧固件和垫圈。

3）*砂箱安装*

① 用专用吊具吊起砂箱，将砂箱安装到转向架构架上，套管无锈蚀，外圈刷漆，螺栓依次均匀紧固（紧固力矩为640 N·m）；更新紧固件。

② 用管卡安装并紧固端管，用管卡定位并紧固撒砂管。

③ 将撒砂器干燥风管和撒砂风管安装到撒砂阀上并拧紧。

④ 撒砂管与轨面的间隙符合限度要求。

4. 扫石器维检与装调的工艺过程

① 拆下扫石器安装板固定螺栓，拆卸护轮管紧固螺栓。松开扫石器支架固定螺栓，拆下螺钉，移开橡胶装配钢板，取下橡胶板。

② 扫石器各部件无裂纹、变形，更新不良的扫石器橡胶板。扫石器支架焊缝探伤检查无裂纹。

③ 将扫石器支架放置到构架安装位置上，均匀紧固固定螺栓（紧固力矩为197 N·m）。

④ 将扫石器铝板安装到扫石器安装支架上，均匀紧固螺钉、弹簧垫圈和六角螺母（紧固力矩为170 N·m）。

⑤ 将扫石器橡胶件定位，将压板放置到扫石器板上，紧固螺钉和六角螺母（紧固力矩为20 N·m）。测量、调整排石器橡胶板与轨面的间隙，应符合限度要求；更新紧固件和橡胶板。

5. 挡泥板装置维检与装调的工艺过程

① 松开螺栓，将防护板拆下。

② 松开螺栓，拆下缓冲垫。

③ 防护板各部无裂纹、变形。

④ 安装缓冲垫和紧固螺栓、垫圈，力矩为35 N·m；更新缓冲垫。

图4-3-1为挡泥板装置。

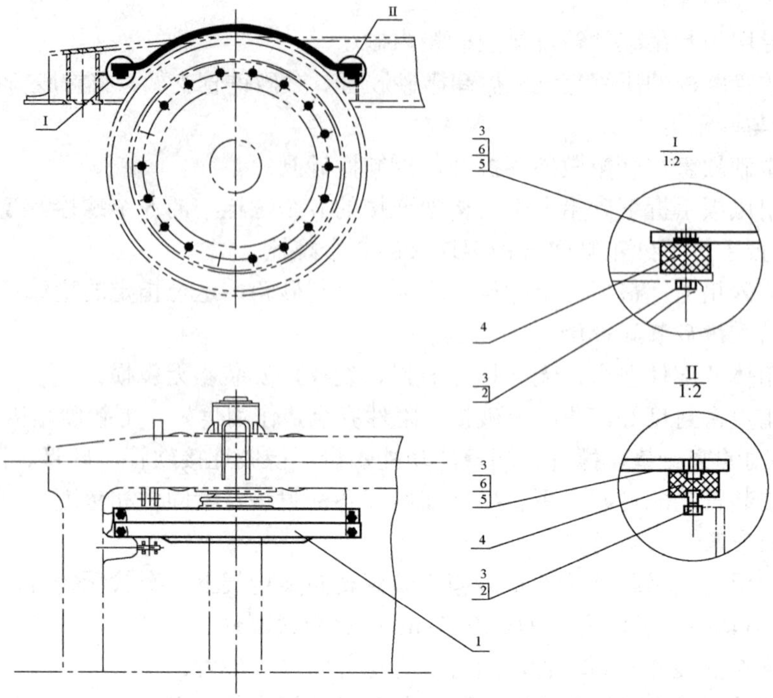

1—防护板；2—六角螺栓（M10×16）；3—乐泰胶 262；4—缓冲垫；5—六角螺栓（M10×12）；6—大垫圈

图 4-3-1　挡泥板装置

6. 垂向止挡、横向止挡、自动分相装置维检与装调的工艺过程

① 自动分相装置各部件无裂纹、变形；测量、调整车载感应器与轨面的间隙（为 110 ～120 mm）；更新拆卸的紧固件。

② 二系垂向止挡、二系横向止挡各部件状态良好；更新二系垂向止挡、二系横向止挡橡胶件。

7. 轮缘润滑装置（油脂式）维检与装调的工艺过程

1）风、油、管路检修

（1）外观检查及清洗。

① 风、油管无锈蚀、磨损及龟裂，管卡子、喷嘴安装座、油脂罐及安装座连接部位无开焊、裂纹，各管接头及安装螺丝紧固状态良好，不良的更换新品或焊修。

② 各零部件清洁，对清洗不到的管路和车体的管路应人工将油污擦洗干净。

③ 更新调压阀密封件（O 形圈）、喷头、电控阀、分水滤清器的滤芯。

2）油脂罐的检修

① 用扳手或专用工具拆下油脂罐各零部件。

② 用中性清洗剂清洗各部件，然后用压缩空气吹扫干净。

③ 更新油脂罐过滤网、密封件（O 形圈）、橡胶软管。

④ 扇形孔和止回阀作用良好。

⑤ 油脂罐状态良好，重新涂漆，重新注油脂。

3）油脂罐的组装

① 组装前再次用压缩空气吹扫各部件。

② 按拆下的相反顺序组装各部件，更新拆卸的紧固件、垫圈及空气管路接头的密封圈。

4）组装后调整

落车后，调整轮缘喷油器喷头与轮缘根部的距离、轮缘喷油器喷头与踏面根部距离应（符合要求），喷射方向要对准轮缘根部。调整完成后紧固轮缘喷油器支架螺栓，紧固力矩为40～45 N·m。更新拆卸的紧固件。

8. 内弹式轮缘润滑装置（干式）维检与装调的工艺过程

① 将推料杆取出，取下棒料。用中性清洗剂清洗涂覆装置体、推料杆卡槽、卷簧簧体、推料杆体，并擦洗干净。

② 各紧固螺栓无松动、脱落，防脱钢丝绳齐全、良好。

③ 安装座、安装板无开焊、裂纹。

④ 钢丝绳无折断，拉紧轮转动灵活，无卡死、阻滞现象。

⑤ 推料杆无异常磨损现象。

⑥ 开口销、拉紧轮罩无丢失。

⑦ 润滑棒无卡死现象，更换润滑棒。

⑧ 轮缘润滑器管体无变形、裂损，有裂纹时禁止焊修。

⑨ 落车后，调整内弹式轮缘润滑装置安装位置，润滑器前端距轮缘根部的距离为20～25 mm，润滑器导管与车轮踏面夹角为35°～45°。更新拆卸的紧固件。

9. 检查

① 组装完毕后应检查各防缓件，不许有松弛，且防缓标记清晰。

② 组装完毕后应测量各部件安装位置且符合要求。

10. 限度表

表4-3-2为转向架附属装置限度表。

表4-3-2 转向架附属装置限度表

序号	名 称	原形	限度
1	扫石器铝板下端距轨面高度	≥75 mm	≥75 mm
2	扫石器橡胶板距轨面高度	30～35 mm	30～35 mm
3	同一转向架同一端摇头止挡与车体两侧横向间隙之和	240～250 mm	230～260 mm
4	转向架垂向止挡与车体垂向间隙	34～37 mm	32～39 mm
5	转向架横向止挡与车体横向间隙	35～38 mm	33～40 mm
6	撒砂管与轨面的间隙	25～30 mm	25～30 mm
7	撒砂管与踏面的间隙	15～30 mm	15～30 mm

续表

序号	名称		原形	限度
8	轮缘喷油器喷头与轮缘根部距离		—	40～50 mm
9	轮缘喷油器喷头与踏面根部距离		—	20～25 mm
10	内弹式轮缘润滑装置（干式）	润滑器前端距轮缘根部的距离	20～25 mm	20～25 mm
		润滑器导管与车轮踏面夹角	35°～45°	35°～45°

4.3.3 一系悬挂装置的维检与装调

1. 基本技术要求

① 一系弹簧不许有裂损、压死现象，弹簧垫无老化、变形。

② 一系弹簧工作高度限度为（189±4）mm。

③ 一系弹簧自由高、同一转向架弹簧工作高之差须符合限度表规定。

④ 走行部螺栓装配前应在螺纹表面涂螺栓锁固胶，方法：在螺纹端部沿圆周方向呈带状涂，涂胶区域宽度约为螺栓直径的 1.2 倍（涂胶前必须先将螺栓、螺孔及相关紧固组件清洗干净）。

⑤ 走行部开口销装配方法：用手或钳子将开口销插入开口销孔（严禁用榔头敲入），将开口销尾部用螺丝刀掰开，开口销的打开角度为 60°～120°。开口销打开时，注意使分开部分平直、对称，严禁带“R 形”或上下有空挡。当与工件相碰时要将开口销尾部适当卷起。

2. 主要材料、设备及工具、量具

1）材料

主要材料包括：棉丝、汽油、开口销、砂布、橡胶垫、调整垫、圆弹簧。

2）设备

主要设备包括：天车、吊具、10 T 压力机、清洗设备。

3）工具

主要工具包括：专用扳手、手锤、撬棍、内外卡钳、螺丝刀、克丝钳、钢丝刷。

4）量具

主要量具包括：弹簧测力计、钢板尺、角尺、卷尺毛刷、游标卡尺。

3. 主要工艺过程

1）拆卸

① 将经过定位编号的一系弹簧及调整垫从轴箱体拆下，要求按原轴位做好记录，检查并固定好零点漂移标记。装车时应原车原装。

② 将轴箱拉杆组件连接轴箱、构架的六角螺栓（M24×2×150）、弹簧垫圈（24）、六角螺母（M24×2）、弹性钢套用气动扳手、呆扳手拆下，并送至指定的检修场地。

③ 将一系垂向油压减振器与轴箱外端盖连接六角螺栓（M16×60）、与架端连接六角螺栓（M16×80）、高压安全垫用气动扳手拆下，并送至指定的检修场地。

2）一系弹簧及橡胶垫检修

（1）清洁。

用清洗剂清洗除垢。

（2）检修。

① 弹簧无裂损、位移，零点漂移标识齐全完好，固定牢靠。整体除漆探伤不许有裂纹，探伤完成后重新涂漆。更新橡胶垫。

② 一系弹簧自由高符合限度规定，在 47.65 kN 压力下弹簧的压缩高在（189±4）mm 范围内，一系弹簧中心垂直偏差不大于 6 mm。

（3）组装。

① 转向架重新组装时，弹簧须定位组装。测量同一转向架一系弹簧工作高不大于 4 mm，同一轴箱一系弹簧压缩高之差不大于 2 mm。

② 安装一系悬挂时，在轴箱弹簧座上摆放弹簧及正确数量和正确厚度的一系悬挂调整垫（4 mm 基准垫必须安装在弹簧的上方，5 mm 基准垫必须安装在弹簧的下方）。

③ 如果弹簧更新，应根据新、旧弹簧漂移标记上标记的压缩高数据，重新确定一系悬挂调整垫的数量和厚度。

④ 一系弹簧横向漂移位置应符合要求。

3）轴箱拉杆检修

① 轴箱拉杆杆体无裂损，更新橡胶关节；轴箱拉杆磁粉探伤检查不许有裂纹。更新橡胶关节，轴箱拉杆重新油漆。

② 检查各紧固件齐全、无松动，防缓标记清晰。轴箱拉杆安装螺栓紧固力矩为 730 N·m。更新拆卸的紧固件。

4）油压减振器检修

5）更新橡胶弹性止挡

4. 限度表

表 4–3–3 为一系悬挂装置限度表。

表 4–3–3　一系悬挂装置限度表

序号	名　称	原形	限度	
			C5 修	禁用
1	一系弹簧自由高/mm	—	（参考）228.5	—
2	一系弹簧压缩高（包括压盖、垫）/mm	189±2	189±4	—
3	同一转向架一系弹簧压缩高之差/mm	≯2	≯4	—
4	一系弹簧垂直度偏差/mm	3.5	6	＞6

4.3.4 二系悬挂装置的维检与装调

1. 基本技术要求

走行部螺栓装配前应在螺纹表面涂螺栓锁固胶，方法：在螺纹端部沿圆周方向呈带状涂，涂胶区域宽度约为螺栓直径的 1.2 倍（涂胶前必须先将螺栓、螺孔及相关紧固组件清洗干净）。

2. 主要材料、设备及工具、量具

1）材料

主要材料包括：棉丝、金属清洗剂、开口销、砂布、弹簧、橡胶垫。

2）设备

主要设备包括：天车、吊具、清洗设备、电磁探伤仪、压力试验机。

3）工具

主要工具包括：风动扳手、专用扳手、手锤、撬棍、内外卡钳。

4）量具

主要量具包括：弹簧测力计、钢板尺、塞尺、角尺、游标卡尺。

3. 主要工艺过程

1）二系弹簧及橡胶垫的维检与调试

① 解体前应将二系弹簧的调整垫做好记录，并对调整垫及弹簧进行编号，便于定位组装。

② 用专用吊具将二系弹簧从构架上吊下，并送到指定的检修场地。

③ 清洁弹簧表面的灰尘、油污。

④ 弹簧无裂损、位移，零点漂移标识齐全完好，固定牢靠。整体除漆探伤不许有裂纹，探伤完成后重新涂漆。更新橡胶垫。

⑤ 在 73.399 kN 压力下检测弹簧的压缩高在（497±8）mm 范围内。组装时选用同一转向架二系弹簧工作高度差不大于 6 mm，每组 3 个二系弹簧工作高度差不大于 3 mm。

⑥ 二系弹簧中心垂直偏差不大于 15 mm。

⑦ 二系弹簧横向漂移位置符合技术要求。

⑧ 如果弹簧更新，应根据新、旧弹簧漂移标记上标记的压缩高数据，重新确定二系悬挂调整垫的数量和厚度。

2）更新橡胶弹性止档

3）油压减振器检修

4. 限度表

表 4-3-4 为二系悬挂装置限度表。

表 4-3-4 二系悬挂装置限度表

序号	名 称	原形	限度	
			C5 修	禁用
1	二系弹簧自由高/mm	—	（参考）618.6	—
2	二系弹簧工作高/mm	497±4	497±8	—
3	同一转向架二系弹簧工作位压缩高之差/mm	3	≯6	—
4	二系弹簧垂直度偏差/mm	9.3	≯15	＞15

4.3.5 牵引装置的维检与装调

1. 基本技术要求

① 用颜色标记说明螺栓的紧固位置，注意螺栓或螺母上的标记线必须与安装表面平齐。当颜色标记有任何变化或螺纹连接松动且重新紧固时，检查紧固力矩，并重新绘制颜色标记。

② 走行部螺栓装配前应在螺纹表面涂螺栓锁固胶，方法：在螺纹端部沿圆周方向呈带状涂，涂胶区域宽度约为螺栓直径的 1.2 倍（涂胶前必须先将螺栓、螺孔及相关紧固组件清洗干净）。

③ 橡胶表面不可与润滑剂接触。

④ 牵引杆不许有裂纹，各部件清除污垢。

⑤ 更新拆卸紧固件和密封件。

⑥ 各部件配合尺寸应符合要求。

⑦ 走行部开口销装配方法：用手或钳子将开口销插入开口销孔（严禁用榔头敲入），将开口销尾部用螺丝刀掰开，开口销的打开角度为 60°～120°。开口销打开时，注意使分开部分平直、对称，严禁带“R 形”或上下有空挡。当与工件相碰时要将开口销尾部适当卷起。

2. 材料、设备及工具、量具

1）材料

主要材料包括：白棉布、清洗剂、螺栓锁固胶、除锈剂、螺栓松动剂、润滑油。

2）设备

主要设备包括：龙门吊具、天车、油压装置、液压升降小车、专用支撑座、压力机、牵引杆销拆卸专用工装、滑环滑套拆卸专用工装。

3）工具

主要工具包括：扭力扳手、套筒扳手（1 套）、梅花扳手（1 套）、呆扳手（1 套）、内六角扳手（1 套）、气动扳手、电动扳手、长接杆、油枪、钳子、撬棍、手锤、管钳、专用扳手、手电、卡簧钳、十字改锥。

4）量具

主要量具包括：游标卡尺、深度尺、塞尺。

3. 工艺流程

1）分解、清洁

解体检修牵引装置，将牵引杆（一）、牵引杆（二）、连杆清洁干净，牵引杆焊缝除漆，连杆整体除漆。

2）检修

① 螺纹孔状态良好，盖板无变形、破损。

② 对牵引杆、法兰组件（车体端）焊缝进行磁粉探伤检查，不许有裂纹；对连杆进行磁粉探伤检查，不许有裂纹。

③ 更新牵引杆和连杆橡胶关节，更新牵引销、注油杯、滑环、滑套、法兰组件垫板。

④ 更新牵引装置中的O形密封圈及拆卸的紧固件和垫圈。

⑤ 牵引杆、连杆重新刷油漆。

3）组装

① 按拆解反工序组装。

② 牵引装置组装后牵引销须重新注入润滑脂。

③ 法兰座上的钩尾框托板良好，安装螺栓紧固；锥形面无损伤，清除螺孔内残胶，螺孔丝扣良好。更新安装螺栓。

4.3.6 电机悬挂装置的维检与装调

1. 基本技术要求

① 用颜色标记说明螺栓的紧固位置，注意螺栓或螺母上的标记线必须与安装表面平齐。当颜色标记有任何变化或螺纹连接松动且重新紧固时，检查紧固力矩，并重新绘制颜色标记。

② 走行部螺栓装配前应在螺纹表面涂螺栓锁固胶，方法：在螺纹端部沿圆周方向呈带状涂，涂胶区域宽度约为螺栓直径的1.2倍（涂胶前必须先将螺栓、螺孔及相关紧固组件清洗干净）。

③ 走行部开口销装配方法：用手或钳子将开口销插入开口销孔（严禁用榔头敲入），将开口销尾部用螺丝刀掰开，开口销的打开角度为60°～120°。开口销打开时，注意使分开部分平直、对称，严禁带“R形”或上下有空挡。当与工件相碰时要将开口销尾部适当卷起。

④ 更新拆卸的紧固件和橡胶关节。

⑤ 装置无损坏（裂纹、变形等），无松动和缺少的部件。

⑥ 各部件尺寸符合要求。

2. 主要材料、设备及工具、量具

1）材料

主要材料包括：开口销、螺栓锁固胶、橡胶关节。

2）设备

主要设备包括：天车、牵引电机专用支蹬。

3）工具

主要工具包括：撬棍、手锤、螺丝刀、扭力扳手、套筒扳手（1 套）、梅花扳手（1 套）、呆扳手（1 套）、内六角扳手（1 套）、气动扳手、电动扳手、长接杆。

4）量具

主要量具为塞尺。

3. 主要检修过程

1）拆卸

① 用撬棍和手锤拆除电机悬挂安装螺栓及销处的开口销。

② 用天车挂上吊具，将电机吊起，使防落板活动以便拆卸。将电机防落板穿销取出，并将防落板拆下。

③ 用气动扳手、呆扳手将电机吊杆与电机悬挂座连接的螺栓（M30×2×200）拆下。

④ 缓慢落下天车吊钩并使支架正对电机支座，用电机专用支架支住电机。

⑤ 电机悬挂一端采用抱轴悬挂，另一端采用带橡胶关节的摆杆弹性悬挂在构架上。电机悬挂采用了防脱落装置，电机吊杆长度为 425 mm。

⑥ 构架吊离台位后，拆下电机吊杆和构架连接螺栓，取下螺母和垫圈，拆下电机吊杆。

2）检修

① 电机吊杆除漆后进行磁粉探伤无裂纹。

② 更新电机吊杆橡胶关节。

③ 电机吊杆重新刷油漆。

④ 更新拆卸的紧固件、垫圈、开口销。

3）安装

按分解相反顺序将电机悬挂安装于转向架构架上。

4.3.7　轴箱的维检与装调

1. 主要技术要求

① 解体前用颜色标记螺栓的紧固位置，注意螺栓或螺母上的标记线必须与安装表面平齐。当颜色标记有任何变化或螺纹连接松动且重新紧固时，检查紧固力矩，并重新绘制颜色标记。

② 走行部螺栓装配前应在螺纹表面涂螺栓锁固胶，方法：在螺纹端部沿圆周方向呈带状涂，涂胶区域宽度约为螺栓直径的 1.2 倍（涂胶前必须先将螺栓、螺孔及相关紧固组件清洗干净）。

③ 轴承应妥善保存，直到装配前，轴承必须保存在原始包装箱中。

④ 检查轴箱部件温度，更新发热的轴箱轴承，更换溢油严重的轴箱轴承。

⑤ 彻底清洁所有零部件、紧固件的表面，确保它们没有任何损坏或锈蚀。

⑥ 安装场地必须清洁，油脂必须保存在适当的容器中，避免污染。

⑦ 在开始安装轴承之前应检查轴颈，将轴颈、倒角和轴肩的污物和防腐涂层清扫干净。

⑧ 轴承组装完成后，测量轴承横动量，其值应在规定的范围内，并做记录。

⑨ 更新金属密封叠环、所有的 O 形橡胶圈和拆卸的紧固件。

⑩ 各部件配合尺寸应符合要求。

⑪ 走行部开口销装配方法：用手或钳子将开口销插入开口销孔（严禁用榔头敲入），将开口销尾部用螺丝刀掰开，开口销的打开角度为 60° ～120° 。开口销打开时，注意使分开部分平直、对称，严禁带“R 形”或上下有空挡。当与工件相碰时要将开口销尾部适当卷起。

2. 主要材料、设备及工具、量具

1）材料

主要材料包括：汽油、棉丝、白布、毛刷、砂布、轮对滚动轴承脂、橡胶密封环、端盖皮垫、接地电刷。

2）设备

主要设备包括：天车（5 t）、油压吊具（10～15 t）、轴承退出和压装工装、液压机、桥式起重机。

3）工具

主要工具包括：长接杆、轴承挡板拆卸专用工装、紫铜棒、手锤、扁錾、镗磨油石或金刚砂布、扭力扳手、套筒扳手（1 套）、梅花扳手（1 套）、呆扳手（1 套）、内六角扳手（1 套）、气动扳手、电动扳手。

4）量具

主要量具包括：轴径千分尺、高精度表面尺、百分表、刀口尺。

3. 主要工艺过程

1）解体

（1）拆卸速度传感器。

① 旋松速度传感器固定螺栓，连垫圈一起拆下。

② 将速度传感器从轴箱上拔出。

（2）拆卸轴箱前端盖。

用气动扳手将前端盖螺母拆下，然后用扁錾插入轴箱前端盖与轴箱体结合部位缝隙，用手锤轻击扁錾，将轴箱前端盖与轴箱体分离，然后将前端盖卸下。

（3）拆卸接地装置。

拆卸轴箱接地装置安装螺栓，取下接地装置。

（4）拆卸轴箱轴承挡板。

用气动扳手套上内六角套筒，将内六角螺栓（M24×90）拆下，然后用轴承挡板拆卸专用工装压出轴承挡板，松动后将其拆下。

（5）拆卸轴箱体。

① 用扳手将内端盖连接螺母（M16）卸下，然后用扁錾插入内端盖与轴箱体结合部位，用手锤轻击扁錾，将内端盖与轴箱体分离。

② 用天车将轴箱体吊住，将轴箱体从轴承上缓慢拉出。

（6）拆卸轴承。

将拆卸轴承液压工装安装在轴上，拧紧固定螺栓，把轴承、防尘圈、内端盖、O

形密封圈一同拆下。

（7）清洗轴箱各部件。

2）检修

（1）检查轴颈。

① 将轴承座、倒角和轴肩的污物和防腐涂层清扫干净。

② 轴颈表面光洁，无毛刺，轴承座、倒角和轴肩状态良好。不能用锉去磨平轴承座和凹凸不平的边缘部分，可使用粒度为180～200的镗磨油石或金刚砂布进行处理。

③ 清除轴头螺栓孔内的残胶，螺栓孔丝扣良好。

（2）轴箱体检修。

轴箱体及内外端盖加工面磁粉探伤无裂纹，螺纹孔良好。

（3）轴箱接地装置解体检修。

摩擦盘、弹簧、碳刷、绝缘件、密封件、紧固件状态良好，摩擦盘、碳刷符合限度要求。

（4）压盖及端盖检修。

轴承压盖无裂损、变形；轴箱端盖无裂损、变形，清除端盖表面残胶。

（5）轴箱轴承。

更换轴箱轴承。

（6）更新金属密封叠环、O形橡胶圈、拆卸的紧固件和垫圈。

3）组装

（1）压装轴承

① 将轮对轴承座部位清理干净，必要时用抛光纸抛光；轴端螺纹孔内部清洁，无滑扣现象。

② 在轴承安装座部位均匀涂抹一层较薄的二硫化钼润滑脂，便于轴承压装时起润滑保护作用。

③ 先在内端盖凹槽内涂上润滑脂，将O形密封圈装在凹槽内，然后在内端盖与轴箱的结合面沿圆周方向涂上密封胶，使内端盖密贴地套在轴颈上。

④ 将工装的引套用 M24×250 内六角螺栓连接在车轴端面上，用刀口尺调整好引套与轴承安装座的同轴度。

⑤ 将工装的长螺杆拧在引套中心孔上，然后将轴承套在引套上，再依次装上压套、液压机、螺母等工装。

⑥ 将轴承内圈端面紧靠车轴，打开液压机，在轴承安装座上缓慢匀速压入轴承。轴承压装过程中的压力为100～200 kN，压装后，压力表指针升至300～400 kN时停止压装，使压力表指针回到0位，压入轴承时确认密封圈紧挨轴颈肩，然后进行第二次加压，300～400 kN时停止加压。

⑦ 用百分表测量轴承横动量，一、三、四、六轴小于或等于0.6 mm（单边），二、五轴为10～12 mm（单边）。

⑧ 压装过程中应左右不停地转动轴承，要求转动灵活，如出现转不动、卡死现象应立即停止压装。

⑨ 压装完成后转动轴承，要求转动灵活，无卡劲。

⑩ 如果因故暂时离开，应用物品覆盖零部件。轴承安装时严禁用锤子敲击。

（2）套装轴箱体。

① 将轴箱体内清洁干净。

② 在M16×58双头螺柱短螺纹端部涂螺栓锁固胶，然后旋入轴箱体内外端面螺孔，并按力矩要求紧固到位。

③ 在轴承表面涂抹一层二硫化钼，将轴承上的注油孔位置转到左右斜下方45° 位置。

④ 将轴箱体用天车吊起，对准轴承套装，用紫铜棒轻轻敲击箱体外端面，使箱体套到位。

⑤ 将内端盖套装在轴箱体上。注意：不能卡到O形密封圈，沿轴箱体内端面圆周方向均匀涂一层密封胶，在轴箱体内端面M16×58双头螺柱长螺纹部分涂螺栓锁固胶，装上锥形弹垫VSK16、六角螺母M16，用扳手预紧螺母，紧固时应采用对角、交叉方法，逐步紧到位，然后再用扭力扳手紧固，扭力矩为150～170 N·m，画紧固线标记。

（3）安装轴承挡板。

① 将轴承挡板装在车轴上，在M24×90内六角螺栓螺纹端部涂螺栓锁固胶，用带锥形锁紧垫圈（S24）连接，安装在轮对轴端上。

② 用内六角扳手预紧，扭力扳手紧固，扭力矩为350～370 N·m，画紧固线标记。

（4）安装轴箱体前端盖。

将前端盖套装在轴箱体上，在M16×58双头螺柱短螺纹部分涂螺栓锁固胶，装上锥形弹垫VSK16、六角螺母M16，用扳手预紧螺母，紧固时应采用对角、交叉方法，逐步紧到位，然后再用扭力扳手紧固，扭力矩为100 N·m，画紧固线标记。（新方案：用带孔螺栓M16连接，配M16弹簧垫圈，用扳手预紧、扭力扳手紧固，扭力矩为100 N·m，用ϕ1.6的铁丝防松）。

（5）速度传感器安装。

将速度传感器放入指定位置，拧紧螺栓和垫圈，紧固力矩为24 N·m。

（6）安装接地装置。

① 将带接地碳刷装置的轴箱外端盖放入指定位置，用固定螺栓紧固。

② 将接地电缆插头用M10×25螺栓涂螺栓锁固胶，固定在轴箱内的接地碳刷装置上，紧固力矩为30 N·m，在轴箱接口处涂密封胶，接地电缆插头与水平方向呈30° 角。

③ 在接地装置盖板凹槽内涂润滑脂，将O形密封圈装在凹槽内，在盖板与轴箱的结合面沿圆周方向涂密封胶，并用螺栓M8×20固定，紧固力矩为20 N·m。

4. 限度表

表4-3-5为轴箱装置限度表。

表4-3-5 轴箱装置限度表

序号	名 称	原形	限度	
			C5修	禁用
1	一、三、四、六轴箱横动量（单边）/mm	—	≤0.6	—
2	二、五轴箱横动量（单边）/mm	—	10～12	—

4.3.8 驱动单元的维检与装调

1. 主要技术要求

① 用颜色标记说明螺栓的紧固位置，注意螺栓或螺母上的标记线必须与安装表面平齐。当颜色标记有任何变化或螺纹连接松动且重新紧固时，检查紧固力矩，并重新绘制颜色标记。

② 走行部螺栓装配前应在螺纹表面涂螺栓锁固胶，方法：在螺纹端部沿圆周方向呈带状涂，涂胶区域宽度约为螺栓直径的 1.2 倍（涂胶前必须先将螺栓、螺孔及相关紧固组件清洗干净）。

③ 彻底清洁所有零部件的表面，确保无任何损坏或锈蚀。

④ 走行部开口销装配方法：用手或钳子将开口销插入开口销孔（严禁用榔头敲入），将开口销尾部用螺丝刀掰开，开口销的打开角度为 60°～120°。开口销打开时，注意使分开部分平直、对称，严禁带“R 形”或上下有空挡。当与工件相碰时要将开口销尾部适当卷起。

2. 主要材料、设备及工具、量具

1）材料

主要材料包括：清洗剂、齿轮箱油脂、油漆、密封胶、清洗剂、吸油纸、除垫剂/胶枪、排笔或刮胶板、螺栓锁固胶。

2）设备

主要设备包括：天车、电机吊具、齿轮箱吊环、电机专用支架、驱动单元空载试验台。

3）工具

主要工具包括：扭力扳手、套筒扳手（1 套）、梅花扳手（1 套）、呆扳手（1 套）、内六角扳手（1 套）、气动扳手、手锤、冲销、小撬棍、M12 丝锥、加长杆。

4）量具

主要量具包括：百分表、塞尺、百分表。

3. 主要工艺过程

1）驱动单元落车

（1）落前准备。

① 确认需要更换的驱动单元的轴位。

② 确认新驱动单元各项标准符合技术要求。

③ 将机车牵到落轮机上，对准需要更换的驱动单元，打好止轮器。

④ 一系弹簧及调整垫做好位置标示。

⑤ 用机械镐对准电机悬挂座，使电机悬挂座平稳地落在机械镐上，高度符合要求。

（2）落驱动单元。

① 拆除牵引电机大线、接地线、速度传感器及轴温报警线。

② 拆除轴箱拉杆。

③ 拆除一系油压减振器与轴箱连接。

④ 拆除轴头接地线与车体连接。

⑤ 拆除砂管与构架支架连接。

⑥ 拆除电机防落板。

⑦ 拆除电机悬挂装置各部件螺栓。

⑧ 拆除牵引电机软风道与电机连接。

⑨ 专人操作落轮机，使落轮机缓缓下降，检查确认驱动单元与构架、车体无任何连接。落轮机下落到驱动单元可推出的高度，推出驱动单元，用天车及专用吊具吊出驱动单元装置。

（3）分解齿轮箱。

① 将齿轮箱放油堵拆卸，将齿轮箱油排干净。

② 将抱轴箱和齿轮箱连接螺栓 M20×130、M12×160 分别拆下，下箱留一个 M20×130 螺栓，防止齿轮箱上、下箱分解后掉落。

③ 将齿轮箱合口部位两端的定位销冲出，然后将齿轮箱合口及齿轮箱与电机连接螺栓 M12×50 分别拆下，下箱保留一个与电机连接的螺栓 M12×50，防止齿轮箱解体后掉落。

④ 用六角螺栓 M12×50 拧入上箱两端工艺螺孔，用螺栓将齿轮箱上、下箱分离。

⑤ 将两个吊环拧入上箱吊装螺孔，然后用天车吊绳将上箱缓慢吊起移开，进行吊箱前注意检查齿轮箱所有合口和与电机连接的螺栓、定位销是否拆除。

⑥ 齿轮箱上箱吊离后，应抬住下箱，拆除下箱的两个预留螺栓，然后拆下下箱。

（4）分解电机与抱轴箱。

① 用天车和专用吊具吊住电机，电机下方安放支架。

② 用气动扳手将抱轴箱与电机连接的 8 个六角螺栓 M30×140 拆下（如果气动扳手拆不动，可先用液压扭力扳手或增力扳手预松）。

③ 用工艺螺栓 M30×100 拧入抱轴箱工艺螺孔（上下斜对称各 1 个），用气动扳手将抱轴箱与电机用工艺螺栓顶开，使其完全脱开后将抱轴箱吊离，再拆下工艺螺栓。

2）组装驱动单元

（1）组装电机与抱轴箱。

① 在电机和抱轴箱的合口面涂密封胶，0.5～1.2 mm 厚，用排笔或刮胶板抹平（涂胶后 15 min 内合箱）。

② 将电机吊到电机轮对组装台位上，用天车将轮对吊起，使抱轴箱合口面逐渐缓慢向电机合口面靠拢，套入已涂螺栓锁固胶的安装螺栓，直至与电机安装面结合。

③ 将 M30×140 六角螺栓螺纹部分涂螺栓锁固胶，套装上平垫圈，平垫圈与螺栓六方头接触面涂抹少量润滑脂，拧入电机螺孔内，用气动扳手逐步预紧，抱轴箱与电机完全结合到位。

④ 按顺序紧固螺栓，第一步拧紧力矩为 600 N·m，第二步用增力扳手、扭力扳手，拧紧力矩为 2 050 N·m。

⑤ 将 M30×60 六角工艺螺栓螺纹部分涂螺栓锁固胶，拧入抱轴箱 4 个 M30 螺孔内，拧紧力矩为 200 N·m。

⑥ 检查固定安装电机与抱轴箱的定位销状态，抱轴箱各螺栓拧紧后，标记紧固线。

（2）组装齿轮箱。

① 齿轮箱组装前检查大齿轮无明显胶合、变形、裂纹，否则不能装车。

② 检查齿轮芯与齿轮连接螺栓无松动、脱落，状态良好，装车前应将大齿轮、齿轮芯及领圈部位的油污清洗干净。

③ 在齿轮箱上、下箱合口面和齿轮箱与电机结合面涂密封胶前，先用清洗剂彻底清洗合口面和结合面上的灰尘及杂质。

④ 用胶枪将密封胶（乐泰胶 518）涂装在下箱合口面上，然后用排笔或刮胶板将密封胶均匀地涂在合口面上。齿轮箱与电机结合部位靠抱轴箱内侧半圆部分有大齿挡住不便涂胶，需提前在齿轮箱上、下合口面各涂一半密封胶（乐泰胶 587），目测涂胶厚度为 0.5～0.7 mm，合口面不得接触其他任何物质，以免影响密封效果。要求在涂胶 15 min 内合箱。

⑤ 把下箱吊至大齿轮下，将下箱预装在电机和抱轴箱上，在大、小齿轮两端分别用 M20×130、M12×50 螺栓预连接、预紧。安装时注意下箱安装位置处于正常状态，抱轴箱的 O 形密封圈不得受齿轮箱的挤压而突起。如果有突起现象可用手将 O 形圈压住，确保 O 形圈在正常状态。

⑥ 用天车将上箱吊起，对准下箱合口位置缓慢降下，缓慢落在电机大小齿轮位置，使其完全与齿轮箱结合，并基本组合到位。注意：合箱前应检查上、下箱钢印编号的一致性。

⑦ 将齿轮箱两端定位销装入，要求定位销从上箱穿入下箱结合处，穿销时应调整好定位孔，严禁强行敲击定位销，防止定位销弯曲、错位。如果上、下箱销孔位置不对，可用小撬棍调整上箱位置使其对准，然后用手锤将定位销敲入。

⑧ 在齿轮箱连接螺栓 M12×50 上涂螺栓锁固胶，拧入上箱螺孔。分别采用 40 N·m、70 N·m 扭力矩，先里后外，逐步拧紧。

⑨ 在齿轮箱与电机两端用 M12×50 六角螺栓连接，螺纹涂螺栓锁固胶。分别采用 40 N·m、70 N·m 扭力矩，先上后下，逐步拧紧。

⑩ 调整压紧调节螺套，用塞尺测量齿轮芯与齿轮箱领圈位置的间隙上、下、前、后应有至少 0.5 mm 间隙。

（3）驱动单元组装后检查。

检查各部件连接螺栓齐全、规范、紧固、无松动，涂上防缓线标记；齿轮箱油位正常。

3）驱动单元装车

按落驱动单元的相反顺序装车并连接相关部位。

4）驱动单元装车后总体检查

① 各部件安装到位，不许有偏斜、卡碰，螺栓螺母紧固，防缓垫齐全。

② 相关的扫石器、砂管距轨面的高度符合限度要求。

③ 恢复压缩空气，检查制动夹钳及风管路状态，确认无漏风；要求制动夹钳动作良好，闸瓦与制动盘间隙符合限度，制动及缓解灵活，不许有卡滞。

4.3.9 驱动单元磨合试验工艺

1. 基本技术要求

① 用颜色标记螺栓的紧固位置，注意螺栓或螺母上的标记线必须与安装表面平齐。当颜色标记有任何变化或螺纹连接松动且重新紧固时，检查紧固力矩，并重新绘制颜色标记。

② 走行部螺栓装配前应在螺纹表面涂螺栓锁固胶，方法：在螺纹端部沿圆周方向呈带状涂，涂胶区域宽度约为螺栓直径的 1.2 倍（涂胶前必须先将螺栓、螺孔及相关紧固组件清洗干净）。

③ 彻底清洁所有零部件的表面，确保无损坏或锈蚀。

④ 各部件配合尺寸符合要求。

⑤ 走行部开口销装配方法：用手或钳子将开口销插入开口销孔（严禁用榔头敲入），将开口销尾部用螺丝刀掰开，开口销的打开角度为 60°～120°。开口销打开时，注意使分开部分平直、对称，严禁带“R 形”或上下有空挡。当与工件相碰时要将开口销尾部适当卷起。

2. 主要设备

主要设备包括：天车（30 t）、轮对电机组装空载试验台。

3. 主要工艺过程

1）试验前准备

① 驱动单元组装完毕，经质检员检验合格后进行试验。

② 准备试验和试验完成后整理现场，应保证所有的振动和温度传感器完好无损，保证检测设备正常工作，确保正常试验。

③ 将装好的驱动单元吊装在试验平台上。

④ 温度传感器安装：将抱轴箱传动端和非传动端、电机传动端和非传动端装上对应的温度传感器。

⑤ 安装电机传动端和非传动端、抱轴箱传动端和非传动端，要求所有传感器吸附在抱轴箱箱体和电机外壳平面或者螺栓头的平面上，且不易脱落，所吸附的位置不随驱动单元转动而转动。

⑥ 拆下齿轮箱底部加油孔 M26×1.5 带磁性油堵（在装油温传感器左上方），用专用加油设备加美孚路宝 SHC 齿轮油，约 8.5 L，以油位在游标小圆中线为准。加完油后重新安装好油堵。

⑦ 将三相电源线 U、V、W 分别接在驱动单元电机接线盒内。将电机通风口挡板打开，将电机接地线接在电机接地座上。

⑧ 检查所有的传感器已接好，安装位置正确。

2）试验

① 启动试验设备，运行试验程序，打开检测开关，所有传感器正常。

② 启动自动检测程序，输入驱动单元序列号，准备试验。

③ 启动变频柜，将输入电源分别调整到设定好的 3 个挡位，驱动单元以电机转速

1 800 rpm、2 600 rpm、3 450 rpm 分别正、反转 15 min。

④ 试验要求：

a. 开始试验前必须检查所有传感器接线是否正常，传感器安装是否到位。

b. 试验过程中如果发现有检测项点发生异常，超出规定值，必须立即停止试验，关掉电源开关。排除所有影响因素后才能继续试验。

c. 试验人员必须观察整个试验过程（不得擅自离开试验台），试验中观察驱动单元是否存在异音。与试验无关的人员不得进入试验场地。

d. 在 3 种电机转速下，电机传动端和非传动端、抱轴箱传动端和非传动端的振动值不超过 10 mm/s。

e. 在 3 种电机转速下，轴箱轴承、电机非传动端、抱轴箱传动端和非传动端轴承温升不超过 55 K，电机传动端轴承温升不超过 80 K。

f. 试验完成，关闭输入电源，检查齿轮箱是否漏油。

g. 待驱动单元停止转动后，将所有传感器拆除放置在指定区域，将电机通风挡板、电机接线盒等还原。

h. 将驱动单元从试验平台吊下，试验工装摆放整齐。

i. 清理试验平台，检查是否有未还原的零件。打扫试验区域，保持场地干净整洁。

j. 试验完成后更新齿轮润滑油。

4. 限度表

表 4-3-6 为驱动单元限度表。

表 4-3-6　驱动单元限度表

序号	名　称	原形	C5 修限度
1	轴承试验振动值	—	≤10 mm/s
2	轴箱轴承、电机非传动端、抱轴箱传动端和非传动端轴承温升	—	≤55 K
3	电机传动端轴承温升	—	≤80 K

4.3.10　齿轮箱的维检与装调

1. 主要技术要求

齿轮芯与齿轮箱领圈位置的间隙（上、下、前、后）大于或等于 0.5 mm。

2. 基本技术要求

齿轮箱无裂纹、变形。

3. 主要材料、设备及工具

1）材料

主要材料包括：乐泰 79040 除胶剂、涤特纯 3 清洗液、吸油纸、特效有色金属清洗剂。

2）设备、工具

主要设备、工具包括：防尘罩、刮刀、手锤、扁铲、高压水枪、高压风源。

4. 主要工艺过程

1）清洁

① 使用高压水枪冲洗齿轮箱，且冲洗到位，无残留特效有色金属清洗剂。清洁齿轮箱表面。

② 清洁齿轮箱底部，将油表等不易清洗到的部位再次清洁。

③ 清洁齿轮箱磁性螺栓上的金属微粒，清洁齿轮箱呼吸回油孔、进油孔及螺堵。

④ 将齿轮箱内外擦拭干净，再使用高压风吹干齿轮箱。

⑤ 清洗后，确保齿轮箱内清洁，并用防尘罩将齿轮箱可靠防护。

⑥ 清洗磁性螺栓、油标。

2）检查

① 检查齿轮箱上、下箱编号是否一致，更新O形密封圈。

② 清除齿轮箱上、下箱合口面和齿轮箱与电机结合面上的密封胶（注意：不要损伤合口面表面），清除各螺纹孔胶沫。

③ 齿轮箱体无裂纹、变形、鼓包等缺陷，各钢丝螺套状态良好。

④ 检查齿轮箱油标，油标标识清晰，观察玻璃无裂损。

⑤ 将齿轮箱用防尘罩盖住，妥善保存。

⑥ 更新拆卸的紧固件和垫圈。

⑦ 齿轮箱组装后与密封环间隙保持均匀，齿轮箱合口螺丝紧固，油位正常，不许有泄漏。

做一做

任务清单	任务 4.3　HX$_{D}$1C 型电力机车转向架的维检与装调

姓　名		班　级		学　号	

工具名称	工具数量	工具规格	工具要求

安全要求	操作注意事项

工序流程

工序名称	作业过程	工种

任务评价

<table>
<tr><td colspan="2" rowspan="2">任务评价表</td><td colspan="2">模块名称</td><td colspan="3">转向架</td></tr>
<tr><td colspan="2">任务名</td><td colspan="3">HX$_D$1C 型电力机车转向架的维检与装调</td></tr>
<tr><td>姓　名</td><td></td><td>班　级</td><td colspan="2"></td><td>学　号</td><td></td></tr>
<tr><td colspan="2">评分内容</td><td>标准分值</td><td>自我评分（20%）</td><td>小组评分（30%）</td><td colspan="2">教师评分（50%）</td></tr>
<tr><td rowspan="3">任务准备</td><td>认真完成在线课程的学习</td><td>5</td><td></td><td></td><td colspan="2"></td></tr>
<tr><td>根据任务要求主动查找资料</td><td>5</td><td></td><td></td><td colspan="2"></td></tr>
<tr><td>完成转向架维检与装调工艺卡</td><td>10</td><td></td><td></td><td colspan="2"></td></tr>
<tr><td rowspan="5">任务实施</td><td>能清楚地领会任务内容及要求</td><td>5</td><td></td><td></td><td colspan="2"></td></tr>
<tr><td>劳保用品穿戴齐备，错扣 2 分
防护措施到位，错扣 2 分
工具准备到位，错扣 2 分</td><td>10</td><td></td><td></td><td colspan="2"></td></tr>
<tr><td>作业顺序出现差错扣 5 分
弹簧或卡簧飞出扣 5 分
拆卸时伤及铜件扣 5 分
分解时损伤密封件扣 5 分
工具选择不合理扣 5 分</td><td>20</td><td></td><td></td><td colspan="2"></td></tr>
<tr><td>在规定时间内完成任务</td><td>5</td><td></td><td></td><td colspan="2"></td></tr>
<tr><td>具有团队合作意识</td><td>5</td><td></td><td></td><td colspan="2"></td></tr>
<tr><td rowspan="3">任务总结</td><td>完成任务要求</td><td>5</td><td></td><td></td><td colspan="2"></td></tr>
<tr><td>任务完成质量：
零部件齐全，错漏扣 2 分/个；
各零部件未分类放置，扣 2 分/个；
未按规定程序进行作业扣 2 分</td><td>15</td><td></td><td></td><td colspan="2"></td></tr>
<tr><td>任务展示情况：
工具、仪表、设备等摆放不整齐，扣 2 分/个；
作业完成后未整理工具、清洁现场，扣 2 分；
没有穿戴安全防护用品，作业防护项目不齐全，扣 2 分/处</td><td>15</td><td></td><td></td><td colspan="2"></td></tr>
<tr><td colspan="2">总　　分</td><td>100</td><td colspan="4"></td></tr>
</table>

双语拓学

1. 专业词汇双语对照表

转向架专业词汇中英对照表

英文	中文	英文	中文
bogie	转向架	wheel set	轮对
axle	车轴	axle box	轴箱
journal bearing	轴颈轴承	wheel	车轮
frame	构架	suspension system	悬挂系统
primary suspension	一系悬挂	secondary suspension	二系悬挂
leaf spring	板弹簧	coil spring	螺旋弹簧
shock absorber	减振器	damper	阻尼器
traction motor	牵引电机	gearbox	齿轮箱
coupling	联轴器	brake disc	制动盘
brake caliper	制动夹钳	air brake	空气制动
electro-pneumatic brake	电空制动	braking system	制动系统
anti-roll bar	抗侧滚扭杆	bolster	摇枕
side frame	侧架	center plate	中心销
drawbar	牵引杆	bolster spring	摇枕弹簧
axle load	轴重	wheelbase	轴距
traction gear	牵引装置	speed sensor	速度传感器
yaw damper	抗蛇行减振器		

2. AI+双语小视频制作

试在本模块中选择一个任务或者知识点，制作一个双语动画视频，可以是微课、科普讲堂等，可充分借助生成式 AI 工具（如 DeepSeek、豆包）进行双语翻译、数字人（如闪剪）生成、PPT（如 kimi）生成及视频（如剪映）转换。

模块 5

牵引缓冲装置

思政领学

美国纽约长岛铁路列车脱轨事故

2017 年 1 月 4 日，美国纽约长岛铁路（LIRR）的一列列车在布鲁克林区大西洋车站进站时，未能及时刹车，撞上了轨道缓冲块。这起事故导致列车头两节车厢冲出轨道，严重受损，车上 600 余名乘客中，有 103 人受伤。

事故影响较大，不仅造成了乘客受伤，还使得纽约市周边区域出现晚点、道路临时关闭等情况。尽管轨道交通网络内大部分列车正常运营，但事发车站周边交通受到明显干扰，给当地居民出行带来了极大不便。此次事故也引发了公众对铁路安全，尤其是牵引缓冲装置可靠性的关注，促使铁路运营部门重新审视和加强对列车牵引缓冲装置的维护与检测工作。

经调查，此次事故与牵引缓冲装置存在一定关联。列车的缓冲装置未能有效吸收列车高速撞击缓冲块时产生的巨大能量。在正常情况下，缓冲装置应通过自身的弹性变形来缓冲能量，降低冲击力对列车结构和乘客的影响。但该列车的缓冲装置可能因长期使用而性能下降，弹簧弹性减弱、阻尼部件磨损等，致使其在关键时刻无法充分发挥缓冲作用，车厢结构因承受不住强大冲击力而严重变形，进而导致脱轨。

这起事故充分凸显了牵引缓冲装置对于铁路运输安全的关键意义。牵引缓冲装置如同铁路运输系统中的“安全卫士”，直接影响列车运行的稳定性与乘客的生命安全。

双语助学

Introduction to Pintle Hook

During the nascent stage of railway transportation, the pintle hook served as a prevalent means of connecting train carriages. Structurally, one end of the hook features a concave shape, while the opposite end is equipped with a stationary rectangular connecting loop. When it comes to the process of joining locomotives and vehicles, the straightforward procedure involves inserting the connecting loop into the corresponding slot on the other side and subsequently fastening it with a pin. This simplicity accounted for its widespread adoption during that era.

Nonetheless, the pintle hook is far from flawless. Its connection stability is rather limited, rendering it incapable of withstanding substantial loads. Consequently, it restricts the carriage's load-bearing capacity and is highly susceptible to hook-fracture incidents. Additionally, the tasks of coupling and decoupling demand manual labor. This not only consumes a significant amount of time and energy but also exposes workers to potential safety hazards.

Owing to these inherent shortcomings, the pintle hook has gradually fallen out of favor and been mostly phased out. At present, its presence can only be detected in certain domestic mines, on narrow-gauge railways with a 762-millimeter track width, or within the confines of railway museums. Despite its obsolescence in mainstream railway operations, the pintle hook symbolizes a crucial chapter in the evolutionary journey of railway couplers and undeniably fulfilled an indispensable function in the early development of the railway industry.

插销式车钩简介

在铁路运输发展的初期，插销式车钩是连接列车车厢的一种普遍方式。从结构上看，车钩的一端呈凹形，另一端则装有一个固定的矩形连接环。在连接机车和车辆时，操作过程相对简单，只需将连接环插入另一侧相应的槽中，然后用销子固定即可。这种简易性使得它在那个时代被广泛采用。

然而，插销式车钩并非完美无缺。它的连接稳定性相当有限，无法承受较大的载荷。这限制了车厢的承载能力，并且极易发生车钩断裂事故。此外，连挂和解钩的工作都需要人工操作。这不仅耗费大量的时间和精力，还让工人面临潜在的安全风险。

由于这些固有的缺陷，插销式车钩逐渐不再受欢迎，并且大多已被淘汰。目前，只有在国内的一些矿山、762 mm 轨距的窄轨铁路上，或者在铁路博物馆的范围内才能见到它的身影。尽管在主流铁路运营中已过时，但插销式车钩代表了铁路车钩发展历程中的一个重要阶段，并且在铁路行业的早期发展中发挥了不可或缺的作用。

AI 导学

牵引缓冲装置究竟有着怎样的结构？又蕴含着哪些复杂而精妙的工作原理？接下来，就让我们结合 AI 知识图谱深入学习牵引缓冲装置的相关知识，一探究竟。

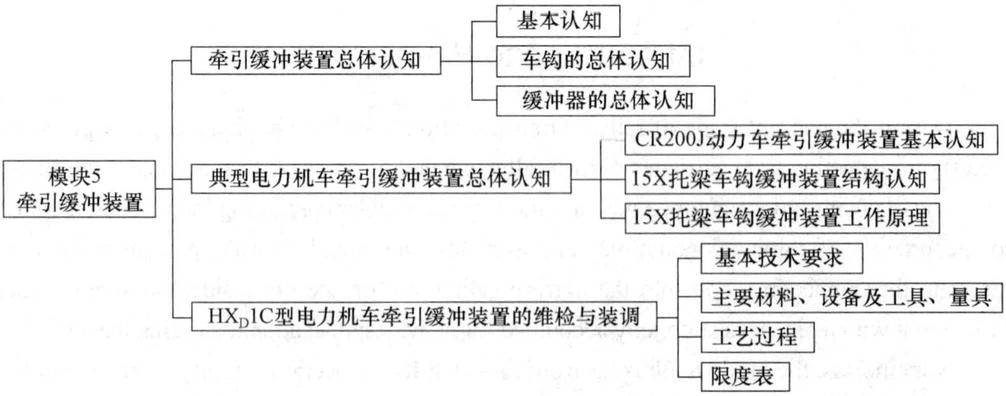

任务 5.1　牵引缓冲装置总体认知

任务目标

知识目标	熟悉牵引缓冲装置的结构组成
	熟悉车钩三态的工作原理
	熟悉车钩、缓冲装置的结构
能力目标	能口述牵引缓冲装置的结构组成
	能简述车钩三态的工作原理
	能简述车钩、缓冲装置的结构及应用
素质目标	激发学生对铁路行业的热爱
	增强学生的安全意识和责任意识
	培养学生的团队合作精神和创新意识

任务实施

思政视频

科技强国——时速 400 km、可变轨高速动车组正式下线

想一想

（1）什么是牵引缓冲装置？电力机车的牵引缓冲装置安装在哪里？

（2）车钩是怎么实现机车车辆的连挂与解体的？

（3）缓冲装置的作用是什么？

学一学

微课视频

牵引缓冲装置结构认知

5.1.1　牵引缓冲装置基本认知

1. 牵引缓冲装置的结构

牵引缓冲装置主要由车钩、缓冲器和复原装置组成。牵引缓冲装置设置在车体底架两端牵引梁空腔内的标准高度上，实现连挂列车，并且传递、缓和列车在运行、制动或调车时所产生的牵引力、制动力和冲击力，从而减少旅客和货物的损伤及机车车辆的破损，提高列车运行的平稳性。

牵引缓冲装置一般包括车钩、钩尾销、钩尾框、从板、缓冲器、吊杆、均衡梁、钩提杆等部件，如图 5-1-1 所示。车钩及缓冲器设置在牵引梁内，车钩与钩尾框通过钩尾销连成一体。

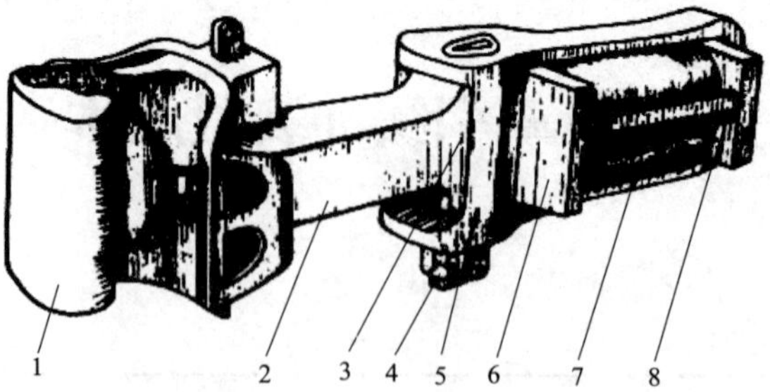

1—钩舌；2—钩身；3—钩尾；4—钩尾销；5—钩尾框；6、8—从板；7—缓冲器

图 5-1-1　牵引缓冲装置的一般组成

2. 牵引缓冲装置的作用

重载运输的列车长度和重量大幅度增加，列车冲动显著增加，为确保重载列车的正常和安全运行，要求有高强度的车钩和大容量的缓冲器，以缓和及承受列车的冲动。牵引缓冲装置的主要作用如下。

① 连挂：将机车车辆连挂成列车并使其保持一定的距离。

② 传力：在列车运行中传递牵引力和制动力。

③ 缓冲：缓和及衰减列车运行中牵引力的变化，以及制动力前后不一致而引起的冲击和振动。

3. 牵引缓冲装置传力

机车牵引运行时，车钩处于受拉状态，牵引力经车体底架、牵引梁、从板、缓冲器、钩尾框、钩尾销传至车钩；当机车推进运行或受到冲击时，车钩处于受压状态，推进力或冲击力的传递方向与牵引时相反。

牵引时（拉伸）力的传递顺序为：钩头、钩体、钩尾销、钩尾框、缓冲器、前从板、前牵引缓冲座、车底架。

受冲击时（压缩）力的传递顺序为：钩头、钩体、前从板、缓冲器、后牵引缓冲座、车底架。

5.1.2　车钩的总体认知

铁路机车车辆的车钩型号有 2 号、13 号、13A（B）型、13C 型、13E 型、15 号、15C 型、15X 型、16 型和 17 型等，铸钢材质分为 B 级钢、C 级钢和 E 级钢。根据车钩的开启方式，可以将车钩分为上作用式和下作用式两种：由设在钩头上部提升机构开启的，称为上作用式；由设在钩头下部推顶机构开启的，称为下作用式。目前，我国电力机车普遍采用 13 号下作用式自动车钩。

无论是哪种型号的车钩，都需要满足以下要求。

① 具有足够的强度和疲劳寿命（疲劳寿命约为 160 万 km，约 10 年）。

② 易于辨别是否安全连接，以免误认。

③ 应有可靠的连接，不能因冲击、振动和跳动而自行解锁脱钩。

④ 构造简单，操纵、拆装和检修方便。

⑤ 不能因车钩各部分的正常磨耗而失去车钩的安全作用。

1. 13 号下作用式车钩的结构

13 号下作用式车钩由钩体、钩舌、钩舌销、钩锁、钩舌推铁和下锁销装配等组成，如图 5-1-2 所示。车钩采用铸造碳钢 ZG230-450 时，其主要部件的最小破坏载荷为：钩舌 2 250 kN、钩体 2 800 kN、钩尾框 2 800 kN；车钩采用低合金铸钢时，其主要部件的最小破坏载荷为：钩舌 2 820 kN、钩体 3 150 kN、钩尾框 3 150 kN。

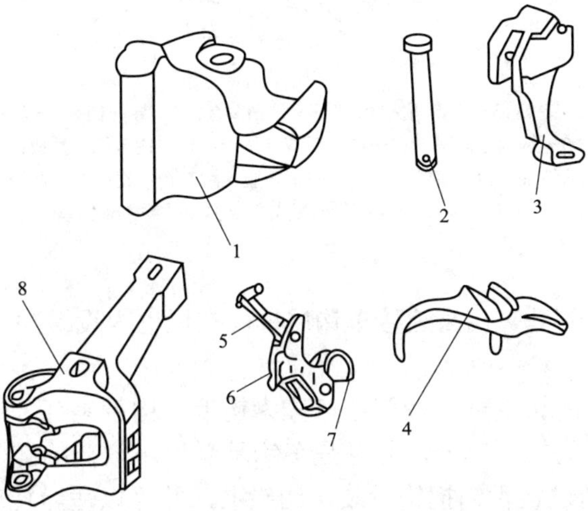

1—钩舌；2—钩舌销；3—钩锁；4—钩舌推铁；5—下锁销；6—下锁销体；7—下锁销钩；8—钩体

图 5-1-2　13 号下作用式车钩

1）钩体

钩体是车钩的主体件，由铸钢铸成。钩体按部位可分为钩头、钩身、钩尾三部分。整个钩体像一个半张开的拳头。

（1）钩头。

钩头前部空腔用来安装其他车钩零件；钩腕可容纳对方钩舌；钩耳用来安装钩舌；钩锁腔（钩头中空部）容纳并安装钩锁、钩舌推铁等零件。图 5-1-3 为 13 号下作用式车钩钩头，图 5-1-4 为 13 号下作用式车钩钩锁腔内部结构。

（2）钩身。

钩身为中空断面结构。

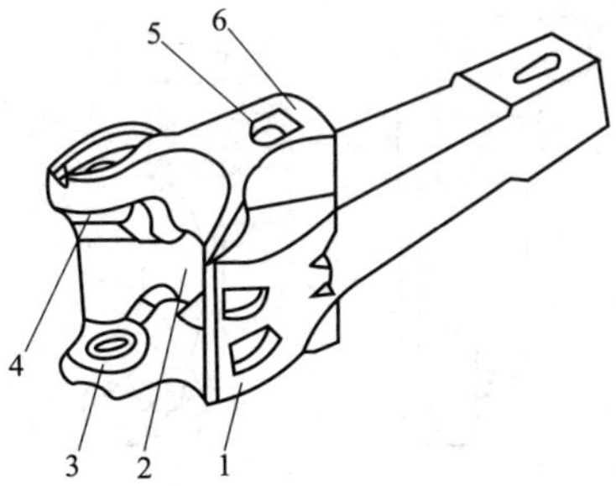

1—钩腕；2—钩锁腔；3—下钩耳及孔；4—上钩耳及孔；5—上锁销孔；6—钩肩

图 5-1-3　13 号下作用式车钩钩头

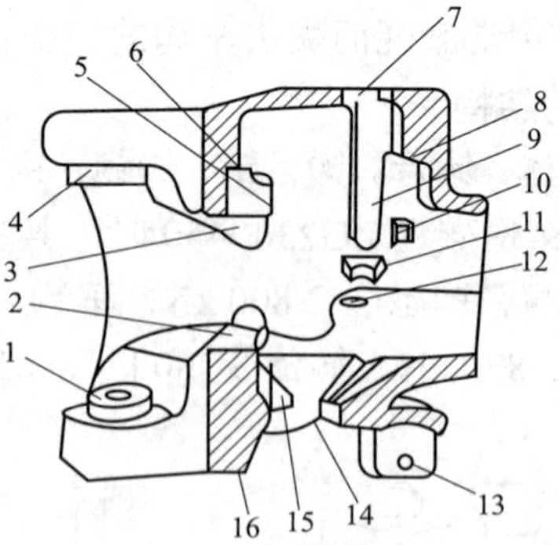

1—下护销突缘；2—下牵引突缘；3—上牵引突缘；4—上护销突缘；5—导向挡；6—全开作用台；7—上锁销孔；8—上防脱（跳）台；9—钩锁导向壁；10—钩锁后部定位挡；11—钩舌推铁挡块；12—钩舌推铁轴孔；13—下锁销转轴；14—下锁销孔；15—下防脱（跳）台；16—二次防脱（跳）台

图 5-1-4　13 号下作用式车钩钩锁腔内部结构

（3）钩尾。

钩尾分叉并设有销孔，用来连接车钩尾框，在尾框内设缓冲器。

2）钩舌

钩舌是形状复杂的铸钢件。按部位可分为钩舌、钩舌尾部。钩舌是挽钩部分，钩舌尾部是锁钩、开钩的控制部分，并且是车钩承受拉压载荷的部分。在钩舌转轴处设有 1 个垂向销孔，通过钩舌销把钩舌装在钩头上，并可以适当转动，呈张开或闭拢状态。张开时可以进行挂钩，闭拢并锁住后即为连挂好以后的状态。

3）钩舌销

钩舌销是锻钢制成的圆柱形长销，穿在钩头及钩舌的销孔内，把钩舌装在钩头上，并保证钩舌可以绕其适当转动，其顶部有凸边，下部有开口销孔，避免脱落。

4）钩锁

钩锁是形状复杂的铸钢件。它有相当大的自重，安放在钩头空腔内，处于钩舌尾部适当位置。当钩舌转到闭拢位置时，钩舌尾部和钩头空腔内壁之间转出一个空间，钩锁因自重落下，卡住钩舌尾部，使钩舌不能张开，即成锁钩状态。在钩锁的下端尾部有一销孔，用来连接下锁销；在钩锁的上部还设有一个短梁，这是为上作用式车钩连接提锁零件用的。图 5-1-5 为 13 号下作用式车钩钩锁。

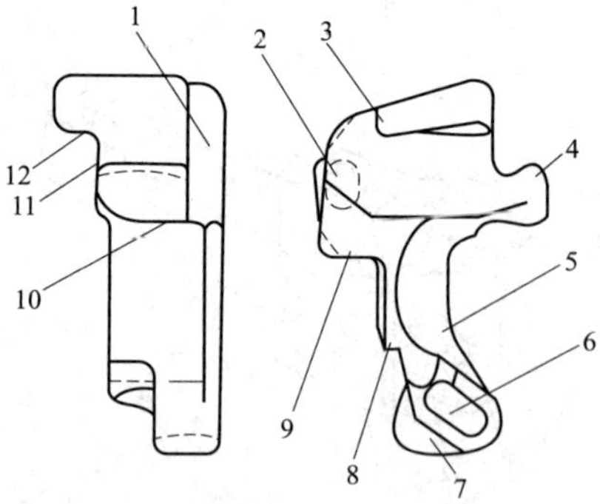

1—前导向面；2—上锁销杆转轴；3—后导向面；4—全开回转支点；5—锁腿；6—下锁销轴孔；7—后踢足面；8—开锁坐锁面；9—后坐锁面；10—前坐锁面；11—锁面；12—侧坐锁面

图 5-1-5　13 号下作用式车钩钩锁

5）钩舌推铁

钩舌推铁是形状弯曲的铸钢件，平置于钩头空腔内，处于钩舌尾部的后面，下部有一短圆销作为转轴。当钩锁被提起时，钩锁推动钩舌推铁的一端，使它绕轴转动一定角度，其另一端则拨动钩舌尾部，使钩舌张开，成为全开状态。在挂钩后，钩舌尾部又将它转回原位。图 5-1-6 为 13 号下作用式车钩钩舌推铁。

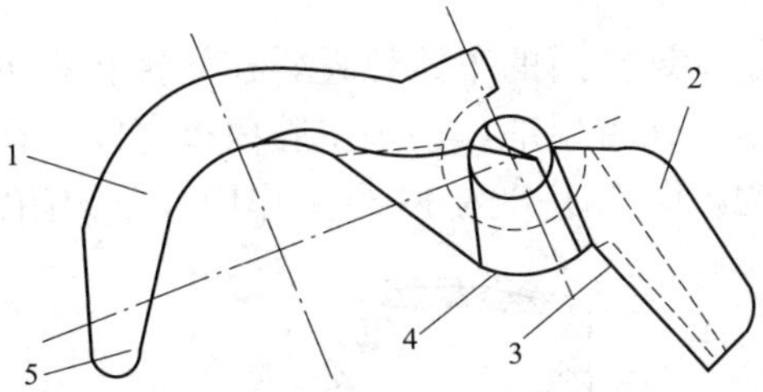

1—钩舌推铁腿；2—锁座；3—踢足推动面；4—踢足导向面；5—推铁踢足

图 5-1-6　13 号下作用式车钩钩舌推铁

6）下锁销装配

下锁销装配用于下作用式车钩顶起钩锁，由下锁销、下锁销体和下锁销钩组成，用沉头铆钉活动连接。下锁销钩以转轴孔和钩头上的转轴连接，另一端与下锁销体相连；下锁销体另一端与下锁销相连，其上有二次防脱（跳）尖端，中部有回转挡和钩提杆止挡；下锁销另一端由下锁销轴与钩锁的下锁销轴孔相连。图 5-1-7 为 13 号下作用式车钩下锁销装配。

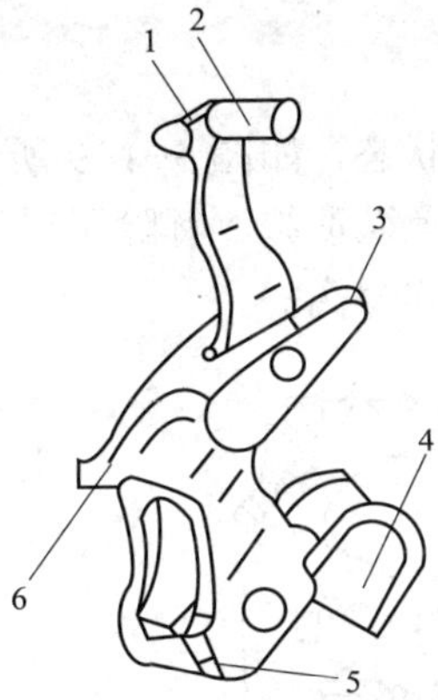

1—下锁销防脱（跳）台；2—下锁销轴；3—二次防脱（跳）尖端；4—转轴孔；5—回转挡；6—车钩提杆止挡

图 5-1-7　13 号下作用式车钩下锁销装配

2. 车钩的三态作用

微课视频

车钩原理分析——车钩的三态

为了实现挂钩或摘钩，使机车车辆连接或分离，车钩具有 3 个作用。车钩的这 3 个作用是通过转换钩头内钩锁、钩舌推铁、上（或下）锁销的位置，分别使它们处在闭锁位置、开锁位置、全开位置（或称闭锁、开锁、全开状态）而实现的。

机车车辆连挂后：车钩应具有闭锁作用，以保证列车运行时各车钩不能任意分离。

摘解机车车辆时：车钩应具有开锁作用，以便使连挂的车钩脱开。

连挂机车车辆时：车钩应具有全开作用，使其中一个车钩钩舌完全张开，使另一车钩的钩舌进入其钩腕内，以便两钩连挂。

根据车钩技术条件，应在钩身轴线呈水平的状态下，通过提钩杆严格检查车钩的三态作用是否良好。

1）闭锁状态

闭锁状态是指机车车辆连挂后的车钩位置。在闭锁状态下，两钩舌旋入，互相抱合，钩锁因自重落下，卡在钩舌尾部与钩头空腔内壁之间，钩舌不得张开，以确保机车车辆在运行中不至脱钩。图 5-1-8 为 13 号下作用式车钩闭锁位置。

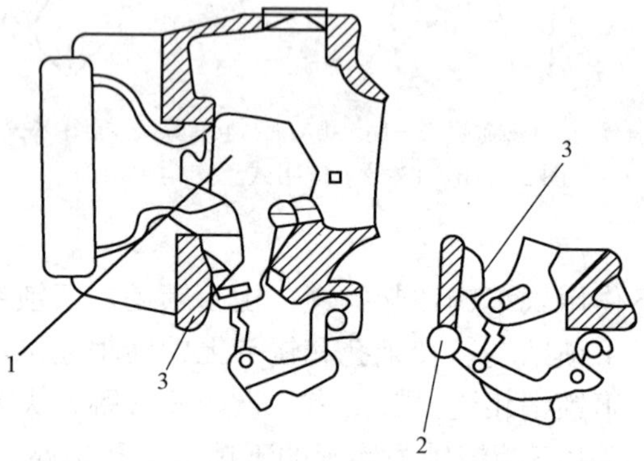

1—钩锁位置；2—二次防跳位置；3—下作用式防跳位置

图 5-1-8　13 号下作用式车钩闭锁位置

2）开锁状态

开锁状态是一种闭而不锁的状态，如图 5-1-9 所示，是摘车时的车钩位置。此时，钩舌虽未张开，但钩锁已被人为操纵顶起，解除了对钩舌的封闭。只要机车稍稍移动，钩舌即可向外转开，使机车和车列分离。

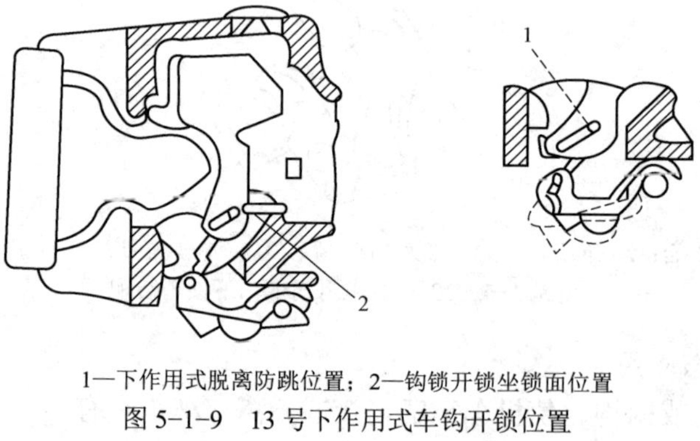

1—下作用式脱离防跳位置；2—钩锁开锁坐锁面位置

图 5-1-9　13 号下作用式车钩开锁位置

3）全开状态

全开状态是钩舌完全张开的状态，如图 5-1-10 所示。全开状态为车钩再次连挂做好准备。此时，钩舌完全张开，钩锁坐落在钩舌尾部上方，不能落下。

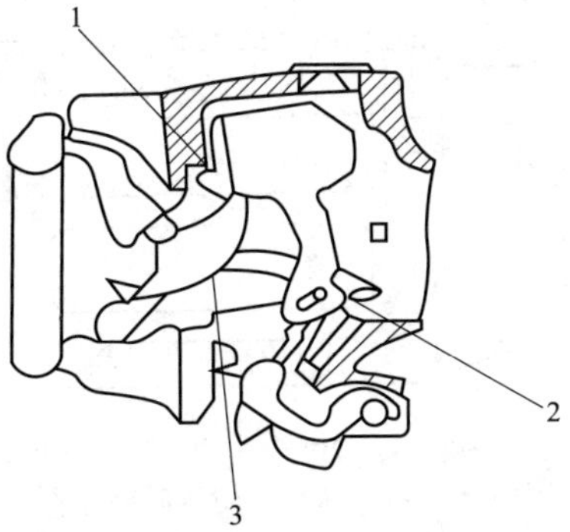

1—钩锁以全开作用支点为支点；2—钩锁后踢足踢动钩舌推铁；3—推铁踢足踢动钩舌尾部

图 5-1-10　13 号下作用式车钩全开位置

在挂钩时，相互连挂的两个车钩必须有一个处于全开位，另一个则处于任何位置都可以，即挂钩的充要条件是其中一个车钩处于全开位。

5.1.3　缓冲器的总体认知

缓冲器用来减小列车在运行中由于牵引力的变化或在起动、制动及调车挂钩时机车车辆相互碰撞而引起的冲击和振动，从而减小机车车辆结构的破损和货物的损伤，提高列车运行的平稳性。

缓冲器的工作原理与减振器相同，它一方面借助弹性元件来缓和冲击作用力，另一方面在弹性元件的变形过程中吸收冲击能量。

铁路机车车辆的缓冲器型号有 1 号、2 号、3 号、G1 型、G2 型、ST 型、MX-1 型、MX-2 型、MT-2 型、MT-3 型、QKX100/KC15 型等。我国早期生产的电力机车多采用 MX-1 型橡胶缓冲器，后来改进的电力机车则采用 MT-3 型缓冲器。目前，HX 型电力机车普遍采用 QKX100/KC15 型胶泥缓冲器。

无论是哪种型号的缓冲器，都应满足下列要求。

① 有足够的容量和较高的冲击能量吸收率（不小于 75%）。

② 有足够的强度和耐久性。

③ 在小冲击力作用下动作灵敏。

④ 摩擦件应耐用、耐磨且磨耗均匀。

1. MX-1 型橡胶缓冲器

1）MX-1 型橡胶缓冲器的结构

MX-1 型橡胶缓冲器是带有橡胶减振片和摩擦楔块的缓冲器，如图 5-1-11 所示，包括箱体、压块、楔块、顶隔板、中隔板、底隔板、底板、金属橡胶片等部件。缓冲器的头部为摩擦部件，由 3 个形状相同且带有倾角的楔块、压块、金属橡胶片、隔板和箱体组成。楔块介于箱体与压块之间，当缓冲器受压缩时产生摩擦，消耗冲击动能。后部为弹性部分，由 9 块金属橡胶片和隔板组成，除起弹性压缩和复原作用外，也能吸收一部分冲击动能。其行程为 65 mm，阻抗力为 1 568 kN，额定容量为 34 kJ。

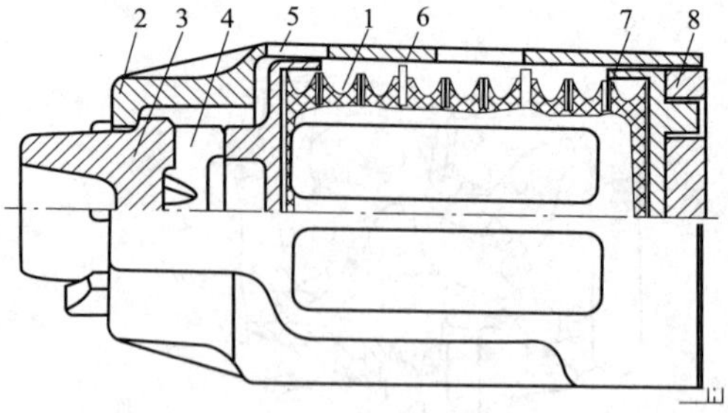

1—金属橡胶片；2—箱体；3—压块；4—楔块；5—顶隔板；6—中隔板；7—底隔板；8—底板

图 5-1-11　MX-1 型橡胶缓冲器

2）MX-1 型橡胶缓冲器的特点

MX-1 型橡胶缓冲器在 SS_4 改型、SS_6B 型、SS_8 型等机车上普遍采用，其特点如下。

① 容量大，可达 35 kN·m 左右，阻抗力为 1 600 kN，行程为 65 mm。

② 性能好，能量吸收率高达 90%，适合于各种不同的冲击能量。

③ 零件少，质量轻，成本低。

④ 制造方便，容易检修。

MX-1 型橡胶缓冲器的缺点是：性能不稳定，橡胶易老化、开裂；箱体及底板等零部件易发生裂纹。

2. MT-3 型橡胶缓冲器

1）MT-3 型橡胶缓冲器的结构

MT-3 型橡胶缓冲器由箱体、楔块、动板、外固定板、弹簧、斜板等组成，如图 5-1-12 所示。缓冲器的头部为摩擦部分，由两个形状相同、带有倾角的楔块、斜板、动板、内圆弹簧、外圆弹簧、角弹簧、复原弹簧、压头和箱体组成。当缓冲器受压缩时，通过压头、斜板、楔块、动板及箱体之间产生的摩擦及内、外圆弹簧的弹性变形，消耗冲击能量，起到缓冲作用。其行程为 83 mm，阻抗力为 2 000 kN，额定容量大于或等于 45 kJ。

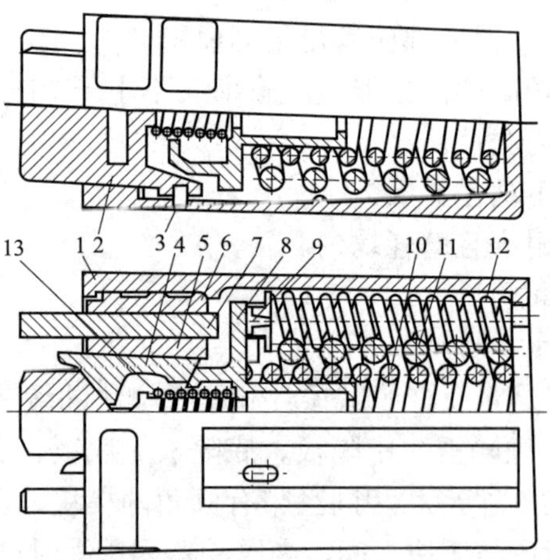

1—箱体；2—压头；3—缩短销；4—楔块；5—斜板；6—外固定板；7—动板；8—中心弹簧座；9—角弹簧座；10—内圆弹簧；11—外圆弹簧；12—角弹簧；13—复原弹簧

图 5-1-12　MT-3 型橡胶缓冲器

2）MT–3 型橡胶缓冲器的特点

MT–3 型橡胶缓冲器在 SS_9、SS_7E 型机车上采用，其优点是容量较大、维修量少，外形尺寸可与其他类型缓冲器互换。检修要求：外观检查，无油污、浮锈，状态良好。中修时检查缓冲器自由高度，须大于 572 mm。

3. QKX100 型胶泥缓冲器

QKX100 型胶泥缓冲器由壳体、连接板、预压板、弹性胶泥芯子、垫块、减磨套、紧固件等组成，如图 5–1–13 所示，其技术指标见表 5–1–1。

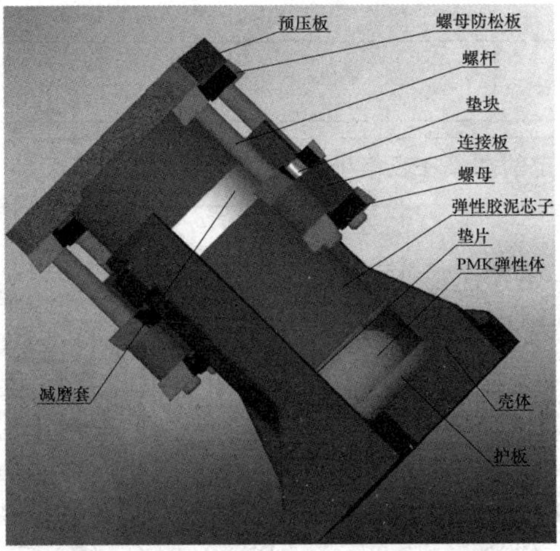

图 5–1–13　QKX100 型胶泥缓冲器

表 5–1–1　QKX100 型胶泥缓冲器技术指标

项目	初压力/kN		最大阻抗力/kN		行程/mm		容量/kJ		吸收率/%	
	静态	动态	静态	动态	静态	动态	静态	动态	静态	动态
指标	≤150	≤150	≥1 200	≤2 500	≤83	≤83	≥35	≥100	≥45	≥80

QKX100 型胶泥缓冲器安装在机车车体的车钩箱内，当机车牵引或制动时缓冲器对车钩产生的冲击起缓冲吸能作用。

做一做

任务清单		任务 5.1　牵引缓冲装置总体认知			
姓　名		班　级		学　号	

【牵引缓冲装置结构】根据给定的结构图，写出牵引缓冲装置各部件的名称并介绍其特点。

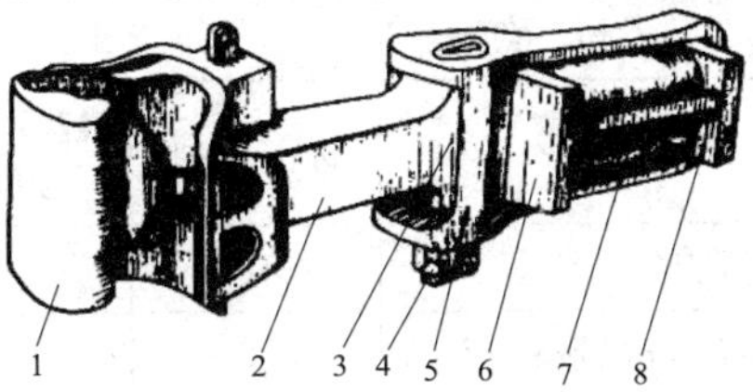

序号	名称	特点
1		
2		
3		
4		
5		

【车钩三态分析】根据给定的图，在表格中写出对应的状态及特点。

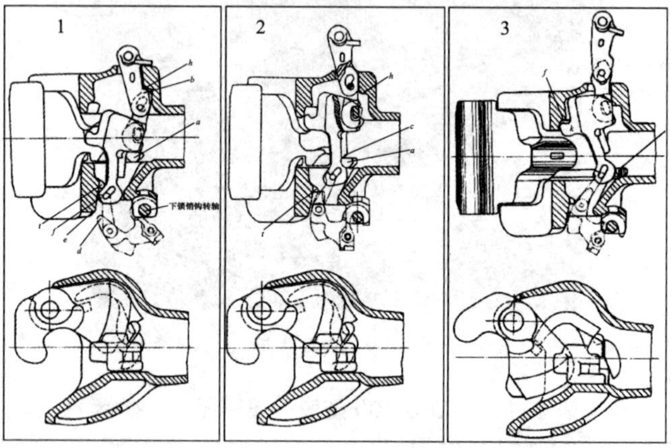

序号	车钩状态	状态特点
1		
2		
3		

任务评价

任务评价表			模块名称	牵引缓冲装置		
			任务名	牵引缓冲装置总体认知		
姓　名		班　级		学　号		
评分内容			标准分值	自我评分（20%）	小组评分（30%）	教师评分（50%）
任务准备	认真完成在线课程的学习		10			
	根据任务要求主动查找资料		10			

续表

评分内容		标准分值	自我评分（20%）	小组评分（30%）	教师评分（50%）
任务实施	能清楚地领会任务内容及要求	5			
	能借助 AI 工具优化任务	10			
	能准确地描述牵引缓冲装置的结构组成及功能	15			
	能准确识别车钩的三态及特点	15			
	能在规定时间内完成任务	5			
	具有团队合作意识	5			
任务总结	完成任务要求	5			
	任务完成质量	10			
	任务展示情况	10			
总　分		100			

任务 5.2　典型电力机车牵引缓冲装置认知

任务目标

知识目标	熟悉 CR200J 动力车牵引缓冲装置的结构
	熟悉 15X 托梁车钩缓冲装置的结构特点
	熟悉 15X 托梁车钩缓冲装置的工作原理
能力目标	能区分 CR200J 动力车前后端牵引缓冲装置的特点
	能简述 CR200J 动力车前端牵引缓冲装置的结构
	能简述 CR200J 动力车前端牵引缓冲装置的工作原理
素质目标	激发对铁路技术的兴趣和探索欲望
	增强安全意识和责任意识
	培养团队合作精神和创新意识

任务实施

想一想

（1）CR200J 动力车前后端的牵引缓冲装置一样吗?

（2）CR200J 动力车牵引缓冲装置由哪些部分组成?

（3）CR200J 动力车与拖车之间的连挂与解体是如何实现的？

学一学

5.2.1 CR200J 动力车牵引缓冲装置基本认知

微课视频

CR200J 动力车车钩总体认知

CR200J 动力车前端钩缓装置采用 15X 托梁车钩缓冲装置（见图 5-2-1），钩体部分采用带卡环的 15X 小间隙车钩，在原 15X 钩体的基础上将钩体的后端加工成卡环形状，可以与缓冲器的卡环连接，并具有手动解钩装置。前端有带电气的密接式车钩缓冲装置安装接口，可安装带电气密接式车钩缓冲装置。

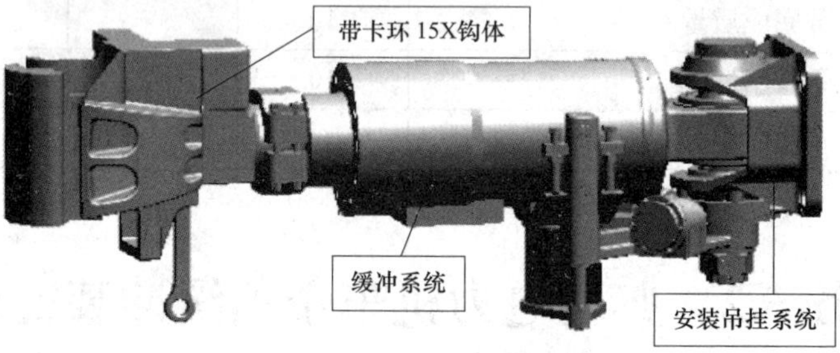

图 5-2-1　15X 托梁车钩缓冲装置

CR200J 动力车后端采用密接式车钩缓冲装置，可实现机械自动连挂，并符合《机车车辆密接式车钩缓冲装置》（TB/T 3143—2018）的规定。动力车、控制车与客车之间及各辆客车之间采用 MJGH-25T 型密接式钩缓装置（见图 5-2-2）。

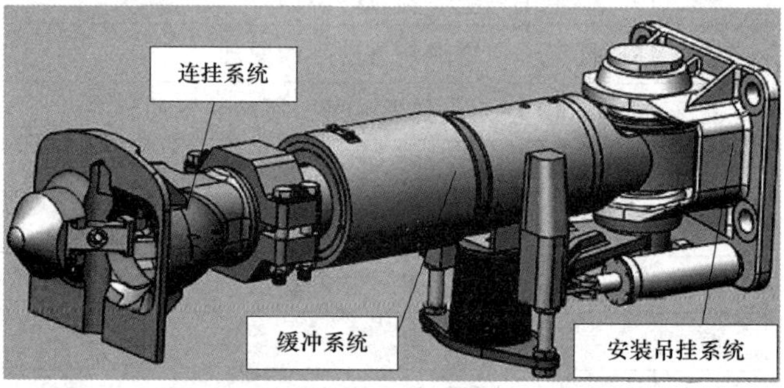

图 5-2-2　MJGH-25T 型密接式钩缓装置

5.2.2 15X 托梁车钩缓冲装置结构认知

15X 型前端钩缓装置缓冲系统由连挂系统、缓冲系统、安装吊挂系统等组成。与带 10 型钩体的前端钩缓装置缓冲系统一致，钩体采用带卡环的 15X 小间隙钩体，为了避免车钩低头造成的脱钩风险，安装吊挂系统采用预压缩的橡胶支撑结构。

1. 连挂系统

连挂系统包含 10 型车钩、钩舌、连挂杆、主销等，可以实现机械自动连挂和分解或手动分解，并可以作为风管连接器和电气连接器的安装载体，具有连挂到位指示功能。

10 型车钩（见图 5-2-3）上部安装有列车管连接器（BP 连接器），下部安装有总风管连接器（MRP 连接器）、解钩风管连接器（UP 连接器）和连挂导引杆，连挂导引杆可以增加车钩连挂的范围。

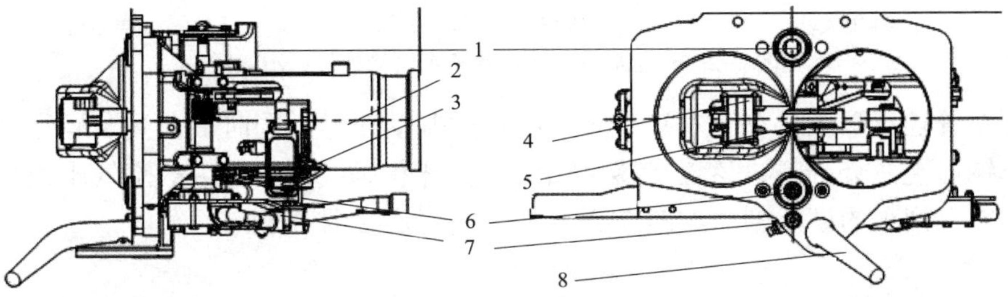

1—BP 连接器；2—钩体；3—解钩手柄；4—连挂杆；5—钩舌；6—MRP 连接器；7—UP 连接器；8—连挂导引杆

图 5-2-3　10 型车钩

连挂系统（见图 5-2-4）用于实现车辆间的机械、电气和风路的连接，该系统分别由机械车钩、电气连接器、风管连接器和电气连接器推送机构 4 部分组成。其中，风管连接器包括 MRP 组成、BP 组成和 UP 组成，三种气路连接均可随着机械的连挂和分解实现气路的自动导通和断开。电气连接器及其推送机构包括电气车钩、推送机构，其作用是：随着机械的连挂和分解实现电气信号的自动连接和断开；推送机构具有推出后活塞自动锁止功能。

1—电气连接器；2—机械车钩；3—电气连接器推送机构；4—风管连接器

图 5-2-4　连挂系统

1）风管连接器

总风管连接器用于实现两列车之间的总风连接，解钩风管连接器可以实现两车钩之间解钩气路的连通，这两个连接器分别安装于车钩连挂面下部。这两种连接器都具有自动开闭的机构，在列车连挂时由于列车上风压的作用打开柱塞后端，自动连通列车管路，在列车分解时，由于内部弹簧力的作用后端封闭，自动关断管路。图 5-2-5 为总风管连接器和解钩风管连接器示意图。

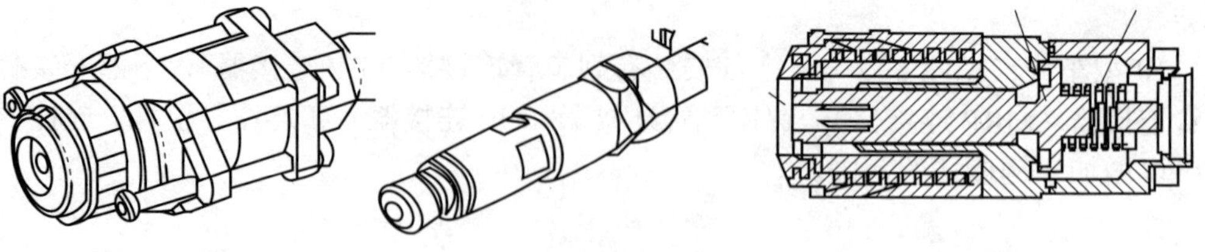

(a) 总风管连接器　(b) 解钩风管连接器　(c) 内部结构

图 5-2-5　总风管连接器和解钩风管连接器示意图

列车管连接器主要在列车连挂牵引时提供制动信号。同时，在列车运行过程中，如果车钩出现意外分离，该连接器可以保持打开状态，列车管中的空气压力会被迅速释放，实现列车的停车制动。图 5-2-6 为列车管连接器示意图。

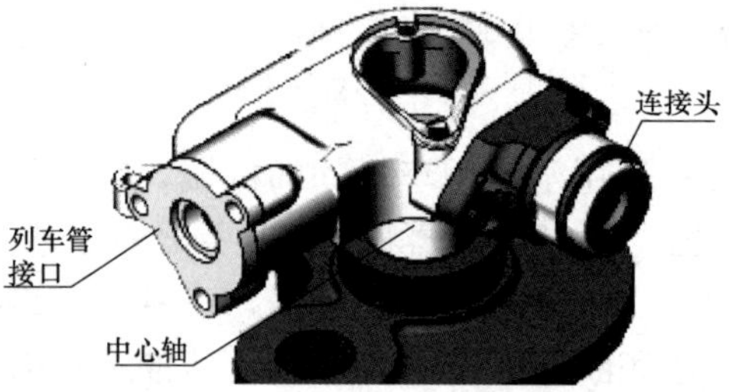

图 5-2-6　列车管连接器示意图

2）机械车钩

在机械车钩的侧面安装有机构指示器，该装置可以探测到车钩的连挂状态，如解钩、连挂，并将连挂状态以通断的电信号方式传递到车体。该装置将机械车钩内部连挂零部件的动作转移到车钩侧面的解钩手柄上，在解钩手柄转轴下部安装有两个行程开关，通过与旋转轴同心的凸轮旋转控制行程开关的通断，来实现对连挂状态的检测。该装置可使用 DC 110 V 电压。图 5-2-7 为信号反馈装置电气接头。

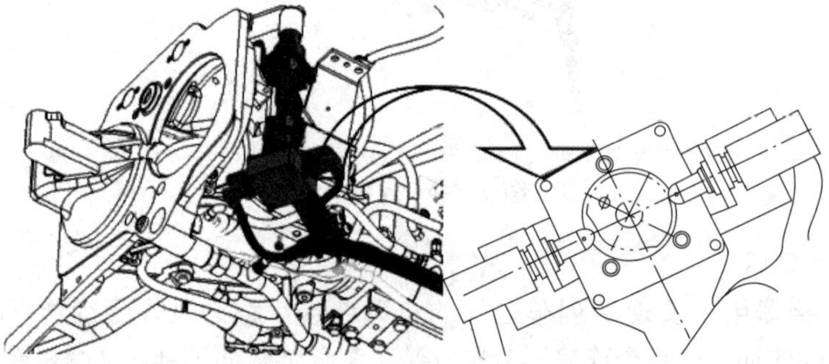

图 5-2-7　信号反馈装置电气接头

2. 缓冲系统

CR200J 动力车缓冲系统采用 QKX80 弹性胶泥芯子，缓冲系统包括胶泥缓冲器、壳体、导向杆组成、端螺母等，主要作用是吸收正常工况下的冲击能量。图 5-2-8 为缓冲系统结构示意图。

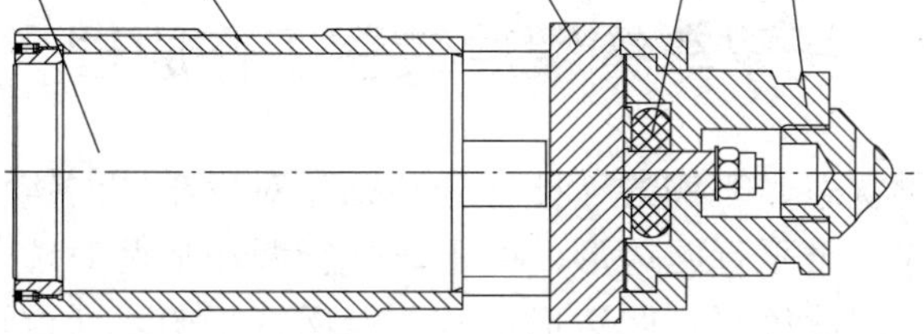

图 5-2-8　缓冲系统结构示意图

表 5-2-1 为缓冲系统主要技术参数。

表 5-2-1　缓冲系统主要技术参数

初压力	80～150 kN
缓冲器最大阻抗力	≤2 270 kN
缓冲器行程	≤73 mm
缓冲器容量	80 kJ

其中，缓冲器行程是指缓冲器受力下产生的最大变形量。此时，弹性元件处于压死状态，当继续增大外力时，变形量不再增加。缓冲器最大阻抗力是指缓冲器达到行程时的作用外力。缓冲器容量是指缓冲器受到冲击时，全压缩过程中所做的功。

3. 安装吊挂系统

安装吊挂系统包括安装座、橡胶支撑、支架、碟簧、活塞等，其作用为保持或调整车钩的位置，包括车钩水平方向位置和垂直方向位置，并实现车钩与车体上的连接。

安装吊挂系统采用的橡胶支撑在国内外动车组上已批量使用，通过调节橡胶支撑两侧的支撑螺栓的高度可以很方便地调节车钩的高度。图 5-2-9 为安装吊挂系统结构示意图。

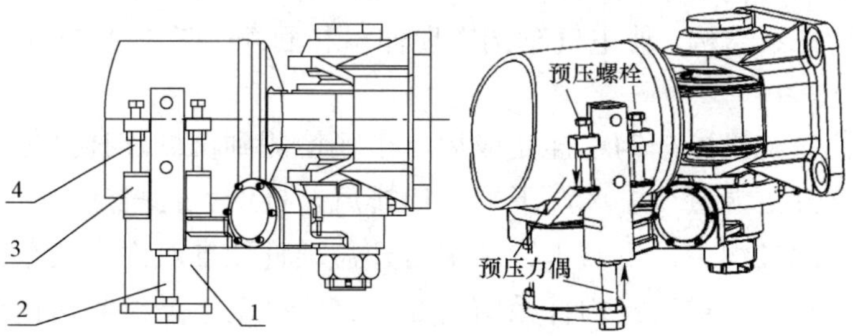

1—橡胶支撑；2—钩高调节螺栓；3—限位装置；4—限位调节螺栓

图 5-2-9　安装吊挂系统结构示意图

安装吊挂系统结构与带 10 型车钩前端钩缓装置安装吊挂系统一致。但密接式车钩的垂向摆角由车钩橡胶轴承摆动实现，而 15X 小间隙车钩的垂向摆动由车钩的 S 曲面实现，考虑到运用过程中因法兰盘车钩的垂向受力导致车钩低头易引发安全隐患，对橡胶堆采取了预压变形处理，15X 型小间隙车钩的机械安装接口与带 10 型车钩的前端钩缓装置机械接口相同，不设气路和电路接口。

5.2.3 15X 托梁车钩缓冲装置工作原理

车钩在牵引状态，车钩的连挂杆分别钩住对方车钩的钩舌板，这样两钩钩舌板和两个连挂杆形成一个平行四边形，由于该平行四边形两对边力大小相同，产生的转动力矩方向相反，因此该平行四边形机构总能保持平衡。通过这个稳定的四边形结构，两个连挂杆可以将列车间的纵向牵引力传递到车钩的钩舌板，并通过钩舌板的中心轴传递到钩体上。当车钩承受压荷载时，平行四边形结构不受力，车钩间的压载荷通过车钩的连挂面顶靠进行传递。10 型车钩在解钩时，司机可以远程操作向解钩气缸充气，解钩气缸直接推动车钩内机构旋转实现解钩；同时也可以人工拉动车钩侧面的解钩手柄实现解钩。图 5-2-10 为车钩在牵引状态工作原理图。

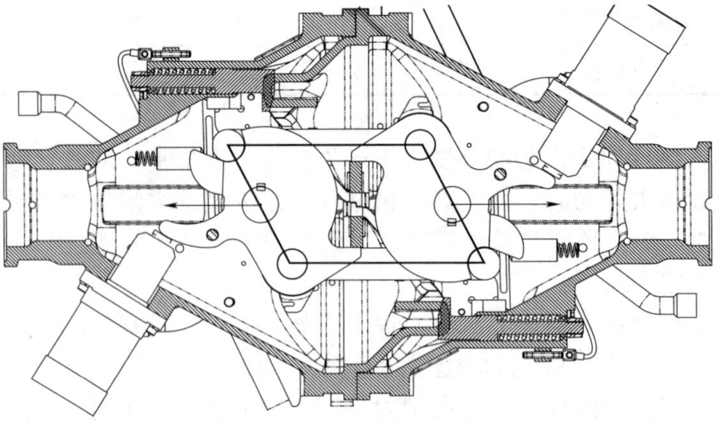

图 5-2-10　车钩在牵引状态工作原理图

电气车钩推送机构安装在机械车钩的上部，用于实现列车之间电气信号的连接，由一个气缸推动杆系结构，使电气车钩实现伸出和回缩。图 5-2-11 为电气车钩推送机构工作原理图。

当列车连挂时，机械车钩连挂完成后，车辆检测到机械连挂到位信号后，控制压缩空气从推送气缸上端接口进风，下端接口排风，推送机构推送风缸前端充风带动电气车钩伸出，在此过程中，电气车钩防雨盖开盖顶杆顶推对面电气车钩外壳端面，实现防雨盖的自动打开。推送机构杆系结构在气缸的推动下最终到达锁定位置，此时，如果推送气缸中的风压消失，由于锁定机构的机械自锁作用，使杆系结构无法反向旋转，即电气车钩被固定在连挂位置。

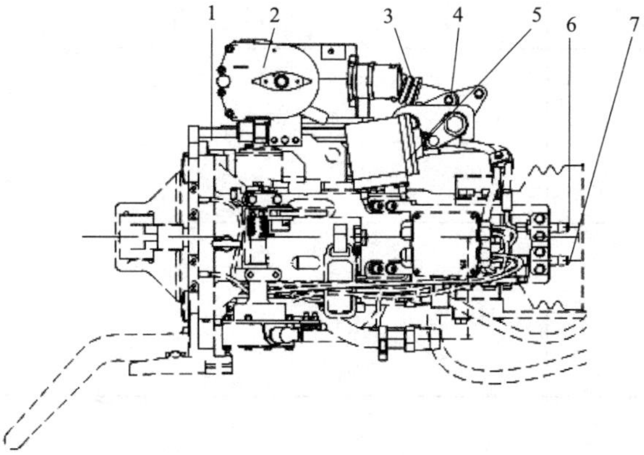

1—导引杆；2—电气连接器；3—弹簧；4—连杆机构；
5—推送气缸；6—上端接口；7—下端接口

图 5-2-11　电气车钩推送机构工作原理图

当列车解钩时，通过车上控制按钮控制压缩空气从推送气缸下端接口进风，上端接口排风，推送机构推送风缸后端充风带动电气车钩缩回，车辆检测到电气车钩缩回到位信号后，控制压缩空气向 UP 管通风，解钩气缸活塞杆伸出，推动钩舌旋转实现机械解钩，车辆检测到机械解钩到位信号后中断压缩空气并排风，即可分离车辆，实现解编，在此过程中，可实现防雨盖的自动关闭。

当车辆处于救援模式时，即需要挂过渡钩时，无论是否检测到机械连挂到位信号，推送机构不带动电钩伸出。

推送气缸的气压建议为 750 ～900 kPa。

做一做

任务清单		任务 5.2　典型电力机车牵引缓冲装置总体认知			
姓　名		班　级		学　号	

【牵引缓冲装置结构】根据给定的牵引缓冲装置结构图，写出各部件的名称并介绍其特点。

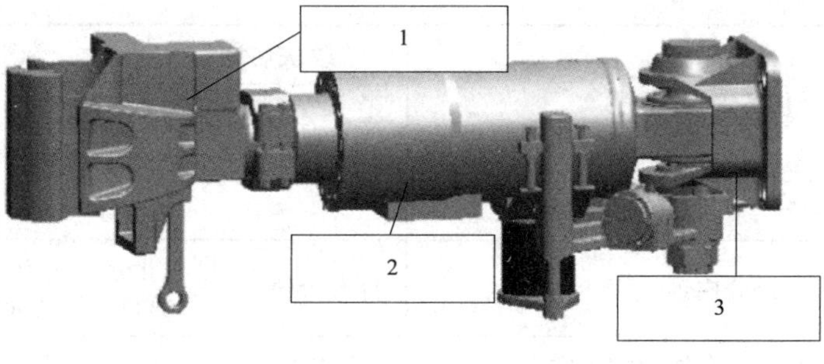

序号	名称	特点
1		
2		
3		

【牵引缓冲装置原理分析】用不同颜色的笔分别绘制出列车连挂和解体时的气路，并简述其原理。

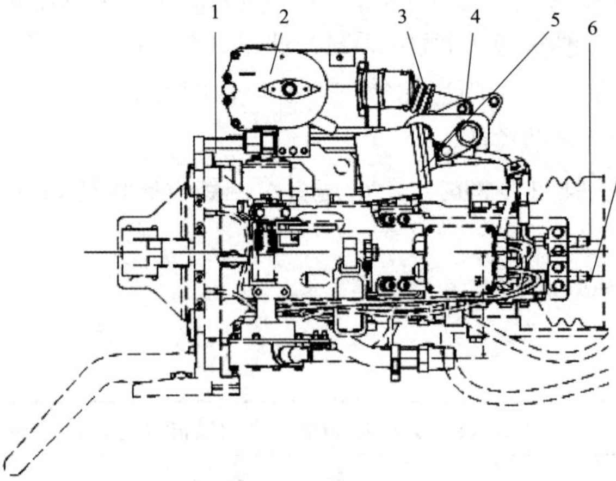

1	
2	
3	
4	
5	
6	
7	

任务评价

<table>
<tr><td colspan="3" rowspan="2">任务评价表</td><td colspan="2">模块名称</td><td colspan="4">牵引缓冲装置</td></tr>
<tr><td colspan="2">任务名</td><td colspan="4">典型电力机车牵引缓冲装置总体认知</td></tr>
<tr><td>姓 名</td><td></td><td>班 级</td><td colspan="2"></td><td colspan="2">学 号</td><td colspan="2"></td></tr>
<tr><td colspan="3">评分内容</td><td>标准分值</td><td colspan="2">自我评分（20%）</td><td colspan="2">小组评分（30%）</td><td>教师评分（50%）</td></tr>
<tr><td rowspan="2">任务准备</td><td colspan="2">认真完成在线课程的学习</td><td>10</td><td colspan="2"></td><td colspan="2"></td><td></td></tr>
<tr><td colspan="2">根据任务要求主动查找资料</td><td>10</td><td colspan="2"></td><td colspan="2"></td><td></td></tr>
</table>

续表

评分内容		标准分值	自我评分（20%）	小组评分（30%）	教师评分（50%）
任务实施	能清楚地领会任务内容及要求	5			
	能借助 AI 工具优化任务	10			
	能准确地描述 CR200J 动力车牵引缓冲装置的结构特点	15			
	能完整分析 CR200J 动力车牵引缓冲装置的工作原理	15			
	能在规定时间内完成任务	5			
	具有团队合作意识	5			
任务总结	完成任务要求	5			
	任务完成质量	10			
	任务展示情况	10			
总　　分		100			

任务 5.3　HX_D1C 型电力机车牵引缓冲装置的维检与装调

任务目标

知识目标	熟悉 HX_D1C 型电力机车牵引缓冲装置维检与装调的准备工作
	熟悉 HX_D1C 型电力机车牵引缓冲装置维检与装调的注意事项
	熟悉 HX_D1C 型电力机车牵引缓冲装置维检与装调的操作流程
能力目标	能编制 HX_D1C 型电力机车牵引缓冲装置维检与装调的工艺卡
	能按照工艺要求完成 HX_D1C 型电力机车牵引缓冲装置的维检与装调
	能结合实际优化、改进 HX_D1C 型电力机车牵引缓冲装置维检与装调工艺卡
素质目标	培养对铁路行业的职业认同感和自豪感
	增强安全意识、质量意识和责任意识
	树立严谨、认真的工作态度和精益求精的工匠精神

任务实施

想一想

（1）HX_D1C 型电力机车牵引缓冲装置的维检与装调需要准备哪些工具？

（2）在对 HX_D1C 型电力机车牵引缓冲装置进行维检与装调时需要注意什么？

（3）一般由哪些工种完成 HX_D1C 型电力机车牵引缓冲装置的维检与装调？他们具体是怎么操作的？

学一学

5.3.1 基本技术要求

1. 车钩三态要求

车钩的三态作用应在车钩轴线呈水平状态下，通过钩提杆，严格检查车钩的三态作用是否良好。

1）全开位置

通过操纵提杆手把的持续旋转力，钩舌必须达到全开位。

2）闭锁位置

在钩舌上施加推力，钩舌必须转动到完全闭合位置，同时钩锁铁应顺利地落到锁定位置。

3）开锁位置

用手缓慢转动操纵提杆手把，使闭锁位的钩锁铁抬高到钩舌尾以上，在此过程中钩舌不许有转动；然后将提杆回转并放松，此时钩锁铁开锁座锁面须坐落在钩舌推铁上，同时应能用手从钩舌内侧顺利地将钩舌扳至全开位。

2. 各部件基本要求

① 缓冲器各部位探伤不容许有裂纹，缩口部位裂纹须报废。

② 检测车钩及缓冲器各部位尺寸符合技术要求。

③ 车钩缓冲装置螺栓装配前应在螺纹表面涂螺栓锁固胶，方法：在螺纹端部沿圆周方向呈带状涂，涂胶区域宽度约为螺栓直径的 1.2 倍（涂胶前必须先将螺栓、螺孔及相关紧固组件清洗干净）。

④ 车钩开口销装配方法：用手或钳子将开口销插入开口销孔（严禁用榔头敲入），将开口销尾部用螺丝刀掰开，开口销的打开角度为 60° ～120° 。开口销打开时，注意使分开部分平直、对称，严禁带“R 形”或上下有空挡。当与工件相碰时要将开口销尾部适当卷起。

5.3.2　主要材料、设备及工、量具

1. 材料

主要材料包括：柴油、棉丝、砂布、毛刷、软黄油、开口销、电焊条、钢板、缓冲器弹簧。

2. 设备

主要设备包括：压力机、手动砂轮、天车、镗床、刨床、车床、吊具、专用升降小车、油压千斤顶、电磁探伤设备。

3. 工具

主要工具包括：锤、撬棍、尖扁铲、专用工具、套筒扳手、机械钳工常用工具。

4. 量具

主要量具包括：塞尺、游标卡尺、内外卡钳、钢板尺、盒尺、车钩及缓冲器检查样板尺。

5.3.3　主要工艺过程

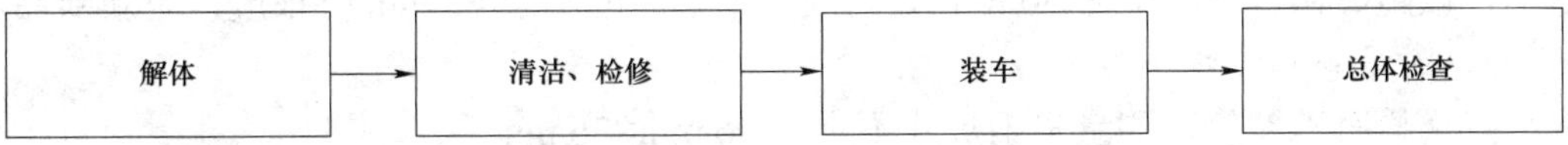

1. 解体

1）卸钩舌、钩舌锁铁、钩舌推铁

① 用手锤、小撬棍拆下钩舌开口销，取下钩舌销。

② 一手扶钩舌，一手提起连杆，使钩舌半开，搬下钩舌轻放到指定地点。

③ 提起手提杆，取出钩舌锁铁及钩舌推铁。

2）分解提钩杆

先用扳手拆下提钩杆座，再由下锁销装置上摘下提钩杆。

3）吊下钩体

先拆掉牵引扁销的安全螺栓，取出牵引扁销，用天车将钩体吊放在指定地点。

4）卸缓冲装置

① 用专用工具（螺旋式或油压式）由从板前端外部压在从板上直接压缩缓冲器，使缓冲器装置在牵引梁内处于自由状态。

② 降下托车，推出车体，将缓冲装置吊放到指定地点；撤除压力，使尾框与缓冲器分离。

③ 拆下变形吸能单元安装螺栓，取下变形吸能单元。

2. 清洁、检修

1）清洁

用棉丝或清洗夜将车钩及缓冲装置等零部件清洁干净。

2）车钩检修

① 按探伤范围检查钩身各部位无裂纹。耳销孔处裂纹超过断面 40%禁止检修，其

他部位有裂纹时禁止焊修。

② 钩体、钩舌、钩舌销、吊杆、钩尾销、推铁、锁铁、均衡梁、下锁销组件探伤检查无裂纹，有裂纹时禁止焊修。

③ 钩尾框、从板探伤检查无裂纹，有裂纹时禁止焊修。

④ 钩舌、钩锁铁、钩体检查：

a. 钩锁铁与钩舌的接触面须平直。

b. 钩体防跳凸台和钩锁的作用面须平直，防跳凸台高度为16～18 mm。

c. 钩舌与钩体的上、下承力面须接触良好。

⑤ 检查钩舌推铁无弯曲变形。

⑥ 检查钩锁销杆的圆销孔、圆销、挂钩无裂纹、变形。

⑦ 检查钩舌销无裂纹、变形。

⑧ 测量扁销孔尺寸：钩体销孔不大于115 mm×49 mm。

⑨ 测量钩耳孔及衬套磨耗：直径磨耗大于2 mm时镶套或换套；原衬套松动、裂损时更换；耳孔直径不大于46 mm；测量部位以从凸台顶部向内深入30 mm处为准。磨耗大于2 mm时更新。

⑩ 测量钩舌内侧磨耗，用样板尺（或游标卡尺）检测钩舌内侧磨耗剩余厚度。测量部位以距离钩舌上、下面50 mm处为准。剩余厚度小于68 mm时报废，更新新品。

3）钩尾扁锁检修

探伤检查无裂纹，测量扁销尺寸不小于96 mm×36 mm。

4）钩尾框检修

探伤检查无裂纹，尾框上的横裂纹及扁销孔向端部发展的裂纹禁止焊修。测量尾框厚度不小于25 mm，扁销孔长度不大于110 mm。

5）缓冲器检修

图5-3-1为QKX100弹性胶泥缓冲器结构图，图5-3-2为变形吸能元件结构图。

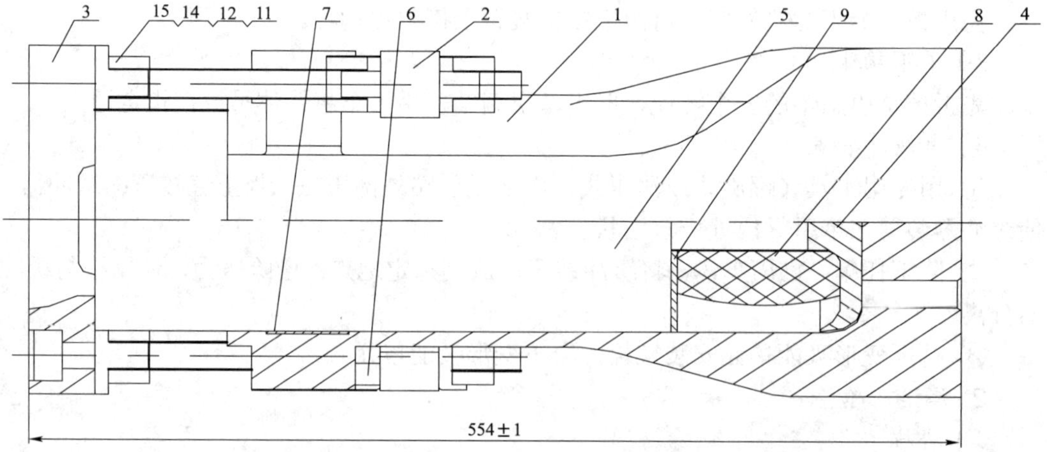

1—壳体；2—连接板；3—预压板；4—护板；5—弹性胶泥芯子；6—垫块；7—减磨套；8—弹性体；9—垫片；11—螺母防松板；12—螺杆；14—螺母；15—垫圈

图5-3-1 QKX100弹性胶泥缓冲器结构图［（554±1）mm为预压缩后的长度）］

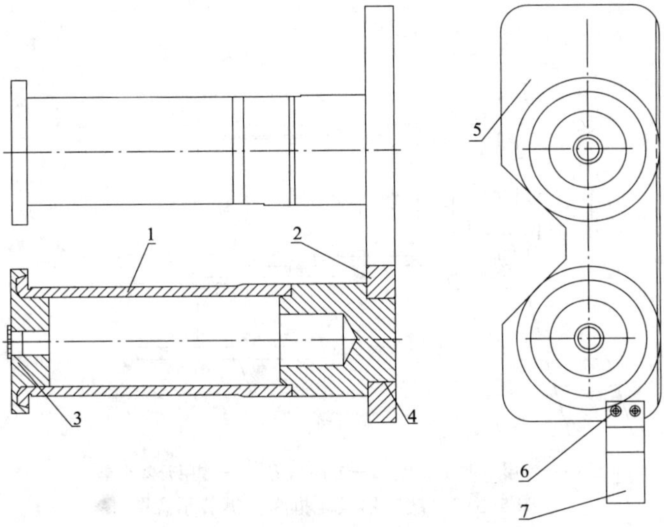

1—吸能钢筒；2—下支撑板；3—上支撑板；4—衬套；5—铭牌；6—螺钉；7—变形检测板

图 5-3-2　变形吸能元件结构图

① 检查、确认各配件状态良好，且各零部件表面洁净，摩擦面无油污。

② 检查缓冲器箱体无变形及裂纹；检查螺杆及螺母无松动。

③ 检查从板及预压板磨耗量不大于 3 mm。

④ 检查前磨耗板无变形、裂纹。

⑤ 检查缓冲器与从板间无贯通间隙，其组装中心偏差不大于 5 mm。

⑥ 更新缓冲器胶泥芯子密封件及铜套。

6）变形吸能元件检修

① 检查变形吸能元件筒体无裂纹、无变形，焊缝探伤检查。

② 检查变形吸能单元检查端板无翘曲、变形、倾斜，压缩尺寸不许超过原形尺寸 5 mm。同一组两个吸能元件自由高度差不大于 1 mm。

③ 检查变形吸能单元安装后螺栓紧固，防缓件齐全，紧固力矩符合要求。测量安装面与端板的垂直高度为 280～281 mm。

7）提杆及提杆座检修

① 检查提杆装置完好，提杆形态正常，变形后热调恢复原有形状。

② 检查测量提杆防跳凸块和提杆及提杆座防跳凹槽的磨耗，二者配合间隙不良者，焊修凸块或凹槽并磨平。

8）检查复原装置

复原装置作用良好，吊杆无变形、裂损。

3. 装车

1）装变形吸能单元及缓冲装置

① 用安装螺栓装好变形吸能单元；在缓冲器拆装小车导框上依次放上缓冲器、前从板，由尾框后部压缩缓冲器直至放入用专用工具（螺旋式或油压式），将弹簧箱、前从板与导框组装在一起。图 5-3-3 为缓冲器及尾框组件拆装示意图。

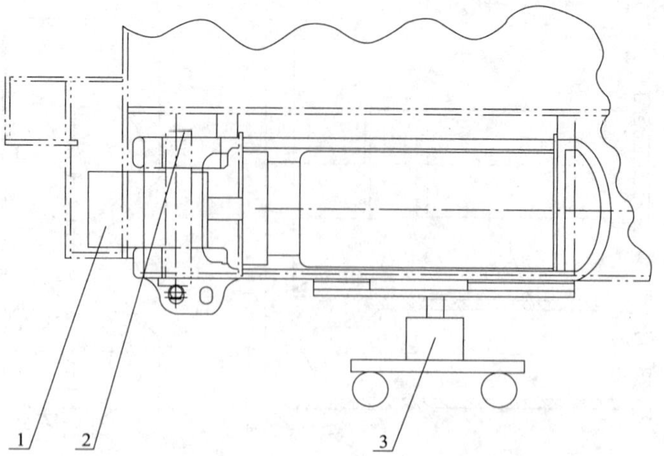

1—专用手推液压缸；2—专用扁销；3—专用升降小车

图 5-3-3　缓冲器及尾框组件拆装示意图

② 整体吊至预先放有尾框托板的专用升降小车上后，推至牵引梁下方，对准位置并缓慢升起小车直至缓冲装置进入安装座内，前从板座加 5 mm 厚调整垫板后缓解油缸。

③ 检查缓冲器、从板及尾框组装后中心偏差应不大于 5 mm，然后安装好牵引法兰，拆去专用手推液压缸、专用扁销及专用升降小车。

2）装钩体

① 先放好车钩前承托板但不紧固（或先装好钩体托架）。

② 用天车吊装钩体，到位后装上钩尾销，穿上钩尾销螺栓、弹簧垫圈、螺母后适度紧固，打上开口销。调整复原装置托架垫片，使车钩处于水平位置。

③ 检测车钩尾部与从板间隙（应为 0～8 mm），过小时压缩缓冲器后在从板座处加垫，过大时吊出车钩在钩尾部加焊垫。调整结束后应将从板座处磨耗板及垫焊死。

3）装钩头

① 放入钩舌推铁，装上、下销及钩锁铁，上托钩锁铁使其上升至钩头上内腔，搬上钩舌，穿上钩舌销。各配合磨耗面均须涂油，钩舌尾部与钩锁铁的接触面须平整。

② 由钩舌水平中心线沿钩头左、右两侧各喷涂 5 mm 宽的白铅油线。

4）装提杆

装提杆及提杆座，用塞尺测量提杆座凹槽与提杆凸块的间隙，间隙不大于 2 mm，动作灵活可靠。

4. 总体检查

1）车钩三态检查

（1）开锁位检查。

轻轻提起提杆，钩锁铁应顺利地脱离防跳位并随之上升，放下提杆时，钩锁铁的止锁座坐在钩舌推铁的钩锁铁座上（不能自由落下），钩舌也未移动，此时，向外搬动钩舌，钩舌应立即伸开。当钩锁铁止锁座的磨耗过大而不能坐在钩舌推铁座上时，在止锁处堆焊并保持倾斜程度。当钩舌推铁的钩锁座磨耗过大时，可焊修并保持倾斜程度。

（2）全开位检查。

用力提起提杆，钩舌自动灵活地完全伸开，放下提杆，钩锁铁坐在钩舌尾部上。若因钩舌转动不灵活，全开作用不良好，应重新选配钩舌，严禁用铲削方法修配。若因钩锁铁的全开作用突起高度不足或磨耗过大造成全开作用不良，可在钩锁铁的全开作用突起的上部加焊 3～5 mm 并打磨。

（3）闭锁位检查。

在全开作用状态时，将钩舌轻缓推入钩腔内，钩锁铁自动落在钩舌与腔壁之间，挡住钩舌的转动。此时，向上托起钩锁铁，其上移动量应为 5～22 mm。闭锁作用检查，不能使钩锁铁坐在钩舌尾部的钩锁铁座上的，可以更换钩舌、焊修尾弧面及钩锁铁底部或钩锁铁止锁座堆焊并加工恢复至原形。

2）各部尺寸检测

① 用塞尺测量钩舌与上、下钩耳之间的间隙，间隙不大于 8 mm。

② 用塞尺测量钩舌销与钩耳孔及钩舌销孔之间的间隙，间隙为 1～3 mm。

③ 用塞尺测量钩舌与锁铁的间隙，间隙不大于 6.5 mm。

④ 用游标卡尺测量牵引销与销孔的间隙，前后间隙之和不大于 20 mm，两侧间隙之和不大于 8 mm。

⑤ 用塞尺测量钩尾部与从板间隙，间隙为 0～8 mm。

⑥ 用检查尺测量防跳作用。车钩处于闭锁状态时将钩锁铁向上撬至最大位置，然后将检查尺插入钩锁铁突出底部与钩舌的钩锁铁座之间进行测量。防跳作用应良好，间隙为 5～22 mm。磨耗不应过限，否则应加焊并打磨。

⑦ 车钩下锁销孔及防跳台磨耗测量。将检查尺插入下锁销孔内，若检查样板尺的插入部分有间隙，即过限。

⑧ 车钩开度检测。用钢板尺或检查样板尺测量，闭锁状态 110～127 mm，全开状态 220～245 mm。

⑨ 锁闭后钩舌尾部与锁铁垂直面的接触高应大于或等于 40 mm。

3）车钩高度检测与调整

① 检查车钩上浮或下垂情况。若车钩有明显上浮或下垂，则应加垫调整。

② 用中心高度尺检测车钩中心高度 845～890 mm。

③ 试运行后，应再度检测车钩中心高度，并进行调整。不符合要求者，可在钩体承力磨耗板上加垫调整，加垫不大于 8 mm 的钢板，并加焊。同时，在钩尾框托板上也应加垫钢板。试运行后要对车钩三态作用进行全面检查，保证运用安全。

5.3.4 限度表

表 5-3-1 为和谐型电力机车牵引缓冲器装置 C5 修限度表。

表 5-3-1 和谐型电力机车牵引缓冲器装置 C5 修限度表

序号	名 称	原 形	C5 修限度
1	锁闭后钩舌尾部与锁铁垂直面的接触高/mm	—	≥40

续表

序号	名　称	原　形	C5 修限度
2	钩体锁腔立壁与钩锁锁面的横向间隙/mm	≤6.5	≤6.5
3	锁闭后钩锁铁向上活动量/mm	3～18	3～22
4	钩舌销孔的直径/mm	$\phi42^{+0.4}_{0}$	≤ ϕ46
5	钩舌销与销孔的间隙（以短轴计）/mm	1.2～2.6	≤3
6	钩舌与钩耳上下面的间隙/mm	1～6	≤8
7	车钩的开度（锁闭状态、全开状态）/mm	112～122 220～235	110～127 220～245
8	车钩的中心高度/mm	880±10	845～890
9	钩尾销尺寸（宽×厚）/mm	（100±1）×（40±1）	≥96×36
10	钩尾扁销孔/mm	$110^{+3}_{0}\times44^{+2}_{0}$	≤115×49
11	尾框扁销孔长度/mm	$106^{+1.5}_{-1}$	≤110
12	钩尾销与销孔的间隙（前后之和、两侧之和）/mm	9～14 3～7	≤20 ≤8
13	钩尾部与从板间隙/mm	0～8	0～8
14	尾框厚度/mm	28^{+2}_{-1}	≥25
15	钩舌厚度/mm	72	≥68
16	缓冲器、从板及尾框组装后中心偏差/mm	—	≤5
17	变形吸能单元安装面至端板垂直高度/mm	280^{+1}_{0}	280^{+1}_{0}

做一做

任务清单		任务 5.3　HX_D1C 型电力机车牵引缓冲装置的维检与装调			
姓　名		班　级		学　号	
工具名称	工具数量		工具规格	工具要求	
安全要求			操作注意事项		
工序流程					

工序名称	作业过程	工种

任务评价

任务评价表		模块名称		牵引缓冲装置	
		任务名		$HX_{D}1C$ 型电力机车牵引缓冲装置的维检与装调	
姓　名		班　级		学　号	
评分内容		标准分值	自我评分（20%）	小组评分（30%）	教师评分（50%）
任务准备	认真完成在线课程的学习	5			
	根据任务要求主动查找资料	5			
	完成牵引缓冲装置维检与装调工艺卡	10			
任务实施	能清楚地领会任务内容及要求	5			
	劳保用品穿戴齐备，错扣 2 分 防护措施是否到位，错扣 2 分 工具准备是否到位，错扣 2 分	10			
	作业顺序出现差错扣 5 分 弹簧或卡簧飞出扣 5 分 拆卸时伤及铜件扣 5 分 分解时损伤密封件扣 5 分 工具选择不合理扣 5 分	20			
	在规定时间内完成任务	5			
	具有团队合作意识	5			
任务总结	完成任务要求	5			
	任务完成质量： 零部件齐全，错漏扣 2 分/个； 各零部件未分类放置，扣 2 分/个； 未按规定程序进行作业扣 2 分	15			
	任务展示情况： 工具、仪表、设备等摆放不整齐扣 2 分/个； 作业完成后未整理工具、清洁现场扣 2 分； 没有穿戴安全防护用品，作业防护项目不齐全，扣 2 分/处	15			
总　　分		100			

双语拓学

1. 专业词汇双语对照表

牵引缓冲装置专业词汇中英对照表

英文	中文	英文	中文
coupler	车钩	buffer	缓冲器
draft gear	牵引缓冲装置	automatic coupler	自动车钩
semi-automatic coupler	半自动车钩	non-automatic coupler	非自动车钩
knuckle coupler	关节式车钩（詹式车钩）	tightlock coupler	密接式车钩
buffer spring	缓冲弹簧	buffer plate	缓冲板
yoke	钩尾框	hook	钩头
shank	钩身	knuckle	钩舌
hook latch	钩锁	coupler pin	钩锁销
lock mechanism	锁闭机构	release lever	解钩杠杆
coupler height	车钩高度	energy absorption	能量吸收
compression stroke	压缩行程	buffer casing	缓冲器外壳
elastic buffer	弹性缓冲器	hydraulic buffer	液压缓冲器
pneumatic buffer	气动缓冲器	friction buffer	摩擦缓冲器
spring buffer	弹簧缓冲器		

2. AI+双语小视频制作

试在本模块中选择一个任务或者知识点，制作一个双语动画视频，可以是微课、科普讲堂等，可充分借助生成式 AI 工具（如 DeepSeek、豆包）进行双语翻译、数字人（如闪剪）生成、PPT（如 kimi）生成及视频（如剪映）转换。

参考文献

［1］高伟. 电力机车构造[M]. 3 版. 成都：西南交通大学出版社，2023.
［2］江利国. 电力机车总体及走行部[M]. 3 版. 北京：人民交通出版社，2021.
［3］崔晶. 机车总体及走行部[M]. 成都：西南交通大学出版社，2021.
［4］程怀汶. 电力机车总体及走行部[M]. 北京：中国铁道出版社，2009.